내 삶을 빚으시는
하나님의 다스림

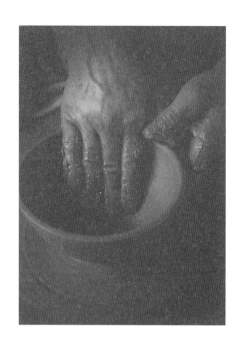

내 삶을 빚으시는
하나님의 다스림

Divine 요한복음에서 보는 하나님 나라
Intervention

오정현 지음

국제제자훈련원

하나님 나라는
다스림이다

믿는 자와 세상 사람과의 가장 큰 차이는 무엇일까요? "이 땅에서 하나님 나라를 경험하고 사는가?"라는 질문에 그 답이 있습니다. 세상 사람들은 하나님 나라 자체를 모르거니와 관심도 없습니다. 반면 믿는 사람들은 대개 죽음 이후에 가는 천국을 생각하거나 이 땅에서 신자답게 사는 것을 떠올립니다. 자기 삶의 영역에서 하나님의 다스리심을 받는 것이라고 말하는 분도 있습니다. 모두 맞는 말입니다.

하지만 "여러분은 일상에서 하나님의 나라를 세우며 살아가고 있습니까?"라는 질문을 받으면 자신 있게 답하지 못합니다. 왜 그럴까요? 하나님 나라에 대해서 아는 것과 하나님 나라를 경험하는 것은 다르기 때문입니다.

하나님 나라에 대해 머리로는 아는 듯하지만, 실제로 그것을 삶의 현장에서 구체적으로 드러내고 구축(構築)하는 일에서는 많은 분들이 전진하지 못하고 있습니다. 내가 발 딛고 있는 삶 속에서 하나님의 나라를 이해하고 거기에 참여하는 데 엄청난 지식과 대단한 행동이 요구되는 것은 아닌데도 말입니다.

제가 요한복음 강해를 시작하면서 전체 주제를 '하나님 나라 건설'로 잡은 이유가 여기에 있습니다. 신자의 삶은 언제나 하나님 나라와 연결되어 있어야 하고, 모든 신자는 언제 어디에서나 하나님의 나라를 세울 수 있다는 점을 강조하고 싶었습니다.

그러면 어떻게 하면 내 삶 속에 하나님의 나라를 세울 수 있을까요? 다스림이 열쇠입니다. 먼저는 내 삶 속에 하나님의 절대적인 다스림이 있어야 합니다. 이것 없이는 반역하는 세상에서 내 삶을 전복시키는 하나님의 나라를 세울 수 없습니다. 다음은 세상의 중력에 한없이 이끌리는 나의 몸과 마음을 믿음으로 바로잡는 자신의 다스림이 있어야 합니다. 나의 작은 것을 기꺼이 내어드렸을 때 오병이어의 놀라운 축복이 임했던 것처럼, 나를 향한 하나님의 다스림과 세상으로 달려가는 내 몸을 쳐서 복종시키는 자신의 다스림이 함께해야만 삶의 현장에서 하나님의 나라를 세울 수 있습니다.

요한복음의 각 장을 다룬 설교의 제목들이 바로 하나님 나라를 설명하고 있습니다. 지면의 부족으로 모든 장들을 다루지는 못하지만 대략적으로 살펴보면, 요한복음 1장은 예수님이 누구신지를 아는 곳이 하나님 나라이고, 3장은 독생자 예수님을 보내신 하나님 사랑에 눈물 짓는 곳이 하나님 나라이며, 6장은 내가 가진 작은 것으로 오병이어의 역사를 이루는 곳이 하나님 나라이고, 10장은 선한 목자 되시는 예수님의 음성을 듣고 따르는 곳이 하나님 나라이고, 12장은 예수님 때문에 세상의 효율성을 넘어 거룩한 낭비를 하는 곳이 하나님 나라이며, 16장은 우리를 모든 진리 가운데 인도하시는 성령님이 함께

하시는 곳이 하나님 나라이고, 21장은 주님 주신 소명으로 각자의 양을 먹이는 곳이 하나님의 나라임을 말씀하고 있습니다.

그러므로 하나님 나라는 지금 내가 살아가고 있는 바로 그곳에서 하나님의 다스림으로 언제든지 시작되고 세워지는 나라입니다. 예수님의 말씀에 순종하여 가족에게 나누는 따뜻한 위로의 말 한 마디에서부터 불의에 대해서 생명을 걸고 맞서는 것에 이르기까지 하나님 나라의 스펙트럼은 무궁무진합니다.

'나는 지금 하나님 나라를 경험하며 살고 있는가? 나의 일상은 하나님 나라를 세우고 있는가?' 이 질문은 우리가 하나님 나라의 본성(本城)인 천국에 갈 때까지 묻고 또 묻고, 만지고 또 만져서 하나님 나라와 내가 혼연일체가 될 때까지 마음에 품어야 하는 질문입니다. 하나님의 다스림과 그분께 나를 복종시키는 나의 다스림이 함께할 때 이것이 가능할 것입니다.

성경을 읽다 보면 말씀이 귀에 들리고 손에 만져지는 순간이 있습니다. 말씀이 살아서 내 속에 임하고, 온몸이 그 말씀의 세계를 경험하게 되는 그런 순간 말입니다. 이 책을 읽는 성도들이 자기 삶의 현장에서 조금이라도 하나님 나라를 구현하고 확장할 수 있기를 간절히 바랍니다. 이 책을 읽는 동안 가슴이 뜨거워지고 자신에게 임하는 하나님 나라를 목도하면서 젊은이는 환상을 보고 장년은 꿈을 꾸는 영적인 경험들이 속출하기를 기대합니다.

지금도 요한복음을 강해했던 주일을 생각하면 가슴이 뜁니다. 말씀을 함께 나누었던 교인들의 뜨거움과 눈물이 생생합니다. 말씀을 전하고 영으로 반응하면서 그것이 교회적으로 더 깊이, 더 넓게 거룩한 파문(波紋)으로 확장되었던 은혜의 시간이었습니다. 이 책에는 그러한 경험을 누려본 교회와 교인들의 숨결이 담겨 있습니다.

함께했던 모든 사랑의교회 성도님들과 감사의 마음을 나누고 싶습니다.

더불어 설교 원고를 정리한 유은주 전도사와 정현주 비서, 이것을 책으로 출판한 국제제자훈련원의 관계자 여러분에게도 감사를 드립니다.

오정현

사랑의교회 담임목사

차례

part 1 하나님 나라 건설의 기초 Foundation

하나님 나라
동역자가 누리는
영적 특권

part 2 하나님 나라 건설의 지속 Endurance

성령과
믿음으로 열리는
은혜의 대로

part 3 하나님 나라 건설의 열매 Realization

역설을 통해
완성되는
하나님 나라

part 4 하나님 나라 건설의 영광 Glory

영원한
나라에서
살아갈 준비

하나님 나라 건설의 기초 Foundation

하나님 나라
동역자가 누리는
영적 특권

하나님 나라는
흥겨운 잔치와 같습니다

 요한복음 2:1-11

처음 예수님을 믿을 때에는 감사와 감격이 참으로 크다. 찬송을 해
도, 말씀을 봐도, 기도를 드려도 감동과 기쁨이 충만하고 깨닫는 것
도 많다. 날마다 천국을 경험하고, 성령이 주시는 기쁨으로 넘쳐난다.
하나님 나라의 비밀을 발견한 사람은 그렇게 살아간다. 하지만 10년,
15년, 20년… 시간이 지나는 동안 그 감격과 은혜와 기쁨을 유지하
고 더욱 깊게 하는 일은 생각보다 쉽지 않다. 그리스도인의 삶은 "겉
사람은 낡아지나 우리의 속사람은 날로 새로워지[는]"(고후 4:16) 것이
정상인데도 말이다.

　속사람이 날마다 새로워지는 비결은 신앙의 신선도를 얼마나 잘
유지하느냐에 달려 있다. 하나님께 평생 쓰임받은 분들은 신앙의 순
도를 높게 유지한 사람들이었다. 그리고 신앙의 신선도를 오래 유지
하려면 우리 삶은 날마다 주님이 주시는 작은 기적들로 넘쳐나야 한

다. 우리 힘으로는 그렇게 살 수 없기 때문이다.

그러므로 예수님이 잔칫집에서 물을 포도주로 바꾸시는 기적으로 당신의 처음 표적을 나타내신 데에는 깊은 의미가 있다. 이 표적을 보면, 하나님 나라는 성령이 주시는 기쁨과, 맹물 같은 인생을 잔칫집의 포도주 같은 인생으로 변화시키는 절대 순종, 이 둘에서 출발함을 보여준다.

하나님 나라 건설자

예수님이 이 땅에 오신 이유가 무엇일까? 우리를 구원하시고 섬기시고 제자 삼으시고 하나님의 일을 하도록 은혜 주신 이 모든 것을 총체적으로 집약하자면 '하나님 나라 건설을 위하여' 오셨다고 할 수 있다. 예수님의 첫 번째 메시지가 바로 '하나님 나라 선포'였다. "하나님의 나라가 가까이 왔으니 회개하고 복음을 믿으라"(막 1:15). 주님은 하나님 나라를 위해, 하나님 나라를 건설하시기 위해 오신 것이다.

예수님의 설교 주제는 주로 하나님 나라였고, 둔한 제자들이 잘 깨닫도록 알기 쉽게 가르치셨다. 또한 주님은 "[하나님의] 나라가 임하시오며"(마 6:10)라고 기도하라고 가르치셨고, 심지어 부활하신 다음에 40일 동안 이 땅에 계시면서도 주로 하나님 나라에 관한 일을 말씀하셨다.

주님이 이 땅에 하나님 나라를 건설하러 오셔서 하신 일 중에 핵심은 무엇이었는가? 제자들을 선택하시고 그들을 하나님 나라 건설자로 부르신 일이었다. 이 일을 위해서는 두 가지가 필요했다.

첫째, 하나님 나라에 대한 올바른 개념 정립. 하나님 나라는 무엇을 말하는가? 하나님 나라의 정신이 무엇인가? 이에 대한 확실한 개념이 서야 한다. 둘째, 하나님 나라 건설에 참여하기 위한 구체적인 방법론. 신앙의 신선도는 예배만 잘 드린다고, 성경만 많이 읽는다고 유지되는 것이 아니다. 우리의 눈이 열려 하나님 나라의 큰 그림을 볼 수 있어야 하고, 그 안에서 내가 어떤 부르심을 받았는가 확인할 수 있어야 한다.

하나님 나라에 관한 오해

당시 유대인들에게 신앙적으로 큰 영향을 미친 세력들이 있었다. 하지만 그들 대부분은 하나님 나라에 대해 잘못된 생각과 개념을 심었다. 그중 하나가 바리새인과 서기관들이었다. 그들이 말하는 핵심은 율법주의였다. 당시에는 이 율법주의가 이스라엘 전체를 장악하고 있었다. 그들은 율법만 제대로 지키면 하나님 앞에서 살 수 있다고 생각했다. 율법 자체는 하나님이 주신 것으로 거룩하고 소중하지만, 율법주의는 사람들을 율법의 종으로 만들었다.

또한 사두개인이 있었다. 그들은 부활도 부정하고 기적도, 성경도 믿지 않는 사람들이었다. 오늘날로 말하면 물탄 복음, 생명 없는 복음, 가짜 복음, 사회 정치적인 복음을 전하는 자들이다. 거기에 무슨 생명의 역사가 있겠는가?

다른 하나는 에세네파였다. 그들은 잘못된 금욕주의자들, 신비주의자들이었다. 물론 기독교에는 금욕과 신비적인 요소가 분명히 있다. 하지만 그 둘을 복음보다 앞세우면 영적 생명은 흐려진다.

당시에는 이처럼 천국(하나님 나라)에 가까운 것보다는 지옥에 가까운 세력들이 이스라엘 백성들의 마음을 사로잡고 있었다.

잔칫집과 같은
하나님 나라

그렇다면 하나님 나라는 무엇인가? 주님은 첫 번째 표적을 왜 갈릴리 가나의 혼인잔치에서 행하셨을까? '표적'은 주님이 행하신 기적에 신적 의미를 담은 것을 말한다. 그 나타난 기적 자체가 중요한 것이 아니라 그 안에 담긴 하나님의 심정이 무엇인가를 파악하는 것이 더 중요하다. 예수님은 처음 표적을 가나의 혼인잔치에서 행하심으로써 앞으로 당신께서 전하실 하나님 나라가 무엇인지를 미리 총체적으로 보여주고자 하신 것이다. 하나님 나라에 대해서는 앞으로 요한복음 전체에서 조금씩 살펴보기로 하고, 오늘은 본문과 연결시켜서 몇 가지를 보기로 하자.

첫째, 예수님에 의하면 하나님 나라는 잔칫집과 같은 곳이다. 그래서 주님은 천국을 표현하실 때 소위 '잔치 용어'(feast term)를 쓰셨다. 잔칫집 분위기를 한번 떠올려보라. 그곳에는 기쁨과 설렘이 있다. 기분이 좋지 않다가도 잔칫집에 가면 마음이 밝아진다.

이것은 영적으로 보면 우리가 주님의 신부라는 뜻이다(계 21:2, 사 61:10, 아가서). 개별적으로, 또 연합적으로 교회 전체가 신랑 되신 예수님의 신부인 것이다. 우리처럼 허물 많은 인생들을 주님이 신부로 받아주셨다. 우리의 눈이 열려 나 같은 사람을 주님의 신부로 삼아주셨으니 너무나 감사하여 어떻게 살아야 할까 고민하는 그 순간부터 거룩한 영적 관리가 시작되는 것이다. 하나님 나라의 영광스러운 잔치를 마련하시고 나 같은 인생을 예수 그리스도의 신부로 삼으셨으니 이것이 너무 감사해서 '성전 관리'를 하는 것이다. 예수님의 아름다운 신부로 거룩한 단장을 하는 것, 주님 앞에 그분의 얼굴 뵈올 날을 바라보며 자신을 돌아보고 추스르는 것, 이것이 하나님 나라의 비밀을 간직한 성도의 특권이다.

기쁨의 나라

둘째, 하나님의 나라는 예수님의 기쁨을 누리는 나라다. 우리가 이처럼 주님의 신부가 되어 자기를 단장하며 기쁨과 설렘을 누리는 곳이 하나님 나라다. 거룩한 만족과 사귐이 있는 곳이다. 그래서 바울은 다음과 같은 놀라운 표현을 썼다. "하나님의 나라는 먹는 것과 마시는 것이 아니요 오직 성령 안에 있는 의와 평강과 희락이라"(롬 14:17). 하나님 나라는 먹고 마시는 것으로 왈가왈부하는 그런 차원이 아니라 성령 안에서 의와 평강과 희락을 누리는 곳이라는 뜻이다. 한 마디로 하나님 나라는 성령의 기쁨이 충만한 곳이다.

이렇게도 말할 수 있다. 하나님 나라는 하나님의 백성을 성령의 기쁨으로 춤추게 하는 곳이다. 예루살렘 교회가 성령을 받고 난 다음에 제일 먼저 한 것이 무엇인가? 사도행전 2장을 보면 그들은 날마다 성전에 모이기를 힘쓰고 집에서 떡을 떼며 기쁨과 순전한 마음으로 음식을 먹고 하나님을 찬양했다(행 2:46-47). 하나님 나라를 경험한 사람들의 기쁨이 그런 식으로 나타난 것이다. 기쁨은 이처럼 하나님 나라에 속한 영원한 속성이다.

또한 기쁨은 예수님의 근본 성품이기도 하다. "내가 이것을 너희에게 이름은 '내 기쁨'이 너희 안에 있어 너희 기쁨을 충만하게 하려 함이라"(요 15:11). 우리가 예수님을 믿을 때에 은혜와 진리의 세계에 눈이 열리고 하나님 나라의 비밀에 눈을 뜨게 되는데, 그때 우리는 예수님 안에 있는 기쁨으로 충만한 삶을 살 수 있다. 예수님을 깨닫고 영접하는 자들에게는 자연스럽게 그 기쁨이 전이된다. 우리가 예수님의 기쁨과 연결되는 것이다. 예수님의 기쁨이 우리 안에 들어오는 것이다.

하지만 우리 중에 예수님이 말씀하신 충만한 수준으로 기쁨을 누리는 사람이 얼마나 되겠는가? 예수님이 기쁨의 원천이라면, 그분을 오래 믿을수록 그 얼굴에서, 삶에서 기쁨의 향기가 넘쳐야 하는데, 현실은 그렇지 못한 이유는 무엇인가? 교회를 오래 다닌 것과 예수님을 마음에 모시는 것은 다르기 때문이고, 예수님께서 주시는 진정한 기쁨에 대해 듣기는 했지만 경험하지는 못했기 때문이며, 삶의 분기점에서 기쁨이신 예수님을 선택하기보다는 세상의 즐거움을 선택했기 때문일 것이다. 그래서 우리는 예수님이 주시는 기쁨을 항상 사모해야 할 뿐 아니라, 그 기쁨을 선택해야 한다.

이런 의미에서 하나님 나라는 예수님의 기쁨을 추구하고 예수님의 기쁨을 선택하는 곳이라고 할 수 있다. 이 기쁨이 우리를 감쌀 때, 세상의 다른 유혹이 우리를 결코 건드리지 못하기에, 이제부터는 왜 세상 유혹에 늘 넘어지느냐로 고민하기보다는 왜 삶의 기로에서 예수님의 기쁨을 선택하지 못하는지를 깊이 고민해야 할 것이다.

하나님 나라의 현재성

셋째, 하나님 나라는 지금 여기서 누리는 나라다. 예수님이 주시는 기쁨의 핵심은 그 현재성에 있다. 하나님 나라는 그저 먼 훗날에 들어갈 곳으로만 소망하는 것으로 끝나지 않고 현재적으로 누릴 수 있다는 뜻이다. 바울 사도가 하나님 나라에 대해 "성령 안에서의 기쁨"이라고 말한 것도 이런 의미다. 성령께서 지금 이 기쁨을 누리게 하신다. "이날은 여호와께서 정하신 것이라. 이날에 우리가 즐거워하고 기뻐하리로다"(시 118:24). 예수님의 기쁨을 소유한 사람에게는 세상 그 무엇으로도 채울 수 없는 참 만족이 있기 때문에, 그들 옆에만 가도 우리는 생기를 얻고 은혜를 받으며 힘이 난다.

기쁨을 원하는 사람은 많다. 그러나 진실로 성령의 기쁨을 누리는 사람은 드물다. 모든 것이 우리가 원하는 대로 된다고 해서 이 기쁨을 누릴 수 있는 것은 아니기 때문이다. 그러한 기쁨은 하나님의 뜻을 행하는 데에서 오는 기쁨이요, 고난 중에도 하나님 나라 건설자로 참여하면서 얻는 기쁨이기에 더욱 그렇다.

그러므로 주님이 첫 번째 표적을 혼인 잔칫집에서 보여주시고 영광을 드러내신 이유는 당시에 잘못된 율법주의, 자유주의, 금욕주의에서 소망 없이 살아가던 백성들에게 하나님 나라는 성령이 주시는 기쁨으로 살아가는 곳임을 깨닫게 하시려는 것이었다.

문제를
주님께 들고 가라

그렇다면 어떻게 하면 우리가 이러한 하나님 나라 건설자로 참여할 수 있을지 본문을 따라가면서 생각해보자.

당시 이스라엘의 혼인잔치 기간은 대개 일주일이었다. 그런데 예수님이 참석하신 잔치에서 큰 사건이 발생한다. 포도주가 다 떨어진 것이다. 일주일 동안 잔치를 하는데 포도주가 떨어지면 잔치는 엉망이 된다. 잔치를 계속 이어갈 수가 없다. 아주 위급한 상황이었다.

그 상황에서 예수님의 어머니 마리아는 문제를 먼저 파악하고 있었다. 해결을 위해 기도하면서 한편으로는 하인들을 불러서 준비

시켰다. "너희에게 무슨 말씀을 하시든지 그대로 하라"(요 2:5).

원래 마리아는 이곳에 손님으로 왔다. 잔칫집에 온 손님은 맛있게 음식을 먹고 축복해주고 그냥 가더라도 문제될 것이 없다. 하지만 현장에서 어려움을 알게 된 이상 마리아는 가만히 있을 수 없었다. 주인의식이 있었기 때문이다.

우리가 세워야 할 하나님 나라에는 이러한 주인의식이 절대적으로 필요하다. 하지만 여기에서의 주인의식은 하나님 중심의 주인의식임을 잊어서는 안 된다. 때로는 과도하게 자기중심적인 주인의식을 가지고 모든 문제를 자기가 풀려는 사람들이 있다. 우리에게 필요한 것은, 문제를 주님께 들고 나가는 하나님 중심적인 주인의식이다. 이것은 문제를 알고 있지만 그것을 확대 재생산하고 유언비어를 퍼뜨리면서 몰아가는 것이 아니라 그 문제를 주님께 들고 나가는 모습으로 나타난다. 마리아는 그렇게 했다.

본문을 보면, 먼저는 현장에서 문제를 발견하고 기도한 마리아가 있었고, 그런 마리아를 통하여 하인들이 순종할 때까지 주님은 기다리셨음을 알 수 있다. 예수님은 그렇게 해서 어머니의 요청도 들어주시고, 하인들을 통해 기적을 행하심으로써 하나님 나라의 중요한 표적도 보여주셨다.

순종에서 오는 기쁨

드디어 예수님은 자기 때가 왔음을 보시고 하인들에게 명하신다. 7절을 보자. "예수께서 그들에게 이르시되 항아리에 물을 채우라 하신즉 아귀까지 채우니." 이 항아리는 유대인들의 정결 예식에 쓰이던 것으로 한 항아리에 물이 두세 통 드는 돌 항아리였다. 여기에 쓰인 '통'(메트레타스)은 성경 시대의 부피 단위로 보면 약 40리터 정도인데, 두세 통이면 80-120리터나 되는 그런 큰 항아리였다. 이런 항아리가 여섯 개나 있었으니 엄청난 양의 물이 필요했다.

　　이 명령은 보통 일이 아니었다. 지금도 그렇지만 당시 중동 사회는 물이 귀했다. 멀리 떨어진 우물까지 가서 일일이 물을 떠다가 아귀까지 가득 채워야 했으니, 잔칫날에 집안일로 한창 바쁜 하인들이 순종하기가 쉽지 않은 상황이었다. 더군다나 이 물 항아리는 유대인들이 잔칫집에 들어올 때 정결예식에 따라 먼지나 흙을 씻어내기 위한 것이었다. 이미 잔칫집에 올 사람은 다 왔는데 이제 와서 물이 왜 필요하겠는가? 지금 필요한 것은 포도주인데 말이다. 이유를 대려면 한이 없었다. 하지만 하인들은 마리아의 말을 신뢰했고, 예수님이 무슨 말씀을 하시든지 그대로 행하라는 명령에 순종했다.

　　그들은 순종하되 확실하게 순종했다. 물을 떠서 연회장에게 갖다주라는 말씀까지 순종했다. 하인들이 포도주라고 가져온 물이 그냥 맹물이라면 손님들에게 봉변을 당할 수도 있는 상황이었다. 그들은 이 모든 것을 다 감내하고 순종해 물을 떠서 가져다주었다.

　　이 포도주가 된 물에 대해 사람들은 어떻게 평가하는가? "지금까지 먹은 포도주보다 더 낫다. 대개는 잔치를 시작할 때 좋은 포도주가 나오고, 사람들이 흥에 취하면 품질이 낮은 포도주가 나오는데, 여기는 어떻게 이렇게 좋은 포도주가 지금 나오느냐…" 한마디로 최고의 찬사였다. 연회장은 그 비밀을 몰랐지만 물 떠온 하인들은 알았다. 이것이 하나님 나라 건설에 참여하는 자가 누리는 기쁨이다. 그리 주목받는 위치에서 섬기는 상황은 아닐지라도, 예수님께 순종하는 사람들은 이처럼 하나님 나라의 비밀에 눈을 뜨게 된다.

하늘 자원이
열리는 날

물이 포도주가 되는 이 사건은 언제 일어났는가? 잔칫날에 포도주가
모자랐을 때 일어난 기적이다. 꼭 필요한 것들, 소중한 것들이 부족
할 때 일어난 사건이다. 위기가 닥쳤을 때 일어난 사건이다. 우리 인
생도 마찬가지다. 인생의 밤이 찾아오고 위기가 왔을 때 하나님께서
길을 열어주신다.

오병이어의 기적도 그랬다. 모두가 굶주려 있고 지친 상황에서
주님은 보리떡 다섯 개와 물고기 두 마리를 가지고 기적을 베푸셨다.
왕의 신하의 아들도 거의 다 죽게 되었을 순간에 주님이 고쳐주셨다
(요 4:46-53). 나사로는 죽은 지 이미 나흘이나 지나 냄새가 진동할 정
도였다(요 11:39). 마르다와 마리아는 더 이상 울 기력도 없었다. 그런
상황에서 주님이 죽은 나사로를 살리시는 놀라운 기적이 나타났다.
이처럼 기적은 위기를 만났을 때 하나님이 초자연적으로 개입하시는
사건이다.

위기는 그냥 위기로만 끝날 수도 있지만, 우리가 하나님을 만나
고 하늘 자원을 경험하는 데 더할 나위 없는 기회가 되기도 한다.

맹물 인생을
포도주 인생으로

예수님이 기적을 베푸신 결과 어떤 일이 일어났는가? 물이 포도주로
변했고, 흥겨운 잔치가 계속되었다. 성령이 주시는 기쁨을 통해 복음
의 순전한 능력을 덧입는다면 우리도 하나님 나라 건설자라는 새로

운 단계로 나아갈 수 있다.

요한은 원래 맹물 같은 인생을 살던 사람이었다. 본래는 성격이 거친 사람이었다. 한번은 예수님과 제자들 일행이 사마리아 성을 지나가는데 사람들이 예수님을 영접하지 않았다. 그러자 요한은 저주를 퍼부었다(눅 9:51-56). "예수님, 하늘에서 불을 내리게 해 저 사람들을 다 죽여버립시다." 요한의 별명이 보아너게, 곧 우레(천둥)의 아들이었다. 이런 성격 급하고 분노 가득한 요한이 나중에 어떻게 바뀌었는가? 예수님의 사랑을 가장 깊이 깨닫고 그 사랑을 전한 사랑의 사도가 되었다.

바울 역시 스데반을 죽인 핍박자요 예수 믿는 사람을 다 잡아 죽이려던 사람이었다. 그러나 시간이 지나면서 오래 참고 온유한 이방인의 사도가 되었다. 그러면서 그는 "하나님의 나라는 … 오직 성령 안에 있는 의와 평강과 희락"이라는 사실을 깨달았다.

베드로도 마찬가지이고 예수님을 만난 모든 사람이 다 그렇게 변했다. 살아 있는 하나님의 말씀이신 예수님께 접붙여지고 그분의 영광, 즉 은혜와 진리에 영안이 열려 하나님 나라에 눈을 뜨면 우리는 모두 성령의 폭발력 있는 포도주가 될 수 있다. 하나님 나라를 위한 귀한 일꾼이 될 수 있다.

하나님 나라는 천국의 기쁨이 있는 곳이다. 우리 인생은 고해(苦海)가 아니라 잔칫집과 같아서 날마다 주님을 만나는 감격 속에서 자라가는 것이 정상이다. 일상에서 예수님께 순종함으로써 날마다 작은 기적을 체험하는 우리가 되었으면 한다. 혼인잔치에 참여한 신랑 신부와 친구들처럼 우리 모두가 주님이 주신 기쁨 자본을 가지고 하나님 나라 건설에 참여하도록 하자.

하나님 아버지. 저희가 주님 앞에 서는 그 날까지 마음이 굳어지거나 무기력해지지 않고 처음에 주님을 향했던 신앙의 신선도를 평생 유지하는 삶을 살게 해주옵소서.

저희 삶에 날마다 작은 기적들을 베풀어주셔서, 맹물과 같은 저희들이 폭발력 있는 포도주로 변화되게 해주십시오. 하나님 나라에 대한 큰 그림을 분명히 볼 수 있게 하셔서 생명력 넘치는 복음의 힘을 의지하여 이 사명에 저희를 드리게 해주소서. 이렇게 되기 위하여 변화의 능력자 되시는 예수님을 붙듭니다. 저희 모두가 이 말씀의 영광과 진리를 체험할 수 있도록 하나님 나라의 신비에 눈이 열리게 해주시기를 원합니다.

특별히 구할 것은 우리가 주님의 잔칫상에 예수님의 아름다운 신부로서 참여하고자 거룩한 단장을 해나갈 때에 날마다 때마다 변화되는 은혜를 주시옵소서.

우리는 성령의 기쁨 없이는 이 사명을 감당하기 어려운 사람들입니다. 주님이 주시는 참된 기쁨으로 속사람을 가득 채워주시고, 지금 여기서 하나님 나라를 누리는 자들이 되게 하옵소서. 인생의 자원이 다했을 때 낙심하고 주저앉는 것이 아니라 새 일을 행하시는 주님, 기적을 행하시는 주님을 기대할 수 있게 하옵소서. 우리에게 매일 이 풍성한 기쁨 자본을 허락해주옵소서. 변화의 능력자 되시는 예수 그리스도의 이름으로 간절히 기도드립니다.

하나님 나라에는
진정한 치유가 있습니다

 요한복음 5:1-9

지금은 많이 주춤해졌지만, 아직도 많은 사람들이 '힐링'에 큰 관심을 보이고 있다. 요가나 마음 다스리는 법에 대한 관심도 좀처럼 식지 않는다. 사람들이 그만큼 공허하고 내면적으로 지쳐 있다는 뜻이다.

이것은 오늘날의 이야기만은 아니다. 플라톤은 "인간 본성은 물이 새는 항아리와 같다"라고 했다. 오늘 여기를 때우면 내일은 저기에 구멍이 나 있고, 내일 저기를 때우면 모레는 또 다른 곳에 금이 가서, 죽을 때까지 여기저기를 고치더라도 깨진 항아리를 완전히 채울 수는 없다는 말이다. 우리 인생도 여기저기 금이 가 있고 임시방편으로 땜질을 해보지만 삶은 여전히 불안하다. 갑자기 어디선가 돌이 날아와 이 위태위태한 항아리마저 박살날까 봐 노심초사한다.

하나님 나라는 이처럼 탈출구가 보이지 않는 사면초가의 상처투성이 인생도 소생하는 곳이다. 하나님 나라의 독특한 특징 중 하나는 이 안에 기적적인 치유가 있다는 점이다. 하나님 나라 건설자로 부름받은 사람들은 주님께 치유받아 마음과 영혼이 새롭게 된 사람들이다. 그러한 치유의 경험은 또한 다른 사람을 섬기고 살리는 데에 선하게 쓰임받는 영적인 자산이 된다. 본문에서는 그렇게 치유받아 새로운 삶을 살게 된 사람의 이야기가 나온다. 그의 이야기는 곧 우리의 이야기이기도 하다.

인생의
비극 전시장

유대인의 명절이 되어 예수님께서 예루살렘에 올라가실 때였다. 사람들은 명절 분위기에 들떠 가족도 만나고 편히 쉬기도 했지만 예수님은 예루살렘의 '양의 문'(Sheep Gate) 곁에 있는 베데스다라는 못에 가셨다. 베데스다 못가에는 병든 사람들이 많이 누워 있었다. "그 안에 많은 병자, 맹인, 다리 저는 사람, 혈기 마른 사람들이 누워 물의 움직임을 기다리니"(3절).

이것은 우리 시대의 삶의 축소판과 같다. 마치 인생의 비극 전시장을 옮겨놓은 느낌이다. 겉으로 볼 때는 번지르르해도 사실 우리는 대부분 베데스다 못가에서 기적을 기다리는 병자의 모습과 크게 다르지 않다. 점잖고 교양 있어 보이고, 겉으로는 멀쩡한 것 같지만 한 꺼풀 벗겨내면 온갖 상처들로 신음하고 있다. 먹고사는 문제로 심하게 가슴앓이를 하고 시기와 질투 같은 마음의 병에 시달리고 있다. 인생의 혹독한 파도를 만나 힘 한번 제대로 써보지 못하고 허리가 꺾인 사람도 있다. 힘차게 날개를 펼쳐야 할 때 영적으로 무기력하게 주저앉아 있는 사람도 많다. 남들이 볼 때는 썩 괜찮아 보이지만 속으로는 열등감에 시달리고 복합적인 문제로 괴롭다. 이것은 베데스다 못가에 앉아 있는 사람들의 현실이기도 했다.

이들이 이렇게 베데스다에 모여 있는 이유가 있었다. 그들을 붙잡고 있는 어떤 희망 같은 게 있기 때문이었다. "이는 천사가 가끔 못에 내려와 물을 움직이게 하는데 움직인 후에 먼저 들어가는 자는 어떤 병에 걸렸든지 낫게 됨이러라." 지금도 중국의 투루판(Turfan) 같은 화산지대에서는 지표면 수십 미터 아래에서 물이 흐르다가 갑자기 솟아나는 때가 있다. 미국의 옐로우 스톤 같은 데에 가보아도 물이 치솟는 곳이 있다. 이런 것을 간헐천(geyser)이라고 하는데, 이렇게 물이 동했을 때 먼저 들어가는 사람은 병이 낫는다는 소문이었다.

우리 인생에도 각자에게 어느 정도 힘이 되어주는 것이 있다. 집에 가면 자식들 보는 기쁨이 있고, 일상에서 보람을 가지고 매진하는 목표도 있을 것이다. 서로 배려하고 위로해주는 공동체도 있다. 나름대로 희망을 주고받으며 잔잔한 휴머니즘으로 감동을 받기도 한다.

그런데 문제는 물이 솟구치고 동하는 순간이 되면 분위기가 완전히 바뀐다는 데 있다. 서로 친하게 지내며 따뜻한 위로를 나누던 그 사람들이, 물이 동하기 시작하자 어떻게 변했는가? 그 순간 투쟁이 시작됐다. 서로 먼저 뛰어들려는 통에 아비규환이 되었다. 평상시에 인간은 나름대로 배려하고 인도주의적으로 행동하는 것 같지만 이해관계가 상충되면 그대로 본성이 드러난다. 이것이 인생의 민낯이라고 말할 수 있다.

이 복음서를 기록한 요한도 한때는 그런 삶을 살았다. 어느 날, 요한과 야고보 형제는 예수님 앞에 가서 이런 요청을 한다. "주의 영광 중에서 우리를 하나는 주의 우편에, 하나는 좌편에 앉게 하여주옵소서"(막 10:37). 우리 식으로 말하면 하나는 좌의정을, 하나는 우의정을 하게 해달라는 것이었다.

이처럼 자신의 이익을 탐하는 인간적인 모습이 어디 이들 요한 형제들에게만 있겠는가? 우리 모두 마찬가지다. 막상 이해관계가 충돌하면 인정사정이 없다. 이것이 오늘날의 세상이다. 부끄럽지만 교회에도 이런 모습이 있다. 평소에는 서로 섬기고 사랑하고 헌신하는 것 같은데 이해관계에서 이견이 생기면 갑자기 낯빛이 달라지고 상처를 주고받는 일이 많아진다. 그런 상황을 만나면 인간에 대해 실망하게 되고 마음 문을 닫아 걸게 된다. 내 살 길은 아무도 대신 열어주지 않는다는 생각이 들면 신앙생활도 팍팍해지고 무한 경쟁 사회에 있다는 사실을 실감한다.

예수님은 이렇게 베데스다 못가에 누워 있는 병자들과 우리들을 찾아오셔서 어떻게 도우시는가?

가장 가망 없는 자에게
임한 은혜

첫째, 주님은 질문을 던지심으로 그에게 선한 소원을 심으셨다.

"거기 서른여덟 해 된 병자가 있더라"(5). 그는 베데스다 못가의 왕고참 병자였다. 주님은 그를 불쌍히 여기셨다. 예수님은 "그 누운 것을 보시고 병이 벌써 오래된 줄"(6) 아셨다. 가장 가망이 없는 사람을 택하셨다. 누가 봐도 안 될 것 같은 사람을 택하셨다. 그에게 다가가 물으신다. "네가 낫고자 하느냐?"

우리는 이런 질문을 할 수가 없다. 이것은 진짜 고치실 수 있는 분이 던지는 질문이기 때문이다. 하나님의 본체이신 예수님만이 이렇게 물으실 수 있다. 우리가 "낫고 싶습니까?"하고 물을 때 상대방이 "네, 낫기 원합니다" 하고 말한다고 해서, 감히 "내가 당신을 고쳐 주겠소"라고 할 수는 없다. 그럴 능력이 있는 분만이 하시는 질문이기 때문이다. 그러므로 이 질문은 "내가 너를 고쳐주기 원한다. 네 문제를 해결해주겠다"라는 선언이었다.

또 이 질문 안에는 지난 38년간 켜켜이 쌓인 부정적인 사고방식과 해도 안 된다는 생각으로 망가져 있는 한 인생을 찾아오셔서 소망을 주길 원하는 주님의 심정이 담겨 있다. 우리가 38년쯤 누워 있다고 생각해보자. 20대 초반부터 누워 있었다 하더라도 이제 회갑을 앞둔 상황이었을 것이다. 38년 동안 이 병자의 마음속에는 얼마나 수많은 절망과 탄식 그리고 안타까움이 쌓여갔을까?

예수님의 질문을 받은 그는 어떻게 대답하는가? "병자가 대답하되 주여 물이 움직일 때에 나를 못에 넣어주는 사람이 없어…"(7). 이 대답에는 그동안 쌓인 불평불만이 고스란히 담겨 있다. 그의 속마음을 대변하자면 이런 뜻이다. "저는 누워 있기 때문에 움직일 수도 없고, 가고 싶어도 갈 수가 없습니다. 누군가가 저를 물에 넣어줘야 하는데 아무도 그렇게 해주는 사람이 없으니 그저 누워 있을 수밖에요." 한 마디로 "아무도 나를 도와주는 사람이 없어서 지금도 이 모양 이 꼴입니다"라는 것이다. 그의 답변에는 답답함과 부정적인 생각, 상처받은 마음이 그대로 드러나 있다.

아무도 도와주지 않는다는 병자의 사고방식에 의하면 물이 동할 때 다른 사람들은 모두 가만히 있어야 한다. 그리고 자기는 움직이지 못하니 누가 도와줘야 한다. 움직이지도 못하고 누가 물에 넣어주지도 않는 상황에서 38년을 보내는 동안 이 병자의 기쁨 자원은 이미 바닥을 드러낸 상태였다. 마음속 희망 자본도 고갈된 지 오래였다. 이 사람은 병으로 인해 원망하는 인생이 되었다. 주님은 그를 고쳐주시면서 그 이기심과 의존적인 마음도 함께 치료해주고자 하셨다.

믿음의 자립심을 가져오는
말씀의 권세

둘째, 주님은 권세 있고 능력 있는 말씀에 의지해 서도록 하셨다.

8절을 보자. "예수께서 이르시되 일어나 네 자리를 들고 걸어가라 하시니." 불평과 상처로 완전히 퍼져서 누워 있는 이 38년 된 병자를 향하여 주님은 일어나 자리를 들고 걸어가라고 말씀하셨다. 병자의 입장에서는 지금 몸을 가누기도 힘든 상태였다. 앉기도 힘들고, 서는 것은 물론 자리를 들고 걸어가는 것은 더더욱 불가능했다. 그런데 주님은 이런 그에게 자리를 들고 걸어가라고 말씀하신다.

주님은 그의 손을 잡고 일으켜 세우지 않으셨다. 그가 자리를 들도록 도와주지도 않으셨다. 주님은 권세 있는 말씀으로 일어나 걸으라고 말씀하셨다.

다른 방법은 없다. 능력 있고 권세 있는 주님의 말씀이 우리에게 임해야만 한다. 이 권세 있는 명령은 운명주의와 절망 속에 잠자고 있던 우리 영혼을 흔들어 깨우는 능력의 말씀이요, 생명 있는 천둥소리이다.

어떤 사람은 이렇게 묻는다. "말씀을 받으려면, 주님의 일을 하려면 그래도 뭔가 준비되고 자격이 있어야 하지 않겠어요?" 물론 그말도 맞지만, 주님은 그런 사람만 고치시는 것이 아니다. 요한복음 11장에 보면 나사로가 죽은 지 나흘이 됐다. 이제 썩어서 냄새가 나기시작했다. 나사로는 완전히 죽은 시체였다. 어떤 믿음도 발휘할 수 없는 상태였다. 시체가 무슨 준비를 하겠으며, 어떤 자격을 갖추겠는가? 그런데 이런 나사로를 향해 주님은 "나사로야 나오라!" 하고 말씀하셨다. 그러자 어떻게 되었는가? 인간적으로 어떤 소망도 기대할 수 없었던 그 나사로가 살아서 붕대를 풀고 나오지 않았는가?

우리 역시 자기도 모르게 38년 된 병자처럼 이기심과 의존심으로 중병이 들어 있다. 소망 없는 인생을 살아가는 우리에게도 주님은 말씀하신다. 비록 이제는 소망이 끊어졌을지라도 우리에게 임하는 주님의 말씀을 그대로 받는다면 주님은 우리를 치유하실 것이다. 스스로를 꽁꽁 묶어 남에게 의존하고 원망하고 자기중심적으로 살던 인생을 향하여 믿음의 자립심을 갖고 일어나라는 이 명령을 나에게 주시는 말씀으로 받아야 한다.

하나님은 광야 길에 들어선 이스라엘 백성들도 이와 동일하게 대하셨다. 광야로 들어가면 어디어디를 가고 또 이러이러한 음식을 먹고 이런 종류의 옷을 입어라, 또 어디를 가면 물이 터질 것이다 하며 일일이 그들에게 설명해주지 않으셨다. 그냥 가라고 하셨다. 2백만이나 되는 사람들이 명령을 따라 가니까 홍해도 갈라지게 하시고, 만나도 내려주시고, 옷도 헤어지지 않게 하시고, 구름기둥과 불기둥도 준비하셨다.

가나안 원주민과의 7년 전쟁에서도 마찬가지였다. 그들과 싸우기 앞서 체계적인 전술 훈련 한 번 시키지 않으셨고 무기나 갑옷, 투구나 병참은 물론 세부 전략도 미리 알려주지 않으셨다. 그냥 가나안과 싸우라고만 하셨다. 그들 스스로 가나안 전쟁을 수행하도록 도와주신 것이다. 믿음의 자립심을 키워주셨다.

지금 우리를 자립적으로 일으켜 세우시려는 이 주님의 음성을 들을 수 있어야 한다. 믿음의 자립심을 키운다는 것은 누가 우리 옆에 와서 도와주거나 살피지 않더라도 주님의 권세 있는 말씀에 의지해 일어선다는 의미이다. 우리가 다른 것에 의지하지 않고 오직 말씀을 따르며 말씀의 권능에 의지하는 말씀의 종이 되도록 결단한다는 뜻이다. 말씀의 종이 되면 영적으로는 자유인이 된다. 말씀의 권세 앞에 자기를 복종시킬 때 오히려 진정한 자유를 누리는 것, 이것이 기독교가 누리는 굉장한 역설이다.

치유 이후의 생활이
더 중요하다

주님의 관심은 단지 이 38년 된 병자를 치유하시는 것에만 있지 않았다. 그렇게 고침받은 사람이 주님 앞에 제대로 반응하고 살아가는 부분까지 도우신다. 이것을 염두에 두고 14절을 읽어보자. "그 후에 예수께서 성전에서 그 사람을 만나 이르시되 보라 네가 나았으니 더 심한 것이 생기지 않게 다시는 죄를 범하지 말라 하시니."

　주님은 이 병자가 아픈 것이 죄 때문이었다고 말씀하신다. 물론 모든 병이 죄 때문에 생기는 것은 아니다. 욥 같은 경우는 마귀의 시험 때문에 병에 시달렸다. 또 하나님이 하시는 일과 그분의 영광을 드러내기 위해 맹인으로 태어난 사람도 있었다(요 9:3). 그런데 이 병자에게는 죄 때문에 그런 병이 생겼다고 말씀하셨다. 그래서 다시는 죄를 범치 말라고 하시는 것이다.

　여기에는 깊은 뜻이 숨어 있다. 치유받은 것에만 감사하지 말고 이 치유의 능력이신 주님을 제대로 깨닫고 새롭게 살아가라는 말이다. 이런 기적적인 치유까지는 아니라 할지라도 하나님이 우리 삶에서 어떤 새로운 일들을 행하실 때에, 가령 가정을 새롭게 하시고 사람 사이에 평안을 주시고 교회 생활에 축복을 주시고 영적으로 많은 깨달음을 주실 때에 우리는 그 치유나 행복 자체에 빠져 그런 일에만 지나친 관심을 쏟을 때가 있다. 하지만 그런 치유 자체가 중요한 것이 아니라 치유의 주인이신 예수 그리스도를 제대로 깨닫고 하나님 나라 건설에 참여하는 것이 더 중요하다. 그래서 성전에서 그를 따로 만나 그렇게 말씀하신 것이다.

우리는 주님이 주신 어떤 축복에 지나치게 관심을 기울이다가 믿음의 주요 또 온전케 하시는 예수 그리스도를 바라보지 못하고 선물에만 더 관심을 보이는 경향이 있다. 그러나 하나님 나라의 건설에 참여하려면 치유도 물론 중요하지만, 치유받고 축복을 경험한 후에 앞으로 어떻게 살아가야 하는지를 더욱 여쭈어야 한다. 병이 나은 것은 이제는 주님을 중심에 모시고 살라는 뜻이기 때문이다.

열 명의 나병 환자들이 주님을 통하여 치유받은 사건을 기억하는가? 그런데 열 명 가운데 주님 앞에 다시 와서 감사한 사람은 사마리아인 한 명뿐이었다. 이때 주님은 "다른 아홉은 어디 갔느냐"라고 하셨다(눅 17:12-19). 더 좋은 것을 주시려는 주님의 안타까움이 묻어 있는 말씀이다. 예수님은 그렇게 감사드리러 다시 돌아온 한 명에게 더 큰 복을 내리셨다. 병 나은 것에만 관심을 갖다 보면 자칫 주님이 진정 주시려는 것을 놓치기 쉽다.

진정한 베데스다, 예수님

우리 중에는 삶에 혹독한 파도가 밀려와 마치 38년 된 병자처럼 무기력하게 누워만 있는 분도 있다. 고질병처럼 낫지 않는 마음의 병도 있다. 이런 것들은 마치 불치병처럼 생각되어 도저히 손을 댈 엄두도

나지 않는다. 그런 사람들은 너무나 오랫동안 누워 있다 보니까 마음의 상처가 너무 깊다.

주님은 그런 우리에게 말씀하신다. "네 자리를 들고 일어나 걸어가라." 하나님의 역사와 치유는 역설적이게도 우리가 누워 있는 바로 그 자리에서 일어난다. 주님은 우리가 쓰러져 있는 그 자리에 오셔서 치유를 허락하시고, 우리가 그 아픈 자리에서 치유받아 하나님 나라 건설자로 우뚝 서서 살아가기 원하신다.

이 말씀을 통해 주님은 당신에게도 물으신다. "네가 낫고자 하느냐? 삶에서 꼭 고침받고 싶은 부분이 있느냐?" 나에게 중독된 영역이 있을지도 모른다. 상처가 깊어 아무에게도 보이고 싶지 않을 수도 있다. 해결되지 않은, 아니 해결될 기미도 보이지 않는 기도 제목이 있을지도 모른다. 무엇이든지 좋다. 주님이 "낫고자 하느냐?" 물어보시면 이렇게 대답하라.

"주님, 저 여기 있습니다. 제가 낫기 원합니다."

결국 진정한 베데스다는 예수님이시다. 그리고 이 베데스다는 사람을 차별하지 않으며 낫고자 하는 소원만 있다면 모두 낫게 하신다. 다른 사람의 도움을 받지 못하더라도 올 수 있다. 그리고 언제라도 나음받을 수 있다. 진정 낫기를 원한다면 자기 마음 안에 있는 아픔과 소원을 주님 앞에 다 아뢰기 바란다. 그럴 때 주님은 "일어나 네 운명주의의 자리, 패배주의의 자리를 들고 걸어가라" 하는 말씀으로 우리를 일으켜 세우신다. 우리가 그 말씀에 믿음으로 반응한다면 그 때부터 주님은 본격적으로 일하기 시작하신다. 그러함으로써 나에게 간절하던 문제뿐만 아니라 주님이 보시는 나의 본질적인 문제까지 해결되는 은혜와 기쁨을 경험하기 바란다.

자비로우신 하나님 아버지. 38년 된 병자와 같은 인생들을 이처럼 사랑하셔서 베데스다 못가에 친히 찾아오신 주님을 찬양합니다. 저희 모두 베데스다에 모인 병자들처럼 치유를 기대하며 누워 있습니다. 우리는 모두 그 치유의 은혜가 필요한 존재들입니다.

엎드러진 그 자리에서 우리 손을 잡아주시는 치유의 주님, 소망의 주님을 모두가 만날 수 있기를 간절히 원합니다. 우리에게 오셔서 "네가 낫기를 원하느냐" 하고 물으실 때, 이러저러한 변명으로 불평하지 않고, "주님, 그렇습니다. 제가 낫기를 원합니다. 지금 저를 부르시는 주님의 음성을 외면하지 않고 일어서기를 원합니다" 하며 믿음으로 반응할 수 있도록 도와주시옵소서.

주님의 권세 있는 말씀을 깨닫고, 이제는 이 말씀에 의지해 자립하여 하나님 나라 건설에 참여함으로써 하나님의 은혜에 보답하는 삶을 살아갈 수 있도록 붙잡아주시옵소서. 이 은혜를 받은 저희들이 주위에 있는 수많은 이웃 병자들을 찾아가서 목자의 심정으로 그들을 위해 기도하고 주님의 사랑을 선포하도록 도와주시옵소서. 우리의 생명 되시고 소망되시는 예수 그리스도의 이름으로 간절히 기도드립니다.

하나님 나라에서는
오병이어도 소중히 쓰임받습니다

요한복음 6:1-15, 32-35

요한복음 6장의 오병이어 사건은 사복음서에 모두 기록되어 있으며,
예수님의 신성과 영적 의미를 풍성히 담고 있는 표적이다. 우리는 이
말씀으로 하나님 나라의 건설자들이 무엇을, 어떻게 드려야 하는지
알 수 있다. 하나님 나라의 일을 하는 자들에게 필요한 섬김의 자세
에 대해 배울 수 있다.

말씀을 듣느라
주린 사람들

6장 1-2절을 보자. "그 후에 예수께서 디베랴의 갈릴리 바다 건너편
으로 가시매 큰 무리가 따르니 이는 병자들에게 행하시는 표적을 보
았음이러라." 동일한 사건을 기록하고 있는 마가복음 6장을 보면 크

고 많은 무리가 주님께로 나왔다고 말씀하고 있다(막 6:33-34). 주님의 말씀은 마치 자석과 같이 그들을 끌어당겼다. 은혜와 긍휼이 가득한 그분의 말씀을 들으려고 사람들은 모든 마을에서 달려 나왔다.

예수님이 말씀을 전하신 장소는 벳새다 들판이었는데 사람들은 하루 종일 아무것도 먹지 못한 채 주님의 말씀을 들었다. 어디 가서 음식을 먹어야겠다는 생각이 들지 않을 정도로 말씀에 주려 있었던 것이다. 나중에 정신을 차리고 보니 배가 고팠다. 이제 음식을 먹으려고 하니까 무리와 제자들에게는 먹을 것이 전혀 없었다.

이때 주님은 제자들을 테스트하신다. "이 사람들을 어떻게 하면 좋을까?" 제자들은 이렇게 말했다. "주님. 집에 가서 자기들끼리 알아서 먹도록 하면 좋겠습니다." 하지만 주님은 그들에게 도전하신다. "아니야, 그렇게 하면 안 돼. 너희가 먹을 것을 줘야겠다."

말씀에 순종해서 제자들이 두루 찾다가 가져온 것이라곤 오병이어, 즉 떡 다섯 개와 물고기 두 마리가 전부였다. 어린아이 하나가 자기 몫으로 싸온 점심 한 끼 분량이었다. 오병이어의 기적을 다룬 영화를 보면 떡과 물고기가 무척 큰데, 어린아이의 한 끼 식사 분량이니까 사실은 물고기도 조금 큰 멸치 크기 정도였을 것이다. 이것을 드렸더니 예수님은 그것을 축사하신 후 나누어주셨고, 거기 모인 많은 사람들에게는 든든한 한 끼 양식이 되었다. 20세 이상의 남자 장정만 5천 명이었으니 어린아이, 소년소녀, 또 여성이나 노인 들까지 다 치면 2만 명 정도가 함께 배불리 먹었을 것으로 짐작할 수 있다.

왕 삼으려 한 이유

이런 경험을 하자 사람들은 흥분해서 이렇게 칭송한다. "그 사람들이 예수께서 행하신 이 표적을 보고 말하되 이는 참으로 세상에 오실 그 선지자라 하더라"(요 6:14). 이렇게 기적 같은 일을 체험하고 나니, 옛날 출애굽 시절에 2백만 명의 이스라엘 백성들이 하늘에서 내려오는 만나를 먹고 살았던 것처럼 이제 '고생 끝 행복 시작'인 것처럼 보였다. 더 이상 먹는 문제로 걱정 안 해도 살 수 있을 것 같았다.

"그러므로 예수께서 그들이 와서 자기를 억지로 붙들어 임금으로 삼으려는 줄 아시고 다시 혼자 산으로 떠나 가시니라." 그들은 예수님을 억지로 왕 삼으려 했다. 자기들의 경제 문제를 해결해줄 메시아로 보았던 것이다.

주님은 이런 그들을 참 안타깝게 보셨고 긍휼히 여기셨다. 그리고 이렇게 선포하신다. "나는 생명의 떡이니 내게 오는 자는 결코 주리지 아니할 터이요 나를 믿는 자는 영원히 목마르지 아니하리라"(요 6:35). 주님의 말씀은 이런 뜻이었다. '그 드러난 기적이 중요한 것이 아니다. 너희는 생명의 떡을 먹어야 한다. 그리고 영원히 목마르지 않는 이 생수를 먹어야 한다. 눈에 보이는 오병이어의 기적과 떡을 보면서 나를 왕 삼으려 하지 말고 생명의 떡, 영원히 목마르지 않는 생수를 마셔라.' 사실 예수님이 오병이어의 기적을 보여주신 것은 이 메시지를 전하기 위해서였다.

오병이어 사건의 진의

오병이어 사건은 그 표적에 따르는 영적인 진리를 제대로 아는 것이 중요하다. 주님은 이 기적을 자신의 살과 피로 연결시킨다. 53절을 보자. "예수께서 이르시되 내가 진실로 진실로 너희에게 이르노니 인자의 살을 먹지 아니하고 인자의 피를 마시지 아니하면 너희 속에 생명이 없느니라." 예수님의 살과 피를 먹고 마시지 않으면 생명이 없다고 말씀하신다. 55-57절도 보자. "내 살은 참된 양식이요 내 피는 참된 음료로다. 내 살을 먹고 내 피를 마시는 자는 내 안에 거하고 나도 그의 안에 거하나니 … 나를 먹는 그 사람도 나로 말미암아 살리라."

"내 살을 먹고 내 피를 마셔야 한다." 이것은 당시 유대인들에게는 참으로 경천동지할 말씀이었다. 유대인의 음식 문화에서 가장 조심하는 부분은 바로 피였다. 피 자체는 물론이고, 피와 관계된 음식도 먹지 말아야 했다. 지금도 정통 유대인들은 율법에서 인정한 음식, 곧 정결음식인 '코셔'(kosher) 인증을 받은 음식만 먹는다. 그런 유대인들에게 내 피를 마시고 내 살을 먹으라고 하셨으니 굉장히 충격적인 말씀이었다.

그렇다면 이것은 어떤 의미로 하신 말씀일까? 예수님은 단지 배고픈 사람들을 먹일 목적으로 오병이어의 기적을 일으키신 것이 아니라 이 사건을 통해 어떤 영적인 진리를 알려주고자 하신 것이다. 여기에는 "주님과 연합하라. 관계를 복원하라. 예수님의 말씀을 먹으라. 예수님의 생각을 품으라. 주님의 정신과 가치관을 가지라. 하나님 나라에 대해 바로 알라"라는 뜻이 들어 있다. 그래서 56-57절에서 "내 살을 먹고 내 피를 마시는 자는 내 안에 거하고 나도 그의 안에 거하나니 … 나를 먹는 그 사람은 그 사람도 나로 말미암아 살리라"라고 하신 것이다. 주님과 완전한 연합을 이루라는 의미였다.

이렇게 주님의 살과 피를 먹고 마심으로 주님과 하나되는 사람에게는 주님처럼 목자의 심정을 갖게 된다. 목자의 심정을 가진 사람들의 특징이 무엇인가?

목자의 심정이
기적을 만든다

첫째, 없는 것을 따지지 않고 내게 있는 것을 찾아 드린다.

주님의 말씀을 들으러 많은 사람들이 나아왔다. 그렇게 말씀을 듣다 보니 때를 놓쳐 굶주리게 되었다. 이렇게 주린 사람들을 어떻게 대우할 것인가? 이들을 어떻게 섬겨야 할 것인가? 여기에서 목자의 심정이 나타난다.

이들을 어떻게 먹이실지에 대해 예수님은 미리 생각해두신 바가 있었지만 짐짓 빌립에게 물어보신다. "빌립에게 이르시되 우리가 어디서 떡을 사서 이 사람들을 먹이겠느냐 하시니 이렇게 말씀하심은 친히 어떻게 하실지를 아시고 빌립을 시험하고자 하심이라"(6:5-6). 빌립은 예수님의 질문에 이렇게 대답한다.

"빌립이 대답하되 각 사람으로 조금씩 받게 할지라도 이백 데나리온의 떡이 부족하리이다"(7). 당시 1데나리온은 일꾼의 하루 품삯이었는데 이를 오늘날 기준으로 하루 10만 원 정도로 잡는다면 대략 2천만 원 정도 되는 금액이었다. 2천만 원이 있으면 겨우 조금씩 먹일 수 있겠다는 계산이 나온 것이다. 모인 사람이 2만 명이라 했을 때 이백 데나리온 정도를 가져야 그들에게 겨우 조금씩 나눠줄 수 있을 거라고 그 짧은 시간에 다 계산해냈다. 우리 같으면 "5백 데나리온이면 충분히 먹고 남겠습니다" 하고 말했을 텐데 빌립은 그렇게 하지 않았다.

왜 그랬을까? 그에게는 눈앞에 보이는 부족한 현실이 더 크게 보였기 때문이다. 빌립은 어떤 면에서 비관적 합리주의자를 대변하고 있다. 이런 사람들은 현실적이고 계산적이지만 주인의식이 없다.

그래서 주님의 목자의 심정을 깨닫지 못한다. 시선이 현실에 고정되어 있기 때문에 손에 가진 것이 없으면 아무것도 할 수 없다는 부정적인 사고방식에 사로잡혀 있다.

지금 이 순간에도 우리 주위에서는 아무리 계산해도 답이 안 나오는 문제들이 터진다. 하지만 주님은 우리들에게 지금 말씀하신다. "너희가 먹을 것을 주라"(막 6:37). 돈이 없다고 걱정하지 말고 있는 것을 찾아보고 도리어 우리가 먹을 것을 주라고 하신다. 가정에 어려움이 생기면 누가 먹을 것을 주어야 하는가? 내가 해야 한다. 교회에 어려움이 있으면 누가 먹을 것을 주어야 하는가? 내가, 우리가 그렇게 해야 한다. 북한에는 누가 먹을 것을 줘야 하는가? 정부가? 아니면 중국이 도와줄까? 아니다. 우리가 해야 하는 것이다.

안드레는 예수님이 하신 이 말씀을 귀담아들었다. 그는 빌립처럼 계산을 잘 하거나 치밀한 사람이 아니었다. 안드레는 먹을 것이 있나 주위를 살피다가 어린아이 하나가 먹을 조그마한 도시락을 발견하고 가져왔다. 거기에 보리떡 다섯 개와 물고기 두 마리가 있었다. 빌립이 비관적 합리주의자라면 안드레는 '간절한 믿음주의자'였다. 없는 것으로 고민하지 않고 내게 있는 것이 무엇인가를 고민하며 오병이어를 찾아내 주님께 가져오는 사람이었다.

안드레는 주님의 마음을 알았다. 이 안드레처럼 내게 있는 것이 무엇인가를 고민하면서 찾아보는 것이 목자의 심정이다. 없는 것 때문에 고민하지 말고, 주님이 내게 주신 것이 무엇인지 알고 감사하며 주님께 드리는 마음, 이것이 바로 목자의 심정이다.

내게 있는 것이 무엇인가? 어린아이가 갖고 있는 조그마한 오병이어라도, 겨우 한 사람분의 점심거리밖에 안 되는 것이라 할지라도 '내게 있는 것'을 아는 것이 중요하다. 그리고 목자의 심정으로 그것을 주님께 내어놓아야 한다. 그럴 때에 주님은 내 안에 계시고 나는 주님 안에 거하는 연합을 통해 예수님이 직접 당신의 일을 하신다.

표적은 반복된다

둘째, 다른 사람과 비교하지 않고 내게 있는 것으로 최선을 다한다.

목자의 심정은, 자식은 많지만 가난해서 줄 게 없는 엄마의 심정이기도 하다. 아이들은 먹을 것이 없다고 울고 있는 상황이다. 자식이 배고프다고 울고 있는데 어쩔 수 없다고 넋 놓고 있는 엄마는 없다. 어떻게 배고픔을 좀 면하게 할까를 생각하면서, 여기저기 동냥이라도 하는 것이 엄마의 심정이다. 없다고 포기하지 않고, 나에게 뭐가 있을까 고민하고 막 찾아보는 것이다.

다른 사람들과 비교하면 부족한 것이 더 크게 보일지도 모른다. 당장에 사랑하는 사람들을 먹일 1데나리온이 없어 고민하는 사람도 많다. 한 달란트 받은 사람은 다섯 달란트 받은 사람과 비교하며 열등감을 느낄 수도 있다. 하지만 주님은 우리가 못난 비교의식으로 고민만 하다 포기하는 것을 기뻐하지 않으신다.

나는 김동명 목사님과 안이숙 사모님을 통해 이 목자의 심정에 대해 참 많이 배웠다. 그분들과 몇 년을 함께 사역하면서 이런 이야기를 들은 적이 있다. 안 사모님은 결혼 전에 6-7년을 평양의 감옥에서 보내야 했다. 일본의 신사참배 강요에 반대하면서 주기철 목사님과 함께 투옥되었던 것이다. 평양의 겨울이 너무나 혹독하고 추웠기에 오랜 시간을 감옥에서 보내다 보니 머리카락이 다 빠지고 이도 하나둘 빠지기 시작했다. 젊은 처녀로서는 도저히 감당할 수 없는 그런 고통을 겪었다.

그렇게 감옥에 갇혀 아무것도 할 수 없는 상황이었는데 이 오병이어 사건의 영적인 의미를 깊이 깨닫고 난 다음에 사모님은 자신에게는 줄 만한 게 뭐가 있을까, 이 상황에서 자신이 할 수 있는 게 무엇일까 생각하셨다고 한다. 둘러보니 감방 동료들이 불쌍해 보였다. 자신은 그래도 예수님을 알고 그분을 찬양하고 예배할 수 있는데 이 감옥에 있는 사람들은 아무것도 모른 채 세상을 원망하고 힘들어하는 모습이 눈에 들어왔다. 그리고 식사 배급량이 얼마 되지 않아 날마다 배가 고파 기진한 것을 보았다. 어느 날 사모님은 기도하다가 본인 몫으로 나오는 얼마 되지도 않는 콩밥을 허기진 죄수들에게 나누어주기로 하셨다. 그야말로 자신에게 있는 오병이어를 준 것이다.

일본인 간수가 그 광경을 보면서 큰 감동을 받았다. 처음에는 "57번!" 이런 식으로 번호를 부르다가 이제는 처녀였던 사모님에게 "센세, 센세"(선생님, 선생님) 하고 존칭을 붙이면서 자기 집에 있는 음식을 가져와 사모님을 대접하기 시작했다. 자기가 가진 것을 목자의 심정을 품고 드렸을 때 감옥 안에서도 오병이어의 기적이 일어난 것이다. 나중에 간수가 예수님을 믿었음은 물론이다.

그렇게 목자의 심정을 가지고 주님 앞에 올려드릴 때에 무슨 일이 벌어지는가? 11절을 보자. "예수께서 떡을 가져 축사하신 후에 앉아 있는 자들에게 나눠주시고 물고기도 그렇게 그들의 원대로 주시니라." 안드레가 어디선가 오병이어를 가져와 주님께 드릴 때만 해도 "그것이 이 많은 사람에게 얼마나 되겠사옵나이까"(9)하며 죄송스럽게 생각했던 것이 사실이었다. 하지만 주님은 그것을 적다고 무시하지 않으시고, 기쁘게 받으시면서 오히려 하나님께 감사를 드리셨다.

마가복음에 보면 주님은 50명씩, 100명씩 무리를 지어 앉게 하시고 떡을 나누어주신다. 떡을 나누시는 이 모든 과정의 동사는 헬라어 미완료 시제로 되어 있다. 이것이 의미하는 바는 상당히 뜻깊다. 우리가 지금이라도 이 말씀처럼 오병이어를 드리고 믿음으로 주님의 뜻을 실천하고자 한다면 주님은 그것을 받으셔서 우리가 생각하지도 못한 놀라운 일들을 우리 가운데 계속 행하신다는 뜻이기 때문이다.

비천한 인생을 쓰시는 예수님

그다음 12절을 보자. "그들이 배부른 후에 예수께서 제자들에게 이르시되 남은 조각을 거두고 버리는 것이 없게 하라 하시므로." 남은 조각을 버리지 말라는 말씀이 무슨 뜻일까? 주님은 부스러기조차도 소중하게 여기신다는 것이다. 정말 부스러기와 같은 인생조차도 무시하지 않으시고 알아주시는 주님이기에 우리는 작은 것이나마 기쁨으로 올려드릴 수 있다. 남들보다 가진 것 없고 배운 것 없고 대단하지 않아도, 이제 나이도 황혼에 접어들어 아무 힘도 없는 인생처럼 생각될지라도, 평생 이루어놓은 게 보이지 않아 낙심이 되더라도, 하나님 앞에서 이 마음을 올려드릴 때 주님은 그런 부스러기조차도 버리지 않고 소중히 여기신다.

고린도전서 12장 22-23절을 보자. "그뿐 아니라 더 약하게 보이는 몸의 지체가 도리어 요긴하고 우리가 몸의 덜 귀히 여기는 그것들을 더욱 귀한 것들로 입혀 주며 우리의 아름답지 못한 지체는 더욱 아름다운 것을 얻느니라." 사람들 보기에 약하고 덜 귀하고 아름답게 보이지 않는다 해도 오히려 하나님 앞에서는 더 소중하고 더 귀하고 더 아름답게 쓰임받을 수 있다.

중국에 처음으로 복음이 들어갈 때 허드슨 테일러는 중국을 향한 주님의 심정을 깨닫고 CIM(China Inland Mission, 중국내지선교회)을 창설하였다. 그는 중국옷을 입고 중국 음식을 먹으며 그렇게 중국을 향한 마음을 키워갔다. 이 소식을 듣고 감동을 받은 사람 중에 스코틀랜드 출신의 조지 스토트가 있었다. 스토트는 태어날 때부터 소아마비여서 한쪽 발을 쓰지 못했지만 은혜를 받자 자기 몸도 성하지 않은 상태였음에도 중국을 위하여 뭔가를 드려야겠다는 생각을 품기 시작했다. 이렇게 해서 선교회에 계속 편지를 했는데 선교 본부로부터 계속 거절 편지가 왔다. "중국은 영국과 다릅니다. 중국의 강과 산과 길은 영국처럼 제대로 정리되어 있지 않아서 당신처럼 외다리로 다닐 수가 없습니다. 선교사로 섬기는 일은 적절하지 않습니다." 이런 이유로 두 번 거절을 당했다.

세 번째 거절을 당하자 안 되겠다 싶어 창설자인 허드슨 테일러를 직접 찾아갔다. 자신을 써달라고 하니까 허드슨 테일러도 그의 몸 걱정을 했다. 그러자 조지 스토트는 허드슨 테일러의 눈을 똑바로 쳐다보면서 격양된 목소리로 이렇게 말한다. "건강한 두 다리를 가진 그리스도인들이 선교지로 가지 않으니까 저라도 가야겠습니다."

조지 스토트는 그야말로 간절한 믿음주의자였다. 허드슨 테일러도 그의 믿음에 감동을 받아 스토트를 중국 절강성의 온주라는 곳으로 파송했다. 나도 그곳에 가봤는데 지금도 기독교 분위기가 형성되어 있어 도착하면 기운부터가 다르다. 절강성의 전체 인구는 5,060만 명 정도인데 이중에 약 3.6%인 183만 명 정도가 기독교인으로 추정된다. 이는 중국에서 세 번째로 높은 비율이다. 그중에 온주의 기독교 인구는 70-80만 명으로 온주시 전체 인구의 10%에 이른다(2007년). 지금 온주는 중국의 예루살렘과도 같다. 온주에는 좋은 교회들이 많고, 현재 약 1,100개의 교회에서 성도들이 하나님을 섬기고 있다. 외다리 선교사 조지 스토트가 드린 오병이어를 주님이 기뻐 받으시고 이 온주를 중국의 예루살렘으로 만들어주신 것이다.

능력이 있다고, 돈이 있다고 주님을 섬길 수 있는 것은 아니다. 목자의 심정이 있는 사람이 주님의 일을 해낼 수 있다. 헌금이나 섬김은 하나님의 심정을 깨달은 자들이 하는 것이다. 나의 오병이어를 드릴 때 주님이 일하신다. 어떻게 보면 오병이어는 우리 안에 담긴 하나님의 마음이라고 볼 수 있다. 그분이 먼저 주신 선물과도 같다. 그것은 비록 작아보일지라도 주님이 내게 주신 것이기에 온전하다.

우리에게 있는 오병이어는 무엇인가? 내게 이백 데나리온의 돈이 없음을 걱정하기보다는, 내게 있는 적은 것을 주님 앞에 바칠 때 주님은 그것을 통해 우리가 알지 못하는 크고 놀라운 일들을 이루어가신다. 오병이어같은 보잘것없는 인생이라도 주님은 무시하지 않고 축복하고 환영하신다. 내게 있는 적은 것으로 수많은 사람들을 배불리 채워주실 주님의 은혜를 찬송하자.

살아계신 하나님. 주님의 역사는 강한 자, 큰 자들이 자기 힘으로 이루는 역사가 아니라 당신께서 보잘것없는 자들을 세우셔서 그들의 믿음을 통해 그 영광을 드러내심으로 친히 이루어가시는 역사임을 고백합니다.

내게 없는 이백 데나리온에 대해 한탄하지 말고, 지금 내게 있는 오병이어를 드려서 주님의 마음을 시원하게 해드리기를 원합니다. 우리에게 필요한 것은 세상의 자원이 아니라 목자의 심정이오니, 오 주님, 저희가 다른 것은 부족하더라도 어찌하든지 양 떼를 먹이려는 주님의 심정으로 충만하여져서 주님께서 저희를 통해 일하실 수 있도록 준비되기를 원합니다.

수많은 사람들이 지금 자신에게 없는 것만 보며 탄식하지만, 우리는 내게 있는 것에 감사하며, 날마다 주님의 살과 피를 먹고 마시면서 주님과 온전히 연합되는 경지를 경험하게 해주십시오. 우리가 비관적 합리주의자로 살지 않고 안드레나 조지 스토트, 안이숙과 같은 간절한 믿음주의자가 되어서 오병이어와 같이 쓰임받을 수 있게 해주옵소서.

우리가 그렇게 드리는 것들도 사실 다 주님께로부터 온 것을 돌려드릴 뿐이오니, 이것들을 축복하셔서 우리가 알지 못하는 크고 놀라운 일을 이루어가셔서 영광을 드러내주시옵소서. 예수 그리스도의 이름으로 간절히 기도드립니다.

하나님 나라 일꾼들 안에는
넘치는 생수의 강이 있습니다

요한복음 7:37-39

목회자의 아들로 태어났기에 어릴 때부터 성령론에 대해서는 이런
저런 공부를 하면서 나름대로 아는 바가 있었지만, 내가 성령님을 좀
더 간절히 사모하게 된 것은 대학부 시절에 예수원 R.A. 토레이 원장
님의 삶을 보면서부터였다. '아! 이분은 성령을 체험하셨구나!' 하는
느낌을 받았다. 우리도 마찬가지다. 성령의 일하심에 관해 많이 공부
하고 정확하게 아는 것도 중요하지만, 하나님 나라의 건설자로 살아
가기 위해서는 우리 안에 넘치는 생수의 강을 실제로 경험해야 한다.
왜냐하면 하나님 나라는 하나님의 능력으로 세워가야 하는 나라이기
때문이다. 우리 안에 성령의 강력한 임재에 대한 체험이 있다면 비록
이론적인 부분에 대해 많이 알지 못하더라도 하나님이 우리를 쓰시
기에 부족함이 없을 것이다.

순종할 힘은
어디에서 얻는가

'예수 믿는 신앙'을 이렇게 정의할 수도 있을 것이다. "신앙이란, 의존과 순종을 통하여 하나님의 무한하신 자원에 참여하는 것이다." 이것을 좀 더 자세히 살펴보자.

첫 번째, 신앙은 의존이다. 우리가 주님을 의존하는 것은 부담인가, 특권인가? 물론 엄청난 특권이다. 우리처럼 연약하고 부끄러운 인생들이 창조주 하나님을 뵙고 그분께 의존할 수 있다는 사실은 그무엇과도 비교할 수 없는 특권이다. 나 같은 천한 몸이 창조주 하나님의 영광, 이 쉐키나의 영광에 붙잡혀 산다고 할 때, 이것은 엄청난영광이요 축복이다.

두 번째, 동시에 신앙은 순종이다. 인류의 조상 아담이 하나님께불순종한 후에 우리도 죽을 수밖에 없는 운명이 되었지만, 제2의 아담 예수 그리스도께서 십자가에서 피를 흘리시며 순종하심으로 불순종의 자녀들이 하나님의 자녀가 되었다.

하나님 나라 건설에서 중요한 것은 순종하는 힘이다. 이것이 신앙의 원동력이 된다. 이렇게 순종하려면 영적인 힘이 필요한데 이 힘은 어디에서 얻을 수 있을까?

요한복음 7장 37-39절에서 주님은 말씀하신다. "누구든지 목마르거든 내게로 와서 마시라. 나를 믿는 자는 성경에 이름과 같이 그배에서 생수의 강이 흘러나오리라 하시니 이는 그를 믿는 자들이 받을 성령을 가리켜 말씀하신 것이라." 한마디로 성령을 받아 영적인능력을 회복해야 순종할 수 있다. 하나님 나라는 말에 있지 아니하고능력에 있기 때문이다.

최우선적으로
구해야 할 것

본문의 배경은 유대인의 명절인 초막절이다(7:2). 초막절 중에서도 끝날이었다(7:37). 초막절은 유대인의 3대 절기 중 하나인데 요즘으로 하면 추수감사절과 비슷하다. 이스라엘 백성들이 광야 생활을 했던 40여 년 동안 주리거나 목마르지 않도록 지키고 공급해주신 은혜에 감사하고, 하나님이 나의 공급자 되심을 기념하는 절기였다.

특별히 초막절 일주일 동안에는 실로암에서 예루살렘 성전까지 물을 길어왔다. 제사장이 내려가서 금주전자에 물을 길어 올리면서 "하나님이 반석에서 생수를 터뜨려주셨다. 메마른 광야에서도 생수를 주시는 하나님이시다. 목마르지 않게 하시는 하나님이시다"라고 고백하며 주님을 기념했다.

바울은 이 기간에 광야 시절을 보냈던 이스라엘 백성들에 대해 이렇게 말한다. "다 같은 신령한 음식을 먹으며 다 같은 신령한 음료를 마셨으니 이는 그들을 따르는 신령한 반석으로부터 마셨으매 그 반석은 곧 그리스도시라"(고전 10:3-4). 반석은 영적으로 보면 예수 그리스도시다. 이 반석으로부터 터진 생수를 마시면서 그들은 광야 길을 걸을 수 있었다.

반석이신 예수님은 우리들에게 성령을 보내주겠다고 약속하셨다. 이 말씀을 하실 때까지만 해도 예수님이 승천하기 전이었기 때문에 "예수께서 아직 영광을 받지 않으셨으므로 성령이 아직 그들에게 계시지 아니하시더라"(39)라고 성경은 말한다. 하지만 고난받고 부활한 후 영광 중에 승천하시면서 예수님은 또 다른 보혜사인 성령님을 보내셨다. 그러므로 우리 안에서 생수의 강이 넘쳐 흐른다는 것은 내

주하시는 성령을 실제적으로 체험한다는 의미였다.

광야 생활도 해보고 물이 넉넉하지 않은 지역에서 살아가던 이스라엘 백성에게는 '물 부족'에 관해 본능적인 두려움이 있었다. 지금도 중동 지역에서는 물로 인한 전쟁이 많이 일어난다. 황량한 사막 지역에서 물을 마음껏 마신다는 것은 쉬운 일이 아니었다. 아브라함과 이삭이 정착하면서 가장 먼저 했던 일도 우물 파는 일이었다. 주님은 이런 이스라엘 백성들에게 '생수의 강'을 약속하신 것이다!

우리가 개인적으로나 교회 전체적으로나 신경 써야 할 일이 많지만 최우선적으로 구해야 할 것이 있다. "예수님이 말씀하신 생수의 강을 경험하게 해주십시오." 이것을 구해야 한다. 이게 있으면 나머지는 해결된다. 혹시 좀 부족한 부분이 있더라도 넘어갈 수 있다. 그렇지 않으면 우리는 일생 부차적인 것에 매달려 소중한 자원을 다 써버리고 인생을 낭비하다가 나중에는 실망하게 될 것이다.

우리가 이 큰 은혜, 생수의 강을 경험하려면 어떻게 해야 할까?

"주님, 목마릅니다!"

첫째, 우리가 목마른 사람임을 정직하게 인정해야 한다.
주님이 생수의 강을 주신다고 약속하실 때 우리가 가장 먼저 해야 할 일이 있다. '네, 주님. 제가 목마른 사람입니다. 주님, 제 영은 지금 목이 마릅니다.' 자신의 갈증과 갈급함을 인정하고 고백해야 한다. 목마른 사람이 우물을 판다는 말처럼, 목마른 자가 생수를 경험하기 때문이다. 육신이 목마르면 간절히 물을 찾듯이 영혼이 목말라 있으면 견딜 수 없으니 생수를 구하는 것이다.

사막에서 길을 잃어버린 사람이 있다고 하자. 물은 다 떨어졌고 이제 목이 타서 죽기 직전이다. 그런 사람들에게 다른 것은 다 부차적이다. 지금 목이 말라 죽어간다면 금덩이도, 좋은 집도 아무 의미가 없다. 지금 목마른 자에게 가장 필요한 것은 물이다. 갈증으로 죽기 직전에 있는 사람에게는 그 갈함을 해결할 수 있는 생수가 가장 중요하다. 목이 말라 간절히 생수를 구하고 소원하고 찾는 자에게, 두드리는 자에게 주님은 성령을 선물로 주신다(눅 11:13).

칼빈은 《기독교 강요》에서 "자기 빈곤과 목마름, 자신의 갈증과 부족함을 절실히 느끼는 자만이 하나님이 주시는 영혼의 생수를 경험할 자격이 있다"라고 말했다. 이사야 44장 3절은 이렇게 말씀한다. "나는 목마른 자에게 물을 주며 마른 땅에 시내가 흐르게 하며 나의 영을 네 자손에게, 나의 복을 네 후손에게 부어주리니."

많은 사람들이 목마른 상태로 살아간다. 삶의 갈피갈피마다 목마름이 아주 많다. 하지만 그러한 내면의 결핍을 제대로 진단하지 못하는 사람들은 자기 안에 갈급함이 있는지 없는지도 잘 모른다. 갈급한 사람만 주님의 생수를 맛볼 수 있다. 자기 영혼의 상태에 대해서는 자기가 가장 잘 안다.

"성령이여,
  나를 온전히 다스리소서!"

둘째, 성령께서 우리를 온전히 다스리시도록 내어드려야 한다.

예수님은 '누구든지' 오라고 초청하신다. 특별히 준비된 사람이나 훈련을 많이 받은 사람만 그 은혜를 받는 것이 아니다. 이는 모든 사모하는 이에게 주시는 하나님의 보편적인 역사다.

구약 시대에는 이런 혜택을 아무나 받을 수 없었다. 하나님은 구약 시대에 특별한 사람들을 중심으로 역사하셨다. 다윗이나 다니엘 같이 여호와의 신에 감동된 사람들, 혹은 족장이나 선지자들, 이런 특정한 사람들을 중심으로 하나님은 일하셨다.

구약은 임시적이었다. 어떤 사람이 성령으로 기름 부음을 받았다 해도 범죄하면 기름 부으심은 사라졌다. 범죄하기 전에 다윗은 성령의 기름 부으심과 여호와의 신의 감동을 받아, 문무를 겸비한 탁월한 하나님의 사람으로 살아갔지만 범죄한 후에는 다윗에게 임했던 여호와의 신은 잠시 떠나가셨다. 그토록 대단한 인물들에게도 성령의 임재는 임시적이었다.

하지만 예수님이 오신 후 신약 시대에는 특정한 사람만이 아니라 모두가 그 은혜를 누릴 수 있게 되었다. "이 약속은 너희와 너희 자녀와 모든 먼 데 사람 곧 주 우리 하나님이 얼마든지 부르시는 자들에게 하신 것이라"(행 2:39). 그 대상은 "하나님께서 부르시는 모든 사람"(새번역)으로 확대된다. 예수님께서 약속하신 성령의 기름 부음과 생수의 강은 한 번이 아니라 영구적으로 적용되는 말씀이다. 특정한 사람에게만 아니라 믿는 자 모두에게 보편적으로 적용되는 은혜다. 사모하는 자들은 모두 이 약속을 받아 누릴 수 있다.

이 진리에 영적인 눈이 열렸을 때 베드로는 이렇게 선포했다. "하나님이 말씀하시기를 말세에 내가 내 영을 모든 육체에 부어주리니 너희의 자녀들은 예언할 것이요 너희의 젊은이들은 환상을 보고 너희의 늙은이들은 꿈을 꾸리라"(행 2:17). 이것은 말세에 하나님의 영을 '모든 육체'에 부어주시겠다는 엄청난 약속이다. 이 성령의 역사를 힘입어야만 우리는 하나님 나라 건설자로 일할 수 있다.

오늘날 우리가 이 역사를 체험하려면 어떻게 해야 할까? 성령께서 우리를 완전히 장악하시도록 내어드리면 된다. 다른 것은 부차적이다. 개인적으로도, 교회적으로도 가장 긴급하게 요청되는 것은 바로 성령이 오셔서 우리를 완전히 지배하시는 것이다. "성령이여 오셔서 우리 모두를 완전히 지배하여 주십시오!"

성령이 우리를 완전히 사로잡으시면 인생의 소소한 즐거움까지 다 빼앗길 것이라고 생각하는 사람들이 있다. 그래서 어떤 이들은 '아이고, 성령이 오시는 것은 좋은데 내가 요것 좀 하고 난 다음에 오십시오', '이것만은 제발 저에게 맡겨주세요' 하고 하소연한다. 성령께서 다스리시면 삶이 재미없어진다는 오해가 있어서다. 하지만 그렇지 않다. 성령이 우리를 온전히 다스리시면 즉시 하나님의 무한한 자원에 참여하게 되면서 우리 앞에는 새로운 세계가 열린다.

성령께서 지배하시되 내가 생각하는 스타일이 아니라 하나님의 타이밍에 따라 필요할 때에 나를 연장처럼 사용해달라고 구할 수 있어야 한다. 연장통에는 망치, 펜치, 드라이버 등 다양한 도구들이 있다. 내가 망치가 되고 싶다고 망치가 되는 것이 아니라, 성령께서 나를 장악하셔서 망치로 사용하시면 그렇게 쓰임받고, 나를 드라이버로 사용하시면 그렇게 관계를 풀고 묶는 일에 쓰임받는 것이다.

생수의
강이 차오르면

이렇게 우리의 목마름을 정직하게 인정하고 성령께서 우리를 온전히 다스리시도록 완전히 내어드릴 때 어떤 일이 일어나는가?

38절을 다시 읽어보자. "나를 믿는 자는 성경에 이름과 같이 그 배에서 생수의 강이 흘러나오리라."

이것은 간신히 목을 축이는 정도가 아니라, 충만히 채워져서 넘처나는 상태를 말한다. 이사야 44장 3절에서 말씀하신 것처럼 '부어 주시는' 것이다. 사도행전 1장 8절에서 "오직 성령이 너희에게 임하시면…"이라고 하실 때의 '임한다'는 단어도 헬라어로 '에피'(ἐφ')인데 이것 역시 막 퍼붓는다는 뜻이다.

우리가 인생을 살다 보면, 뜻하지 않게 풍파와 암초에 걸려 좌초될 때가 있다. 아무리 용을 쓰고 애를 써봐도 광풍을 만나면 배가 뒤집히거나 파선을 맞을 수밖에 없다. 어떻게든 힘을 내서 일어서려고 해도 배가 꼼짝을 못하니까 어떻게 해볼 도리가 없는 것이다. 선장부터 시작해서 모든 사람들이 뻘 속에 갇힌 배를 움직이려고 갖은 애를 써보지만 꼼짝도 하지 않는다. 그럴 때에 방법은 딱 하나밖에 없다.

밀물이 밀려오면 배는 저절로 떠오른다. 이것은 참으로 희한한 은혜다. 다른 방법이 없다. 인간적인 방법은 통하지 않는다. 우리에게 예수님이 약속하신 생수의 강이 차오르면 그러한 은혜가 임한다. 인생이 좌초되고 아무런 힘도 쓸 수 없어 무기력해진 우리에게 하나님은 강력한 은혜의 밀물을 보내주신다. 생수의 강이 차오르기 시작하면 배는 저절로 떠오른다. 성령의 은혜로 만조가 되면 그렇게 애써도 꼼짝하지 않던 배가 별 어려움 없이 다시 떠올라 항해를 할 수 있게 된다.

이것은 사람이 힘들여 파고 끊임없이 지키고 관리해야 하는 '야곱의 우물물'이 아니라 광야에서 주님이 날마다 솟아나게 하시는 샘물이기 때문이다. 하나님이 우리를 장악하시고, 우리가 주님께 모든 권리를 내어드릴 때 하나님은 우리 안에 영원토록 솟아오르는 샘물을 허락하신다.

은혜를 받되,
넘치도록 받으라

20세기 초에 영국에서 하나님의 기름 부으심을 받아 귀하게 사역했던 사무엘 채드윅 목사는 이렇게 말했다. "교회와 인생의 문제는 꾸짖고 비난해서 해결되는 것이 아니다. 교회는 강물과 홍수와 바람과 태양으로만 해결된다." 무슨 뜻인가? 초자연적인 성령의 능력이 임해서 성령의 강물과 성령의 홍수와 성령의 바람이 일어나야만 교회와 인생의 문제가 해결된다는 뜻이다.

자녀의 문제, 배우자의 문제, 자기 자신의 문제에 대해 날선 훈계와 비판을 한다고 해서 이것을 바꿀 수 있는 게 아니다. 성령의 강수가 우리 삶을 덮쳐 와야 한다. 이것이 기독교가 타 종교와 결정적으로 다른 부분이다.

그러므로 우리가 은혜를 받을 때에, 빠듯하게 겨우 자기 문제만 해결받을 정도로만 구하지 말고 흘러넘치도록 받아야 한다. D. L. 무디나 조지 휘트필드 같은 사람들, 또한 한국 교회의 위대한 성도들 중에는 호흡하기 힘들 정도로 강력하게 성령의 역사를 경험한 사람들이 있었다. 고린도후서 9장 8절은 이렇게 말한다. "하나님이 능히 모든 은혜를 너희에게 '넘치게' 하시나니 이는 너희로 모든 일에 항상 모든 것이 넉넉하여 모든 착한 일을 넘치게 하게 하려 하심이라."

주님의 일을 넘치게 하려 한다면 은혜도 넘치게 받아야 한다. 우리 모두에게 생수의 강이 출렁거리며 넘쳐나 모든 선한 일을 하기에 넉넉한 사람들이 되기를 기도한다.

우리 안에 은혜의 생수를 허락하시는 하나님 아버지! 주님은 진리이십니다. 주님은 반석이십니다. 누구든지 목마르거든, 갈급하거든 오라고 하셨습니다. 주님이 부어주신다고 약속하셨습니다. 하나님, 우리에게 임하시는 성령의 선물을 모두가 충만히 받아 누릴 수 있도록 도와주시옵소서.

주님, 제가 얼마나 목마른지 주님은 잘 알고 계십니다. 다른 것은 다 부차적입니다. 주님, 성령께서 새 일을 행하시도록 저를 붙잡아 주시옵소서. 주님, 저를 완전히 지배하여 주시옵소서. 다른 방법은 없습니다. 성령께서 장악하여 주시기를 기도합니다.

그동안 응어리졌던 것들이 다 정리되게 해주시고, 새 길을 열어 주시고, 새 날을 허락하여 주시기를 간절히 원하옵나이다. 개인적으로, 가정에서, 교회를 위해 필요한 은혜를 주님이 위로부터 넘치도록 부어주실 줄로 믿습니다.

우리가 구하고 주님이 주시는 이 은혜는 겨우 자기 목만 축일 정도가 아니라 폭포수와 같이 부어주시는 역사인 줄로 믿사오니, 좌초된 저희 인생들의 배가 밀려오는 만조의 은혜를 받아 다시 한번 힘차게 떠올라 항해하게 해주시옵소서. 우리의 생명 되시고 생수의 근원이신 예수 그리스도 이름으로 간절히 기도드립니다.

하나님 나라는
용서받은 자들의 나라입니다

요한복음 8:1-12, 31-32

〈노예 12년〉이라는 영화가 있다. 미국 북부에서 태어나 자유롭게 살아가던 한 흑인이 "돈을 더 많이 벌게 해주겠다"라는 두 백인의 꼬임을 받아 노예 상인에게 팔려서 12년 동안 노예로 살았다는 내용이다. 솔로몬 노섭이라는 실제 주인공은 자신이 겪은 참혹한 노예 생활에 대해 이렇게 고백한다.

"노예라는 신분의 굴레가 나를 얼마나 무겁게 짓눌렀던지, 그것은 날마다 끊임없이 학대와 조롱과 비웃음을 견뎌야 하는 삶이었다. 자유가 몹시도 그리웠다."

사람들이 의식하든 의식하지 못하든 인류는 지금도 여전히 죄로 인한 학대와 조롱, 비웃음 속에서 하루하루를 살아가고 있다. 한번 비상해보려 하지만 바울이 고백한 대로 죄로 인한 영적 곤고함은 이루 말할 수 없이 무겁게 우리를 짓눌러버린다.

지금도 정말 다양한 사람들이 하나님 나라 안으로 들어오고 있다. 하나님 나라 구성원은 참으로 다양하지만 그들 모두는 용서받고 자유롭게 된 자들이다. 즉, 하나님 나라는 그리스도의 십자가로 용서받은 자들이 그 자유함과 은혜 속에서 자발적으로 섬기고 사랑하는 나라다. 우리가 어떻게 그 용서를 받아들이고, 그 감격 속에서 은혜를 유지하며 살아갈 수 있을지를 알아보자.

은혜가 필요한 존재들

"예수는 감람 산으로 가시니라." 1절은 이렇게 시작된다. 주님은 감람 산을 기도의 동산으로 삼으시고 밤새도록 기도하실 때가 많았다. 낮에는 덥지만 밤에는 냉기가 확연한 곳이었다. 그 냉기 속에서 주님은 기도의 짐을 진 채 고뇌하며 아파하셨다.

2절을 보니 그렇게 기도하시고 이른 아침에 다시 성전에 들어오셨는데 많은 백성이 주님께로 모여들었다. 주님은 이론이 아니라 살아 있는 생명과 진리를 가르치셨기 때문에 사람들이 그렇게 많이 모였던 것이다.

이때 한 사건이 일어난다. 바리새인과 서기관들이 간음 중에 현장에서 붙잡힌 여인을 데려다가 사람들이 모여 예수님의 말씀을 듣고 있던 자리에 그냥 팽개치는 것이 아닌가? 그러고는 이런 질문을 던진다. "모세는 율법에 이러한 여자를 돌로 치라 명하였거니와 선생은 어떻게 말하겠나이까?"(5)

바리새인과 서기관들은 예수님을 교묘하게 무너뜨리려고 이런 작전을 펼쳤다. 신명기 22장에 보면, 이런 간음죄를 범한 자는 남자나 여자 할 것 없이 모두 죽이라고 했는데 남자는 온 데 간 데 없고 여자만 끌고 온 상황이었다. 여자를 이용해 예수님을 옭아맬 궁리였던 것이다.

이런 상황에서 주님이 가만히 계시니까 서기관과 바리새인들은 '야, 이제 예수가 걸려들었다'라고 생각하고 속으로 쾌재를 불렀다. 모세는 이런 여인을 돌로 치라고 했는데 이제 어떻게 하는 것이 좋을지 주님께 따졌다. 만약 예수님이 풀어주라고 한다면 모세의 율법을 어기는 쪽으로 몰고 가고, 돌로 치라고 한다면 늘 용서와 사랑과 자비를 강조하던 예수님이 평소에 전하던 말씀과 실체는 다르다고 옭아매려 했던 것이다. "그들이 이렇게 말함은 고발할 조건을 얻고자 하여 예수를 시험함이러라"(6a).

7절을 보면, 그들은 주님을 다그치고 몰아세웠다. 주님은 이 말도 안 되는 상황 속에서 어떻게 하셨는가? "예수께서 몸을 굽히사 손가락으로 땅에 쓰시니"(6b). 주님은 이 종교지도자들의 얼굴도, 또 현행범으로 붙잡혀와 수치심에 엎드려 있는 그 여인도 보지 않으시고 가만히 몸을 굽혀 손가락으로 뭔가를 땅에 쓰셨다.

용서의
유일한 근거

잠시 시간이 지난 후 주님은 압도적인 권위로 말씀하신다. "너희 중에 죄 없는 자가 먼저 돌로 치라." 이것은 소리 없는 폭탄과도 같은 말씀이었다. 예수님의 말씀을 듣자마자 나이 많은 사람들부터 슬그머니 빠져나갔다. 어른부터 시작하여 젊은이까지 양심에 가책을 느껴 다 도망가고 오직 예수님과 여자만 남았다(9).

이 말씀은 우리와 관계없는 이야기가 아니다. 어쩌면 주님 앞에서 더 무서운 것은 영적이며 정신적인 간음일 수도 있다. 영적으로는 수십 차례 간음을 행하면서 육체로 간음을 저지르지 않았다는 이유만으로 자신을 의인이라고 생각하고 그런 여인을 데려와 죽이려고 하는 소위 복음 없는 도덕주의자들, 복음 없는 위선주의자들, 복음 없는 율법주의자들, 이런 사람들이 참으로 더 무섭다. 이들은 자기가 의롭다고 생각하고 있기에 사람들을 향하여 거칠고 폭력적이고 무자비한 비난과 정죄를 일삼는다.

우리 주님은 모든 것에 대해 다 온유한 분이었지만 이런 복음 없는 위선, 복음 없는 율법, 복음 없는 비판, 복음 없는 도덕에 대해서는 '회칠한 무덤'이라고 단호하게 말씀하셨다.

죄를 범하다 붙잡힌 여인의 입장이 되어 보자. 온몸은 수치스럽게 드러나고 사람들은 자기를 쳐 죽이려고 돌을 들고 서 있다. 얼마나 수치스러웠을까? 또 얼마나 두려웠을까? 그녀는 죄로 인한 수치와 두려움으로 벌벌 떨었다.

그녀를 정죄할 자격이 없는 바리새인과 서기관은 이 여인을 정죄하고 죽이려 했지만, 우주에서 유일하게 그녀를 정죄하실 수 있는 예수님은 이렇게 말씀하셨다.

"예수께서 일어나사 여자 외에 아무도 없는 것을 보시고 이르시되 여자여 너를 고발하던 그들이 어디 있느냐 너를 정죄한 자가 없느냐 대답하되 주여 없나이다 예수께서 이르시되 나도 너를 정죄하지 아니하노니 가서 다시는 죄를 범하지 말라 하시니라"(10-11).

성경을 모르는 세상 사람들도 본문의 "죄 없는 자가 먼저 돌로 치라" 정도의 말씀은 알고 있다. 하지만 진리의 빛에 눈이 열리면 거기에서 나아가 주님의 자유롭게 하시는 음성을 듣는다. "나도 너를 정죄하지 아니하노니 가서 다시는 죄를 범하지 말라." 우리가 7절과 같은 정죄의 말씀만을 듣고 끝난다면 은혜를 경험하지 못한 것이다. 11절의 음성이 우리에게 들려와야 하는 것이다.

이 말씀 안에는 좀 더 깊은 뜻이 함축되어 있다. "나도 너를 정죄하지 않으니까 너도 너 자신을 용서하고 정죄하지 말라. 그리고 가서 다시는 죄를 범치 말라"라는 의미가 숨어 있다. 이것은 파격적인 말씀이다. 급진적인 말씀이다. 영적인 눈이 떠지지 않으면 이해가 안 되는 불가사의한 말씀이다. 우리가 자기 모습만 보면 용서받을만한 자격이 전혀 보이지 않기 때문이다.

우리가 자신을 살피고 약점과 허물 때문에 부끄러워하면서 겸손하게 무릎 꿇고 납작 엎드리는 것은 참으로 귀한 일이다. 하지만 주님이 선포하신 그 용서를 받아들이지 못하고 자신을 용서하지 못한 채 계속 헤맨다면 그것은 아직 진리에 눈을 뜨지 못한 것이다.

용서는 자기 학대나 자기 연민과는 거리가 멀다. 우리는 예수 그리스도의 보혈을 근거로 용서받는다. 우리를 받아주고 용서하시는 것은 내 상태에 달려 있지 않고 주님께 속한 일이다. 주님이 우리를 용서하셨다면 우리도 자신을 용서해야 한다. 많은 사람들이 자기와 화해가 되지 않으니까 남들과도 화해가 안 되는 것이다. 복음의 은혜에 눈을 뜨는 것은 바로 이 지점에서다.

주님이 우리를 용서하셨는데도 자신을 용서하지 못하는 사람들이 의외로 많다. 주님이 우리와 더불어 화목하시고 은혜를 베풀어주셨는데 자신과 화목하지 못하고 갈등하면서 힘들어 하는 사람들이 많다. 죄 짓고 아무런 죄책도 느끼지 못한 채 양심에 화인 맞은 인생도 큰 문제지만, 주님이 용서했는데도 불구하고 그 은혜에 자기 인생을 완전히 담그지 못하고 자신을 용서하지 못하는 것도 문제다.

말씀에 거하는 삶에서
나오는 자유

그다음으로 중요한 것은 가서 다시는 죄를 범치 않는 것이다. 죄를 용서받고 예수님을 주님으로 모신 사람들에게는 다시는 죄를 범하지 않으며 말씀대로 살아가려는 소원이 생긴다. 이제 용서받은 여인 역시 살아가면서 다시는 죄를 범하지 않도록 삶의 초점을 바꾸어야만 했다.

갈라디아서 5장 13절을 보자. "형제들아 너희가 자유를 위하여 부르심을 입었으나 그러나 그 자유로 육체의 기회를 삼지 말고 오직 사랑으로 서로 종노릇하라." 이 자유는 육체의 욕망을 만족시키는 기회로 삼지 말고 오직 사랑으로 서로 종노릇하라고 주신 것이다.

어떻게 하면 그렇게 살 수 있을까? 12절을 보자. "예수께서 또 말씀하여 이르시되 나는 세상의 빛이니 나를 따르는 자는 어둠에 다니지 아니하고 생명의 빛을 얻으리라." 우리는 더 이상 어두움을 따라가는 삶을 살면 안 된다. 이 말씀처럼 빛 되신 예수님을 따르는 것이 중요하다. 사람들이 보기에 도덕적인 삶을 사는 정도가 아니라 한 차원 더 올라가 하나님 나라 건설에 참여해야 하는 것이다.

예수님은 자기를 믿은 유대인들에게 이렇게 말씀하셨다. "그러므로 예수께서 자기를 믿은 유대인들에게 이르시되 너희가 내 말에 거하면 참으로 내 제자가 되고 진리를 알지니 진리가 너희를 자유롭게 하리라"(8:31-32). 핵심은 예수님의 말씀 속에 거하는 것이다. 그럴 때 빛 가운데 거하고, 어둠 속에 머무르지 않는다. 예수님의 말씀 속에 거해야 더 이상 죄를 가까이하는 삶을 살지 않는다.

그렇다면 "예수님의 말씀 속에 거한다"라는 것은 구체적으로 어떻게 하는 것일까? 본문의 흐름 안에서만 해석한다면 "나도 너를 정죄하지 아니하노니 가서 다시는 죄를 범하지 말라"라는 말씀을 붙잡는 것이다. 이 말씀을 붙들고 산다면 이제 여인은 어둠에 다니지 않고 생명의 빛을 얻는다는 뜻이다.

범죄하고 싶을 때마다, 힘들 때마다 주님이 주신 말씀에 집중한다면 우리가 빛 가운데 거할 수 있도록 도우실 것이다. 개인적으로나 교회적으로 힘들고 어려운 상황이 한두 가지가 아니지만 주님의 말씀에 거하는 삶에 돌파구가 있음을 믿는다. "나도 너를 정죄하지 아니하노니 가서 다시는 죄를 범하지 말라." 이 말씀이 우리를 자유롭게 하신다.

은혜가 임할 때
달라지는 것들

8장 36절을 보자. "그러므로 아들이 너희를 자유롭게 하면 너희가 참으로 자유로우리라." 예수님의 말씀, 즉 "나도 너를 정죄하지 않는다"라는 말씀이 우리를 자유롭게 한다는 것이다.

이 여인이 어떻게 달라졌을지 상상해보자. 여인은 조금 전까지만 해도 수치심에 죽고 싶었다. 그런데 어떤 일이 벌어졌는가? 주님이 용서의 복음을 선포하셨고, 이 복음을 받아들일 수 있게 해주셔서 여인의 마음속에 자유가 임하고 천국이 건설되었다.

방금 전만 해도 부끄러워 죽고 싶었는데 이제는 너무나 감사해서 제대로 살고 싶어졌다. 여인이 진리와 생명의 빛으로 무장되니 자기도 모르게 '내가 어떻게 하면 주님께 보답할 수 있을까? 어떻게 하면 주님을 더 사랑할 수 있을까?' 하는 생각들로 채워졌다. 하나님의 은혜가 임하면 이렇게 된다.

사람들이 보는 앞에서만 잘하는 것, 이것은 껍데기일 확률이 크다. 진짜 생명의 역사는 복음의 은혜를 깨닫고 나서, '나 같은 것을 살려주시다니… 이런 이해하기 힘든 불가사의한 복음을 내게 주시다니' 이것이 참 감사하고 귀해서 자발적으로 자기 인생을 드리는 것으로 나타난다. 그럴 때 우리 삶에 길이 열린다. 새로운 길이 열린다. 모든 장애물을 돌파할 수 있다. 우리도 어려울 때마다 다시 한번 이 말씀을 기억하면 좋겠다. "나도 너를 정죄하지 아니하노니 가서 다시는 죄를 범하지 말라."

말씀에 거할 때
달라진 인생

한 집사님을 알고 있다. 운동을 무척 좋아하던 분이었는데 젊을 때 큰 사고를 당해 하반신 마비가 왔다. 남은 생은 휠체어 위에서 보내야만 했다. 인생을 비관하며 폭음을 하고 눈물로 밤을 지새우기 일쑤였다. 이런 비참한 상태로 계속 살 바에야 차라리 죽어야겠다며 자살도 감행했지만 모진 목숨이라 쉽게 세상을 등지지도 못했다.

그런데 그가 어느 날 이 메시지를 들었다. "나도 너를 정죄하지 아니하노니 가서 다시는 죄를 범하지 말라." 이 말씀으로 예수님을 만나자, 비록 하반신은 마비된 그대로였지만 영의 다리에는 다시 힘이 돌았다. 다시 주님을 바라보기 시작했고 영혼은 자유함을 얻었다. 비록 육신의 자유함은 사라졌지만 영적으로는 날아다니게 되었다. 그렇게 되니 이분의 얼굴이 달라졌다. 얼굴의 형태 자체가 달라진 것이다. 그 변화가 얼마나 극적이었던지 그렇게 은혜로 넘치는 얼굴을 보고 반한 어떤 자매와 결혼까지 하게 되었다.

이 부부는 말씀과 성령을 경험하면서 신앙과 인생에서 부흥을 맞이했다. 휠체어를 탔기에 불편하기 짝이 없는데도 새벽 특새를 할 때마다 미리 와 있을 정도였다. 하나님은 부부에게 자녀를 셋이나 주셨고 아이들도 모두 멋지게 커가고 있다.

그분에게 어떤 찬송이 가장 좋은지 물어보았더니, 404장 "그 크신 하나님의 사랑"이라고 한다. 아니, 젊을 때 죽으려 할 정도로 큰 고통을 받고 하반신 마비 후에는 평생 휠체어를 타고 다니는 분이 어떻게 그 찬송을 가장 좋아하게 되었을까?

이것이 복음의 역사다. 기독교는 종교가 아니며, 생명력이 꿈틀대는 신앙이기 때문이다. 하반신 마비로 완전히 인생이 꺾여 있던 사람을 하나님께서 복음으로 고쳐주시고 부흥의 역사를 일으켜 주님만 의뢰하게 하신 것처럼 인생의 갖가지 고통으로 힘들어 하는 개인과 가정과 공동체가 있다면 주님이 다시 한 번 비상하게 해주시기를 기도한다.

은혜의 주님, 오늘 이 말씀이 우리 자신, 우리 교회, 또한 온 성도들을 살리는 말씀이 되게 해주실 줄로 믿습니다. 겉으로는 도덕적이고 깨끗한 것 같지만, 사실 주님 보시기에 저희 마음이 얼마나 부끄러운 상황인지 말로 다 할 수 없습니다. 저희가 복음 없는 도덕주의자요, 율법주의자로 살아가면서 은혜가 필요한 사람들을 하나님의 자리에서 정죄하고 판단하지는 않았는지요. 우리가 이러한 회칠한 무덤이 되지 않게 하시고 하나님의 은혜의 통로로 자비와 사랑과 진리를 전달하는 역할을 감당하게 해주시옵소서.

십자가 지신 예수 그리스도께서 주시는 복음적인 용서에 눈뜬 자만이 자신에 대한 하나님의 용서를 받아들일 수 있고 이로써 다른 사람을 용서할 힘을 얻게 됨을 고백합니다. "아들이 너희를 자유롭게 하면 너희가 참으로 자유로우리라"라고 하신 말씀을 마음속에 새겨, 모든 힘든 상황들을 돌파해나갈 수 있도록 은혜를 베풀어주옵소서.

많이 용서받은 사람들이 더 많이 감사하고 주님을 더 깊이 사랑하는 제자가 된다고 믿습니다. 온 교회에 복음과 용서의 능력을 힘입은 주님의 백성들을 가득 세워주셔서, 하나님 나라 건설에 모두가 자유롭게 참여할 수 있도록 도와주시옵소서. 예수 그리스도의 이름으로 간절히 기도드립니다.

하나님 나라는
보는 것이 다른 나라입니다

 요한복음 9:1-11

우리가 잘 아는 위인 중에 헬렌 켈러가 있다. 헬렌 켈러는 날 때부터
보지 못했을 뿐만 아니라 듣지도 못하고 말하지도 못하는 삼중고를
안고 태어났다. 헬렌 켈러는 "3일만 볼 수 있다면"이라는 수필에서
자신이 보고 싶은 세계에 대해 이렇게 묘사하고 있다.

첫째 날에는 친절과 우정으로 나의 삶을 가치 있게 만들어준 사람들의
얼굴을 볼 것입니다. 무엇보다 은사이신 설리번 선생님을 찾아가, 이제
껏 손끝으로 만져서만 알던 그녀의 얼굴을 몇 시간이고 물끄러미 바라
보면서 그 모습을 내 마음속에 깊이 간직해둘 것입니다. 오후에는 들과
산으로 가서 예쁜 꽃과 풀들을 보겠습니다. 그리고 첫날 저녁이 되면 석
양으로 물드는 황홀한 노을 앞에서 감사의 기도를 드릴 것입니다. 아마
그 첫날은 기쁨과 흥분과 감사함으로 잠을 이루지 못할 것 같습니다.

둘째 날에는 동트기 전에 일어나서 밤이 아침으로 바뀌는 가슴 설레는 기적을 바라보겠습니다. 잠든 대지를 깨우는 태양의 장엄한 광경을 경건하게 바라보면서 세상을 두루 살펴보겠습니다. 낮에는 보고 싶었던 아름다운 박물관과 미술관을 돌아보면서, 예술을 통해서 인간의 정신을 탐색해보고 싶습니다. 둘째 날 밤에는 극장이나 영화관에 가서 여러 종류의 공연을 감상할 것입니다.

셋째 날에는 아침 일찍 큰길로 나가서 부지런히 출근하는 사람들의 활기찬 표정을 보고 싶습니다. 사람들이 일하는 세계, 사람들이 자주 다니는 곳을 찾아갈 것입니다. 저녁에는 인간의 영혼에 희극이 어떤 의미를 갖고 있는지 감상하기 위해 극장에 가서 재미있는 연극을 볼 것입니다. 마침내 자정이 되고 다시 어둠의 세계로 들어갈 때에도 내 마음에 가득 차 있는 찬란한 기억들로 인해 그리 아쉽지는 않을 것입니다. 물건들을 만질 때마다 그것이 어찌 생겼는지에 대한 빛나는 기억이 떠오를 테니까요.

그녀는 수필의 끝 부분에서 이렇게 조언한다. "못 보는 내가 보는 여러분에게 한 마디 조언을 할 수 있다면, 여러분의 눈을 마치 내일이면 볼 수 없는 사람처럼 사용하시고, 다른 감각에도 그렇게 적용하십시오." 헬렌은 비록 육신의 눈은 멀었지만 영의 눈으로는 누구보다 더 뚜렷이 영원한 세계를 보고 있었다.

이처럼 하나님 나라 일꾼들은 남들이 보지 못한 세계를 보고, 같은 사물을 보더라도 다른 관점에서 볼 줄 아는 사람들이다. 그들에게는 하나님 나라의 가치관, 즉 '킹덤 밸류'(kingdom value)가 있다. 예수님을 만나 영의 눈을 뜨게 된 사람들에게는 하나님 나라 가치관에 순종하고자 하는 자세가 있다. 빛 되신 예수님을 만나 평생 처음으로 눈을 뜨게 된 맹인에게도 그러한 기쁨이 있었다.

우리도 예수님을 만나면 보는 것이 달라진다. 가치관이 새로워진다. 하나님 나라 건설자들은 구체적으로 어떤 것들을 보는가?

하나님의
일하심을 보다

1절을 보자. "예수께서 길을 가실 때에 날 때부터 맹인 된 사람을 보신지라." 이 사람은 날 때부터 맹인 되었을 뿐 아니라 걸인이었다. 제자들은 이 맹인을 보면서 갑론을박을 시작했다. "랍비여 이 사람이 맹인으로 난 것이 누구의 죄로 인함이니이까 자기니이까 그의 부모니이까"(2). 이것이 유대인들의 일반적인 판단 기준이었다.

당시 유대인들에게는 환생 사상이나 인과응보 사상이 있었다. 에세네파나 영지주의자들이 이러한 사상에 더 기울었는데, 복음서를 보면 세례 요한을 두고도 엘리야가 다시 나타난 것이라고 생각하는 사람이 많았다. 또한 사람이 어려움을 겪고 고통당하는 것을 다 죄 때문으로 여겼으며, 여기에도 크게는 두 가지 원인이 있다고 보았다.

하나는 자기 책임에 의한 죄, 다른 하나는 부모의 죄였다. 출애굽기 34장 7절에 보면 비슷하게 생각할 수 있는 내용이 나온다. "인자를 천대까지 베풀며 악과 과실과 죄를 용서하리라. 그러나 벌을 면제하지는 아니하고 아버지의 악행을 자손 삼사 대까지 보응하리라." 부모의 죄 때문에 자식까지도 어려움을 겪을 수 있다는 내용이다. 그들은 이러한 영향을 받아 무슨 일만 생기면 이게 누구 때문인가? 부모의 죄 때문인가, 아니면 내 죄 때문인가의 문제로 시달렸다.

하지만 주님은 그들에게 놀라운 말씀을 하신다. "이 사람이나 그 부모의 죄로 인한 것이 아니라 그에게서 하나님이 하시는 일을 나타내고자 하심이라"(3). 자기 책임이냐 인과응보냐는 문제로 사람들의 생각이 복잡할 때에도 예수님은 그를 통하여 하나님이 하시는 일이 나타날 것이라고 선언하신 것이다.

구체적으로 "하나님이 하시는 일"이란 무엇을 말하는가? 성경을 살펴보면 예수님의 일은 항상 사람을 살리는 일과 연관되어 있었다. 요한복음 4장에서는 우물가의 목마른 여인이 살아났고, 5장에서는 38년 된 병자가 기적적으로 일어났다. 6장을 보면 하루 종일 굶었던 사람들이 생명의 떡을 먹고 다시 힘을 얻는 역사가, 7장에서는 영혼이 목마른 사람들에게 생수의 강을 약속하셨다. 8장에서는 간음한 여인을 회복시키셨다.

예수님은 자기 죄도, 부모의 죄도 아닌 제3의 길을 택하셨다. 그것은 자기 책임도, 인과응보도 아닌, 하나님이 하시는 일을 나타내시기 위해 펼치시는 생명의 길이었다. 개인이나 공동체에 이해가 안 되는 어려움과 고통, 문제가 있을 때에 영의 눈이 열린 사람은 고통만 보는 것이 아니라 이 일을 통하여 하나님이 하시려는 일을 볼 줄 안다. 하나님의 일하심을 보는 눈이 생긴다. 이것은 모두 사람을 살리는 일과 연결되어 있다. 이로써 개인과 교회를 살리고, 다시 한 번 새로워지는 길을 열어주고자 하신다.

예수님은 하나님 나라의 주권자이시기 때문에 잘못된 전통이나 경전 해석에 매이지 않으셨다. 주님은 인간적으로 슬픈 상황 속에서도 하나님이 일하시는 손길을 목격하셨다. 생명의 역사를 보셨다. 그리고 거룩한 자기 선언을 하신다. "내가 세상에 있는 동안에는 내가 세상의 빛이로다"(9:6).

예수님은 어둡고 운명적이기만 한 맹인의 인생에 찾아오셔서 생명의 빛이 되어주셨다. 누구든지 예수님을 만나는 사람들은 자기 인생을 새롭게 해석하는 틀을 얻는다. 정도의 차이는 있지만 예수님을 만난 사람들에게는 하나님의 일하심을 보는 눈이 생긴다.

요한복음 8장과 9장에서 말씀하신 '세상의 빛'은 문맥상 약간의 차이가 있다. 8장에서는 간음하다가 현장에서 잡혀온 여인의 마음속에 주님이 빛을 비추시면서 말씀하셨다. 그때 어른으로부터 시작해서 어린아이까지 양심의 가책을 느끼고 다 도망을 쳤다. 반면 요한복음 9장은 예수님이 날 때부터 맹인이던 사람을 고쳐주시는 사건이 중심이다. 8장이 어두움을 쫓아내시는 영광의 빛이라면, 9장은 영적인 눈을 뜨게 하시는 치유의 빛이다.

하나님 나라
가치관을 보다

주님은 맹인의 눈을 뜨게 하시기 위해 구체적으로 어떻게 일하시는가? "이 말씀을 하시고 땅에 침을 뱉어 진흙을 이겨 그의 눈에 바르시고 이르시되 실로암 못에 가서 씻으라"(6-7).

맹인은 순수한 마음으로 순종했다. 그 결과 어떻게 되었는가? "이에 가서 씻고 밝은 눈으로 왔더라." 할렐루야! 예수님은 주위에서 흔히 볼 수 있는 흙과 침을 가지고 맹인의 눈을 고쳐주셨다. 평범한 것을 가지고도 이런 놀라운 기적을 일으키셨다. 다시 강조하지만 여기서 중요한 것은 기적 자체가 아니라 표적으로서의 기적이다. 그냥 기적이 아니라 표적이 나타났다는 사실이 중요하다. 능력은 한번 받았다 해도 계속 받는다는 보장이 없지만, 표적은 평생에 걸쳐 그 의미가 깊어지면서 풍성한 열매를 얻어가는 것이기 때문이다.

주님께서 맹인의 눈을 뜨게 하시자, 바리새인과 서기관들은 예수님을 책잡으려고 그 맹인과 부모를 다그쳤다. "너 안식일에 눈떴지? 눈뜬 것이 중요한 게 아니야. 안식일에 이런 것을 범하면 안 되는 것이야." 그럴 때 맹인은 어떻게 말하는가? "한 가지 아는 것은 내가 맹인으로 있다가 지금 보는 그것이니이다. … 이 사람이 하나님께로부터 오지 아니하였으면 아무 일도 할 수 없으리이다"(9:25, 33).

여기서 우리가 진지하게 적용해야 할 부분이 있다. 우리 눈을 흐리게 하는 잘못된 선입관과 생각이 있다면 제대로 정리해야 한다는 점이다. 우리에겐 어느 정도 다 그런 속성이 있다. 자기가 미처 보지 못하는 부분들, 굳어진 부분들을 주님께 고침받아야 한다.

하나님 나라 건설에 참여하면서도 그 사고방식과 가치관이 '하나님 나라 가치관'으로 변화된 상태에서 섬기는지, 아니면 세상 가치관을 그대로 지닌 채 자기 열심만 내고 있지는 않은지를 곰곰이 생각해봐야 한다. 나는 하나님 나라 가치관, 즉 킹덤 밸류를 따라 살아가는가, 아니면 세상적인 가치관을 그대로 갖고 일하는가?

주님을 믿는다고 하면서도, 또 신앙생활을 오래 했으면서도 세상 가치관과 문화관, 선입관에 이끌려 살아갈 때가 많다. 평소에는 잠잠하다가 위기를 당했을 때, 어려움을 당했을 때, 난관에 부닥쳤을 때에 그 부분이 드러난다. 예수님을 믿어도 세상 가치관대로 살아가는 사람들은 그런 때에 믿음이 힘을 발휘하지 못하고 옛날의 습관과 방식에 끌려간다. 예수님을 믿어도 어려움이 생기면 신앙적으로 해결하려는 것이 아니라 그런 것들에 기대는 경우가 많다.

하나님의 가치관은 사람을 살리는 것이다. 그런 가치관을 가진 사람은 가는 곳마다 생명의 역사를 일으키고 사람들에게 생동감을 준다. 내가 하는 그 일을 통해서 사람이 살고 공동체가 세워지느냐,

아니면 관계가 더 어려워지고 상처를 받느냐를 보면 내가 어떻게 일하고 있는지를 정확히 판단할 수 있을 것이다.

나이를 먹고 신앙생활을 오래 하고 교회를 몇 십 년 다니다 보면 자기만의 문제해결 노하우가 생긴다. 그렇게 축적된 것이 아름다운 전통이 되어 주님을 더 잘 섬기고 겸손하게 나아가게 하는 동인이 되면 좋은데 많은 경우 그러한 사고방식이 그냥 나만의 틀이 되어 버린다. 나중에는 그 틀이 본질보다 더 중요해지고 비본질 때문에 본질이 힘을 못 쓰고 신앙의 능력이 나타나지 않는다.

비유로 이야기해보자. 높은 건물을 지을 때는 펜스를 치고 지지대를 만들고 거기에 비계(飛階)를 설치한다. 그런데 건물을 다 짓고 나면 그 비계를 어떻게 해야 하는가? 다 철수하는 것이 당연하다. 그렇게 해야 새 건물을 제대로 사용할 수 있다. 새 건물을 짓고 난 후에도 계속 비계를 놔둔다면 아직 공사가 끝난 것이 아니다. 우리도 교회를 섬기면서 지지대와 펜스 같은 것이 필요할 때가 있다. 하지만 건물을 다 완성한 후에는 그것을 치워야 한다.

영안이 열리는 것은 바로 이런 부분들에 대해 눈을 뜨는 것이다. 그러려면 주님 앞에 서는 그 날까지 나를 정직하게 비출 수 있는 말씀의 거울과 그러한 환경을 끝까지 놓치지 말아야 한다. 이를 위해 우리는 늘 하나님의 은혜를 사모해야 한다. 그리고 평생 나를 비추는 말씀의 거울이 마련된 환경에 거해야 한다. 그것이 큐티가 되었든, 제자훈련이 되었든, 주일 메시지가 되었든, 아니면 경건 훈련이든 뭐든지 좋다. 말씀 앞에 나를 비춰보면서 자기의 오염된 영안을 닦아낼 수 있는 환경을 끝까지 간직해야 한다.

15절을 보자. 맹인은 서슬이 퍼런 바리새인들에게 자기의 경험을 당당하게 말한다. "그러므로 바리새인들도 그가 어떻게 보게 되었는지를 물으니 이르되 그 사람이 진흙을 내 눈에 바르매 내가 씻고 보나이다." "내가 씻고 보나이다." 단순하지만 참으로 명쾌한 고백이다. 주님 덕분에 이 세계를 보게 되었다는 말씀이다. 앞에 나온 38년 된 병자는 후에 압박을 받으니까 약간 책임회피를 하기도 했는데 맹인은 참으로 담백하고 솔직하게, 어린아이처럼 그대로 받아들였다.

바리새인들이 맹인을 쫓아냈다는 말을 듣고 예수님은 그를 따로 만나 물으셨다. "네가 인자를 믿느냐"(9:35). 자기 눈을 뜨게 하신 예수님이 어떤 분이신지 그는 정말 궁금했다. "대답하여 이르되 주여 그가 누구시오니이까 내가 믿고자 하나이다." 이에 예수님은 말씀하신다. "네가 그를 보았거니와 지금 너와 말하는 자가 그이니라." 그러자 맹인은 바로 예수님께 경배하며 엎드린다. "주여 내가 믿나이다 하고 절하는지라"(38). 예수님은 그의 육신의 눈을 뜨게 해주셨을 뿐만 아니라 영적인 눈을 뜰 수 있게 도와주셨다.

우리에게도 익숙한 찬송 가사를 많이 남긴 패니 J. 크로스비(1820-1915)에 대해 들어보았을 것이다. 그녀는 불행하게도 태어난 지 6주부터 맹인이 되었다. 아버지도 돌아가셔서 과부가 된 스물두 살의 엄마가 크로스비를 돌보아야 했다. 엄마는 남의 집에서 일을 해야 했기에 대부분의 어린 시절은 할머니와 함께 보냈다. 그 할머니가 신앙인이었고 진실한 사람이었다. 할머니는 아이를 키우면서 창세기, 출애굽기, 시편, 잠언 그리고 사복음서와 서신서를 거의 다 외우게 했다. 그렇게 말씀에 흠뻑 젖게 되자 거기에서 팔천 편 이상의 찬송시들이 쏟아져 나왔다. 우리가 부르는 찬송가 안에도 그녀가 쓴 찬송들이 많다. 〈예수로 나의 구주 삼고〉, 〈인애하신 구세주여 내 말 들으사〉, 〈나의 갈 길 다가도록〉, 〈나의 영원하신 기업〉 등 주옥과 같은 찬송들이다.

크로스비는 이렇게 고백했다. "비록 나는 앞을 볼 수 없지만 만족하면서 살기로 했습니다. 내가 누리는 이 복을 다른 이들은 누리지 못하고 있음을 압니다. 내가 장애인이라고 울며 한숨 짓는 일을 이제 다시는 하지 않을 거예요." 놀랍게도 그녀의 나이 여덟 살 때였다.

하나님은 자기는 지혜롭다고 하는 자들의 눈은 가리시고, 단순하지만 순전한 믿음으로 구하는 자에게는 큰 비밀을 보여주신다. "그때에 예수께서 대답하여 이르시되 천지의 주재이신 아버지여 이것을 지혜롭고 슬기 있는 자들에게는 숨기시고 어린아이들에게는 나타내심을 감사하나이다." 우리는 70세, 80세가 되어도 주님 앞에서는 그러한 어린아이가 되어야 한다. 순수한 어린아이가 되어야 한다. 그래야 주님 다시 뵐 때까지 맑은 영으로 하늘의 영광을 볼 수 있다.

하나님 아버지. 우리가 평생 어린아이처럼 순수하고 소박하게, 간절함을 가지고 주님을 섬길 수 있도록 우리 영안을 열어주시옵소서. 온 성도들의 눈을 열어 주님을 보게 하여주시옵소서.

하나님 나라 가치관은 살리는 역사, 생명의 역사, 진리의 역사임을 배웠습니다. 하나님께서 내게 주신 좋은 것들이 많지만 주님이 우리를 사용하고자 하실 때 그것들이 방해가 되지 않도록 도와주시옵소서.

저희가 하나님 나라 가치관, 킹덤 밸류를 볼 수 있도록 새로운 시각을 열어주시옵소서. 지금까지 부정적인 것, 어두운 것, 운명주의에 더 익숙했다면 이제는 주님이 보게 하시는 대로 하나님의 일하심, 하나님이 일하시는 방법 그리고 하나님 나라 가치관이 선명해지도록 은혜를 베풀어주옵소서.

빛 되신 주님께서 우리 안에서 순수함과 기쁨을 회복시키시고, 사람을 살리는 하나님의 일에 참여할 수 있도록 도와주소서. 우리의 생명이요 소망이요 빛 되시는 예수 그리스도의 이름으로 간절히 기도드립니다.

하나님 나라는
선한 목자가 다스리시는 나라입니다

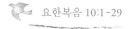 요한복음 10:1-29

살다 보면 우리를 두렵게 하는 것이 많다. '내 노후는 어떻게 될까? 정말 가진 게 없는데 자녀들을 앞으로 어떻게 키워야 하나? 내 미래는 어찌해야 하나?' 몸이 아픈 분들은 죽음에 대해 실제적인 두려움을 느낀다. 평소에는 막연한 평안함이 있다가도 의사의 진단이나 몸에 갑작스런 변화가 오면 나도 모르게 무기력해진다.

　이러한 우리에게 주님은 말씀하신다. "나는 선한 목자라." 이 구절의 원어를 영어로 옮겨보면, "I am 'the' Good and 'the' Shepherd" 라고 되어 있다. 정관사 'the'가 붙어서 '유일하게 선하고, 유일한 목자'이심을 강조한다. 나는 무력하고 방향감각 없고 내 힘으로는 도대체 뭐 하나 제대로 할 수 없지만 선한 목자 예수님을 나의 목자로 모시면, 들어가며 나가며 꼴을 얻고 평생 구원의 은총과 감격을 누리며 살아갈 수 있다.

선한 목자이신 예수님 없이는 못 산다고 고백하는 순간, 우리를 두렵게 하던 것들이 더 이상 두려움으로 오지 않는다. 장래도, 노후도, 죽음도, 재정 문제도, 자녀 문제도 더 이상 나를 두렵게 하지 못한다.

예수님을 아는 만큼 우리 안에는 평안이 임하기 때문이다. 요한이 썼던 독특한 언어 습관 중에 "에고 에이미"(ἐγώ εἰμι, I AM)라는 표현이 있는데, 이는 '나는 ○○이다'라는 말이다. 가령 요한복음 6장에서 예수님은 "나는 생명의 떡이다"라고 하셨다. 8장 12절에서는 "나는 세상의 빛이다"라고 말씀하신다. 그 외에 "나는 양의 문이다"(10:7), "나는 부활이요, 생명이다"(11:25), "나는 길이요, 진리요, 생명이다"(14:6), "나는 참포도나무다"(15:1) 등이 있다. 그리고 본문에서는 "나는 선한 목자이다"라고 선포하셨다.

하나님 나라는 한마디로 선한 목자 예수님이 다스리시는 나라이다. 본문을 통해 선한 목자 예수님이 우리를 어떻게 지키고 보살피시는지, 우리에게 어떤 분이 되시는지 살펴보기로 하자.

세심히
채우시는 예수님

첫 번째로, 양의 문이 되신다.

"내가 진실로 진실로 너희에게 말하노니 나는 양의 문이라"(7). 주님은 자신을 '양의 문'으로 소개하신다. 양의 문은 양 떼들을 지키고 보호하시는 손길을 상징한다.

이스라엘의 목자들은 낮에 양들을 방목해 키우다가도 밤에 잠자리에 들 때는 양들을 한곳으로 다시 불렀다. 거기에 울타리를 만들고 그 울타리 가운데 문을 만들었다. 문을 만든 뒤에는 목자가 그 문에 누워서 지켰다. 밤이 되면 양들은 우리 안에서 그렇게 안식을 취하고, 곰과 늑대와 이리의 발톱으로부터 보호를 받는다.

9절은 이렇게 말씀한다. "내가 문이니 누구든지 나로 말미암아 들어가면 '구원을 받고' 또는 들어가며 나오며 꼴을 얻으리라." 양의 문이 되신 예수 그리스도는 우리를 지키실 뿐만 아니라 우리를 구원하신다. 또한 양들은 그 문을 들락날락하면서 먹을 것을 얻는다.

특별히 목자는 양의 문이 되어 지키며 양들을 하나하나 유심히 관찰한다. 이 양은 병들었구나, 이 양은 지금 아프구나, 이 양은 지금 기분이 좋구나, 이 양은 내가 뭘 좀 도와줘야겠다…. 자기 양들이 좀 부족해도, 남들이 볼 때 좀 모자란 부분이 있어도 목자의 눈에는 자기 양들이 제일 예쁘게 보인다. 그렇게 자기를 사랑하심을 깨달은 양들도 목자를 인격적으로 알아간다.

부모들도 자기 아이들을 볼 때 마음에 들지 않는 부분도 있고 부족한 부분도 있지만 자녀들을 예뻐한다. 그게 부모의 심정이다. 우리는 주님 앞에서 그다지 내놓을 것이 없다. 지난 세월을 돌이켜 보면 부끄럽고 부족한 것이 훨씬 많다. 하지만 주님은 이런 우리들을 예뻐하시고 귀하게 보신다는 사실을 믿어야 한다. 양의 문이신 예수님은 울타리를 들락날락하는 양들을 매 순간 살피시면서 양들의 세심한 필요를 채워주시는 선하고 유일한 목자시다.

우리 이름을 아시는 예수님

두 번째로, 양들을 앞서 가며 인도하신다.

양의 문이 되신 주님은 양들을 어떻게 키우시는가? "문지기는 그를 위하여 문을 열고 양은 그의 음성을 듣나니 그가 자기 양의 이름을 각각 불러 인도하여 내느니라. 자기 양을 다 내놓은 후에 앞서 가면 양들이 그의 음성을 아는 고로 따라오되"(3-4).

목자는 양들을 뒤에서 억지로 몰아가지 않는다. 자기 양을 다 내놓은 후에는 앞서 가면서 인도해간다. 양들은 목자가 자기를 진심으로 사랑한다는 것을 깨달을 때에 목자를 믿고 따르기 시작한다.

14절을 보자. "나는 선한 목자라. 나는 내 양을 알고 양도 나를 아는 것이." 양은 약하고 미련한 동물이다. 빨리 뛰지도 못하고, 눈도 나빠 10미터 앞도 보지 못한다. 양은 공격도 못한다. 개처럼 달려드는 일은 상상할 수도 없다. 그렇다고 자기방어를 잘 하는 것도 아니고, 토끼처럼 빨리 뛰지도 못한다. 쥐는 날쌔게 도망쳐서 자기 몸을 보호하지만 양은 미련하고 둔해서 잘 뛰지도 못한다. 새들도 개도 다 방향감각이 있어서 자기 집을 잘 찾아오지만 양에게는 그런 감각도 없다. 죽을 때도 다르다. 돼지하고 개는 죽을 때 온 동네가 떠나가도록 소리를 지르지만, 양은 아무 소리 없이 얌전히 죽는다.

호주에 갔을 때 양 농장에서 양털깎기 체험에 참여한 적이 있었다. 이발 기계 비슷한 것으로 양의 털을 깎는데 실력이 없으니까 살갗을 잘못 건드려서 피가 났다. 나는 마음이 무척 아프고 미안한데 양은 그냥 가만히 있었다. 그 모습이 너무도 무력해 보였다.

우리 그리스도인들도 똑같다. 양과 같이 연약하고 미련한 우리도 목자 예수님 없이는 살아갈 수 없다. 이렇게 말하면 어떤 분들은 예수님을 믿으면서도 자기 하고 싶은 대로 하면서 사는 사람들이 많지 않느냐고 할지도 모르겠다. 하지만 주님을 믿는다고 하면서도 참 목자이신 예수 그리스도께 의존하지 않고 자기 마음대로 살면 그것은 길 잃은 양에 불과하다. 양 우리 밖에서 방황하는 인생인 것이다. 선한 목자 예수님의 인도함 없이는 하루라도 하나님의 뜻대로, 하나님의 자녀답게 살 수 없기 때문이다.

창세기에 보면 야곱은 애굽 왕 바로 앞에서 이런 고백을 한다. "내 나그네 길의 세월이 백삼십 년이니이다. 내 나이가 얼마 못 되니 우리 조상의 나그네 길의 연조에 미치지 못하나 험악한 세월을 보내었나이다"(창 47:9). 비록 130년 동안을 고달프게 살았지만 여호와 하나님이 목자가 되셔서 인도하셨음을 담담하게 고백하고 있다. 이후에 요셉도 그렇고 여호수아도, 모세도, 다윗도 하나님이 자신의 목자가 되셨다고 고백했다.

마태복음 2장에서는 이스라엘 민족의 목자가 되기 위하여 예수님이 오셨다고 하신다(마 2:6). 목자 예수님은 요한복음 10장에서 자신을 선한 목자로 소개하신다. 그리고 요한계시록 7장 17절에는 이런 말씀이 있다. "이는 보좌 가운데에 계신 어린 양이 그들의 '목자'가 되사 생명수 샘으로 인도하시고 하나님께서 그들의 눈에서 모든 눈물을 씻어주실 것임이라." 아멘! 이처럼 성경은 처음부터 끝까지 하나님과 우리의 관계를 목자와 양에 비유하고 있다.

양이요 목자로
살아가기

세 번째로, 선한 목자에게는 항상 양이 중심이다.

11절을 보자. "나는 선한 목자라. 선한 목자는 '양들을 위하여' 목숨을 버리거니와." 선한 목자는 자신이 아니라 양을 중심으로 살아간다. 반대로 도둑과 강도(1, 8, 10), 삯꾼 목자(12)는 자기가 중심이다. 하나님의 어린 양이신 예수님이 우리에게 선한 목자이신 것처럼, 주님의 어린 양인 우리도 역시 선한 목자를 닮아 양들을 중심으로 살아가야 한다. 주님의 양들에게는 예수님을 닮아 선한 목자로 살아가려는 동일한 심정이 있다. 우리는 예수님의 양들이지만 동시에 착한 목자로도 살아야 하는 것이다.

우리 속에서는 두 가지 자아가 날마다 싸운다. 육신의 본성을 따르는 자아와 성령이 거듭나게 하신 자아가 매일 충돌한다. 육신의 자아는 날마다 자기중심으로 살라고 우리를 충동질한다. 그러나 거듭난 자아는 착한 목자의 심정으로 자기 중심이 아니라 양 중심으로 살도록 격려한다.

교회 안의 많은 사업가들은 착한 목자의 심정으로 사업하는 사람들이 되어야 한다. 또한 법조인들은 착한 목자의 심정을 지닌 변호사(판사)가 되어야 한다. 같은 의미로, 착한 목자의 심정을 지닌 교사, 착한 목자의 심정을 지닌 주부가 되어야 한다. 착한 목자의 심정을 지닌 교사는 단지 월급 때문에 일하지 않는다. 어떻게 하면 아이들을 제대로 키워볼까 생각하며 아이들의 근본적인 유익을 위해 가르친다. 이것이 착한 목자의 심정을 가지고 양 중심의 교사로 사는 삶이다.

구약에서 실제로 목자로 살면서 선한 목자 하나님의 심정을 잘 깨달았던 대표적인 사람이 바로 다윗이었다. 그는 어릴 때부터 이런 생활에 익숙했다. 사무엘상 17장에서 회고한 바에 따르면, 어느 날 사자나 곰이 우리에 와서 양 떼들을 죽이고 빼앗아가려고 하면 그는 바로 뒤쫓아가서 맹수들을 쳐서 그 입에서 새끼들을 건져내었다. 심지어 짐승들이 덤벼들어도 무서워하지 않고 수염을 잡고 쳐서 죽였다. 하나님이 다윗에게 주신 목자 심정이 힘을 발휘한 것이다. 목자의 심정이 있으면 기적이 일어난다. 그는 그런 심정으로 당당하게 골리앗과 맞서 싸우겠다고 했다. 양은 무력한 존재이지만 선한 목자가 있으면 이런 기적이 일어난다.

우리의 역할과 직업은 각기 다를지라도, 목표는 하나다. "우리가 다 하나님의 아들을 믿는 것과 아는 일에 하나가 되어 온전한 사람을 이루어 그리스도의 장성한 분량이 충만한 데까지 이르리니"(엡 4:13). 이 모든 일에서 목자이신 예수님의 충만하심의 경지에까지 자라가야 한다. 주님을 닮아 착한 양이 되고, 착한 목자의 심정을 갖게 될 때, 우리가 학생이든 회사원이든 장사를 하든 어떤 일을 하든지 간에 새로운 영적 세계가 열리게 될 줄 믿는다.

영생의 출발

네 번째로, 선한 목자는 영생을 주신다.

우리가 선한 목자를 따르면 결국 어떤 결과를 얻는가? 10장 27-28절을 보자. "내 양은 내 음성을 들으며 나는 그들을 알며 그들은 나를 따르느니라. 내가 그들에게 영생을 주노니 영원히 멸망하지 아니할 것이요 또 그들을 내 손에서 빼앗을 자가 없느니라."

예수님이 궁극적으로 깨닫게 하시는 바는 이것이다. 우리가 주님의 심정을 깨닫고 주님처럼 착한 목자의 심정을 갖고 살아갈 때, 우리는 예수님이 주시는 영원한 생명의 충만함을 누린다. 주님이 양들에게 주시는 축복이 바로 이것이다. 목자장 되시는 예수님의 손에서 이 영생을 빼앗을 자는 아무도 없다. 환난이나 곤고, 마귀의 공격이나 어떤 불행이 와도 주님의 손에서 그 양을 빼앗을 수 없다. 그러므로 우리는 선한 목자 되시는 주님 안에서 영원한 안전 보장을 확신할 수 있는 것이다.

김동명 목사님께 들은 이야기다. 안이숙 사모님이 소천하는 그

때에 김동명 목사님은 그 귀에 확성기 모양으로 손을 만들어 요한복음 10장 27-29절 말씀, 특히 28절("내가 그들에게 영생을 주노니 영원히 멸망하지 아니할 것이요 또 그들을 내 손에서 빼앗을 자가 없느니라.")을 열 번, 스무 번 계속 반복해서 들려주셨다고 한다.

나 역시 목회하면서 사람들을 먼저 떠나보내야 할 때가 있다. 그럴 때 나도 똑같이 28절 말씀으로 그분들이 확신 있게 예수님을 의지하도록 돕는다. 그리고 거기 있는 가족들도 주님의 부르심을 받는 순간이 올 때 이 말씀을 기억하도록 복음을 전하곤 한다.

영생은 무엇인가? 영생은 영원한 삶이고 영원히 멸망하지 않는 것이며 천국의 삶을 의미한다. 죽음 이후에 가는 영광스런 사후 세계를 의미할 뿐만 아니라, '영원한' 생명이니까 지금부터 시작되는 것이기도 하다. 우리는 이 땅에 살면서도 영생의 예고편을 충분히 맛보며 사는 셈이다. 할렐루야!

영원히 지속되는 삶이라 할지라도 고난과 슬픔 역시 계속 된다면 그 영생이 무슨 의미가 있겠는가? 그런 차원에서 보면, 영생은 단지 시간 차원에서 길다는 것만 아니라 '하나님적인 삶', 즉 하나님의 생명으로 산다는 의미이기도 하다. 많은 사람들이 하나님을 모르니까 하나님적인 삶이 무엇인지도 알지 못한다. 이런 삶을 살아본 적이 없기 때문이다. 이것은 한마디로 '예수님적인 삶'을 말한다.

주님이 샌들을 신고 유대 땅을 거니시면서 제자들을 거느리고 다니신 것을 그대로 따라하는 삶이 예수님적인 삶일까? 그것은 주님의 겉모습일 뿐이다. 예수님적인 삶의 핵심은 목자의 삶을 사는 데 있다.

따라서 우리는 자기중심이 아니라 양 중심, 내 본위가 아니라 양 본위의 삶을 살아야 한다. 착한 목자의 심정을 지닌 아내로, 교사로,

직업인으로서 양들을 중심으로 살아갈 때 그것이 바로 예수님적인 삶이요, 그것이 곧 이 땅에서 영생을 누리는 삶의 시작이라고 할 수 있다. 이것을 깨달은 사도 바울은 복음을 전하다가 감옥에 갇히거나 맞아 피를 흘리면서도 천국의 기쁨으로 찬양할 수 있었다. 이것이 본문에서 말하는 풍성한 삶이기도 하다.

내가 목회자로서 갖고 있는 소명 중에 하나는 우리 성도들이 많은 은혜를 받을 수 있도록 최선을 다하여 환경을 예비하는 것이다. 이런 마음은 개척할 때부터 변함이 없었다. 그렇게 해서 성도들이 예수 그리스도의 목자 심정을 받아들이고 모두가 착한 양이요, 착한 목자가 되어서 시대를 섬기는 일에 동참케 하는 것이 꿈이다. 하나님은 그런 생활 속에서 영생의 삶, 천국적인 삶, 풍성한 삶을 허락하신다.

가장 위대한 역설

양은 힘도 세지 않고 무력해 보이지만 많은 유익을 주는 동물이다. 살아 있는 동안에는 털도 주고, 젖도 절반은 주인에게 준다. 죽으면 고기와 가죽도 남긴다.

그런데 양의 역할 중에 최고로 놀라운 것이 무엇인 줄 아는가? 바로 하나님께서 기뻐 받으시는 향기로운 제물이 된다는 사실에 있다. 하나님의 피조물 중에는 힘센 사자도 있고 강력한 호랑이도 있다. 영악한 이리도, 똑똑한 여우도 있다. 그런데 하나님은 이런 동물들을 제물로 받지 않으시고 무력한 양을 제물로 받으셨다. 이것이 기독교의 신비이자 역설이다.

예수님은 제자들을 키우실 때 그들의 지성을 키우고 세상적인 힘을 기르는 데 주력하지 않으시고 하나님께 온전한 제물로 드려지도록 제자들을 키우셨다. 이것이 바로 전적 위탁이다. 세상적으로는 무력하고 바보같이 보일지라도 우리가 주님 앞에서 제물이 될 때에 하나님은 일하기 시작하신다.

30년 넘게 제자훈련 사역을 하면서 요즘 깨닫는 것이 있다. 우리 성도들이 착한 목자의 심정을 가지고 주님의 착한 양이 되어서 주님 앞에 제물로 드려지는 삶, 로마서 12장 1절의 말씀처럼 우리 몸을 온전히 주님 앞에 거룩한 산 제물로 드리는 것, 이것이 바로 제자훈련의 핵심이 아닐까 하는 생각이 들었다. 제자훈련이 점점 깊어지고 성숙해질수록 그 증거는 우리가 착한 양이 되어 제물로 자신을 드리게 되는 것으로 나타난다고 믿는다. 자신의 삶을 주님 앞에 산 제물로 드리는 순간, 주님은 그것을 기쁘게 흠향하셔서 시대와 공동체를 새롭게 하시는 데 귀하게 쓰실 것이다.

하나님 아버지. 고백하건대 이 땅에서 저희의 순례 길은 결코 쉽지 않습니다. 저희 인생의 얇은 바퀴로는 거친 자갈밭 위를 지나가기 어렵습니다. 날마다 펑크가 나고 서버릴 때가 많습니다. 그러나 선한 목자 예수님이 여러 상황 속에서도 함께해주시기에 때로는 돌밭도 지나고 때로는 가시덤불을 뚫고 가면서도 착한 목자, 착한 양들로 살아갈 수 있음을 고백합니다. 여전히 이 세상 사는 일은 만만치 않지만 예수님이 우리의 목자로 계시면 우리는 주님 앞에 내 장래의 문제, 자식들 문제, 결혼 문제, 노후와 죽음까지 모든 것을 맡겨드릴 수 있습니다.

우리의 일과 역할은 각각 다르지만 목표는 오직 선한 목자 예수님을 닮아 그분의 충만하심에까지 자라는 데에 있음을 고백합니다. 그리하여 우리가 이 땅에서 하나님적인 삶, 예수님의 충만한 생명으로 살아가는 제자들이 되게 해주옵소서.

양의 문이요 진정한 목자이신 예수님을 평생 신실하게 따를 수 있게 해주시고, 내가 중심이 아니라 양들을 중심으로 생각하는 은혜가 있게 해주시옵소서. 예수님을 본받아 착한 양, 온전한 제물이 되어, 이 시대에 변화를 가져오는 역사의 주인공들로 사용해주옵소서. 우리의 생명 되시고 선한 목자 되시는 예수 그리스도의 이름으로 간절히 기도드립니다.

하나님 나라는 주님의 영광에
눈을 뜬 자들의 나라입니다

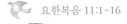 요한복음 11:1-16

어린아이나 어른이나 몸이 아파서 병원에 가면 의사가 어떤 진단을 하기 전이라도 일단은 많이들 두려워한다. 혹시 큰 병이라도 걸렸다고 하면 어떡하나 노심초사한다. 하지만 의사가 "큰 문제 없습니다. 좀 쉬고 나면 괜찮아지니 아무 염려 마세요"라고 말해주면 그제야 가슴을 쓸어내린다.

영적인 일에서도 마찬가지다. 때로는 도무지 이해할 수 없는 고통을 당할 때가 있다. 그럴 때마다 우리에게는 영적 분별력이 필요하지만 복잡하고 치열한 일상 속에서 모든 일을 확실하게 분별하는 것은 쉬운 일이 아니다. 세상 소리가 너무 크게 들리기 때문에 주님의 세미하고 인격적인 음성이 잘 들리지 않기 때문이다. 또한 우리의 눈과 귀는 하루에도 수백 건이 넘는 광고의 홍수에 노출되어 있다. 언론 매체는 자기들의 주장이 유일한 진실인 것처럼 집요하게 소리를 높인다. 휴대폰을 통해서도 분초마다 새로운 정보가 쏟아진다. 뭔가에 진득하게 집중하는 일은 이제 굉장히 어려워졌다.

영적인 분별력이 필요하다

요한복음은 이러한 우리에게 영적인 분별력을 키워주시기 위해 여러 가지 표적을 보여주신다. 5장에서는 38년 된 병자가 나음을 입었고, 9장에서는 맹인이 눈을 떴다. 그리고 이제 11장에서는 죽은 나사로가 살아난다. 이것은 이사야가 예언한 대로 눈이 먼 자들이 눈을 뜨고, 저는 자들이 일어나며, 죽은 자가 살아난다는 말씀이 성취된 것이었다(사 35:5-6, 26:19). 메시아가 오셨을 때, 하나님 나라가 임할 때 나타난다고 약속된 표적이었다. 주님은 나사로를 살리시는 이 놀라운 표적을 통해 우리가 몇 가지를 분별할 수 있도록 도우신다.

첫 번째는 예수님의 사랑을 받은 자도 병들 수 있다는 점이다. 베다니에는 정말 아름다운 가정이 있었다. 그 가정에는 사랑이 충만했다. 예수님도 그곳에 자주 들르시고 대접을 받으셨다. 나사로는 예수님께 직접 '친구'라는 말을 들을 정도로 주님께 사랑을 받고 그분을 사랑하는 사람이었다.

또한 그 집에는 사람들을 잘 섬기는 마르다가 있었고, 좀 수줍어하지만 사색적인 마리아가 있었다. 2절에 보면 마리아는 옥합을 깨뜨려 향유를 붓고 그 머리털로 예수님의 발을 씻어 더 이상 표현하기 힘들 정도로 지극하게 주님을 사랑한 사람이었다. 36절을 보면 유대인들도 예수님이 나사로와 두 자매를 사랑하셨음을 인정하고 있다. "이에 유대인들이 말하되 보라 그를 얼마나 사랑하셨는가."

그런데 그렇게 주님께 사랑을 받고 주님을 사랑하던 사람에게 큰 병이 찾아왔다. "이에 그 누이들이 예수께 사람을 보내어 이르되 주여 보시옵소서. 사랑하시는 자가 병들었나이다"(3).

그렇다. 예수님의 사랑을 받는 사람도 병들 수 있다. 게다가 나사로는 그 집안의 대들보였다. 그가 잘못되면 끼니를 걱정해야 될 상황이 올 수도 있었다. 주님이 사랑하시는 가정, 주님을 사랑하는 가정에도 그런 어려움이 올 수 있고, 큰 병이 찾아올 수도 있다. 우리에게는 이런 분별력이 필요하다.

이 사실은 구약 전체를 통해서도 확인할 수 있다. 우리가 잘 아는 욥을 생각해보자. 욥은 하나님의 자랑거리였다. 하나님께서 마귀에게 하신 말씀을 보라. "네가 내 종 욥을 주의하여 보았느냐 그와 같이 온전하고 정직하여 하나님을 경외하며 악에서 떠난 자는 세상에 없느니라"(욥 1:8). 이건 엄청난 말씀이다. 인간의 속마음까지 속속들이 아시는 하나님이 내리신 평가였다. 그토록 흠 없던 욥도 이해하기 힘든 고통에 휩싸였다. 차라리 어머니 태에서 죽어 나왔으면 더 좋았을 것이라고 자신의 신세를 한탄할 정도였다(욥 3:11).

하나님의 자랑거리였고 사랑을 독차지했던 욥이었다. 고통은 이런 사람들이라고 비켜가지 않는다는 것을 보여준다. 그런 엄청난 고통의 시기를 지나고 난 다음에 욥은 42장에서 이렇게 고백한다. "내가 주께 대하여 귀로 듣기만 하였사오나 이제는 눈으로 주를 뵈옵나이다"(42:5). 그동안 하나님을 안다고 했지만 제대로 몰랐는데 이제 고통의 과정을 거치며 하나님을 제대로 알게 되었다는 말이다. 이를테면 욥은 성장통, 아니 '영광통'을 경험한 셈이다. 그 과정을 통해 하나님의 영광을 바라보게 되었다.

그래서 예수님은 "이 병은 죽을병이 아니라 하나님의 영광을 위함"(4)이라고 하신 것이다. 성도들이 갖는 아픔과 고통과 어려움, 그 이해할 수 없는 아픔과 고통과 어려움은 단지 성장통(growing pain)으로만 끝나지 아니하고 반드시 영광통(glory gain)이 된다. 하지만 그 과정은 너무나 고통스럽고 아프다. 자신과 주변을 살펴보면 어떻게 어려워도 이렇게 어려운지, 정말 힘들다고 하나님 앞에서 하소연할 때가 있다. 주님, 왜 이렇게 이해가 안 되는 아픔이 많습니까? 주님 앞에 절규할 때가 있다. 이처럼 이해할 수 없는 고통으로 믿음이 흔들리기 쉬운 때에 우리에게 필요한 것은 영적 분별력이다.

요셉은 어떠한가? 부잣집에서 태어나 채색옷을 입고 아버지의 사랑을 독차지하다시피 하던 그 아이가 형들의 질투를 받아 애굽의 노예로 팔려나갔다. 요셉의 성장통은 이루 말할 수가 없었다. 하지만 나중에 요셉은 하나님의 영광을 보는 눈이 새롭게 열렸다. 아무리 어렵더라도 하나님의 영광을 위해 살아야겠다고 생각하자 요셉은 용기를 낼 수 있었다. 어떤 상황에서도 낙심하지 않고 비굴해지지 않았다. 자신을 둘러싼 환경을 다 이해하지는 못했지만 한 가지는 분명히 알고 있었다. 하나님이 나와 함께하신다는 것이었다.

예수님이 사랑하시는 사람도 큰 병에 걸리고 생각지도 못했던 시련을 만날 수 있다. 그러므로 우리에게 필요한 것은 '평범 중의 비범'이다. 우리가 하나님의 영광통에 눈이 열리면 평범 중에도 비범한 삶을 살아갈 수 있다.

예를 들어 죄수들의 반응과 행동은 대부분 예상 가능하다는 면에서 지극히 평범하다. 그러나 하나님의 사랑을 깨닫고 하나님의 영광에 눈뜬 분별력 있는 죄수는 비범해진다. 평범 가운데 비범해지는 것이다. 빌립보 감옥에 갇힌 바울과 실라 같은 사람들이 그랬다. 이것이 하나님의 사람과 비신자의 차이라고 할 수 있다.

하나님의 때를
기다려라

우리가 분별해야 할 두 번째 진실은 하나님의 때를 기다려야 한다는 것이다.

예수님은 나사로가 병들었다는 말을 들으시고 계시던 곳에서 일 부러 이틀을 더 머무셨다(6). 이틀 후 제자들과 함께 찾아가셨을 때는 "무덤에 있은 지 이미 나흘"이나 지난 다음이었다(17). 이 상황을 전 체적으로 보면 제자들에게 "이 병은 죽을병이 아니라"(4)라고 하셨을 때 나사로는 이미 죽은 지 이틀이나 되었던 것이다.

주님은 점점 더 이해하기 어려운 말씀을 하신다. 9-10절을 보자. "낮이 열두 시간이 아니냐 사람이 낮에 다니면 이 세상의 빛을 보므 로 실족하지 아니하고 밤에 다니면 빛이 그 사람 안에 없는 고로 실 족하느니라." 유대로 다시 가자는 주님의 말씀에, 그곳에 가면 돌을 맞지 않겠느냐며 제자들이 우려를 나타내자 하신 말씀이다. 낮이 열 두 시간인 것처럼 하나님의 일에는 정해진 때가 있다는 뜻이다.

요한복음에 나오는 하나님의 때는 주로 유월절과 십자가와 연관 이 되어 있다. 우리 역시 삶에서 만나는 여러 고난을 통해 주님의 십 자가를 더 잘 이해하는 방향으로 나아가야 한다. 십자가의 은혜에 눈 이 열리고, 십자가에 우리 마음이 모아질 때 하나님의 때를 아는 감 각도 커진다.

사실 주님께서 이틀이나 더 기다리신 이유는 유월절 명절 기간 에 십자가를 지셔야 했기 때문이었다. 요한계시록에 나오는 죽임 당 하신 어린 양이 되시고자, 자신의 때에 맞추어 죄인들을 위한 은혜의 표적이 되시고자, 영원한 희생제물이 되시고자 그렇게 기다리셨던 것이다.

성도들의 인내와 연단과 소망도 궁극적으로 십자가와 부활을 향하고 있다. 우리 삶에는 여전히 성장통이 있고 고난과 역경이 있지만 그러한 과정을 통하여 하나님의 영광에 눈뜰 수 있도록 우리를 이끌어가신다.

주님의 때에 민감한 사람들은 시편 31편 15절과 같이 고백한다. "나의 앞날이 주의 손에 있사오니 내 원수들과 나를 핍박하는 자들의 손에서 나를 건져주소서." 하나님이 정하신 때가 있기에 우리가 영적인 분별력을 갖고 기다린다면 성장통이 영광통으로 변해 모든 것이 합력하여 선을 이루는 시절을 맞이하게 된다.

세 번째 진실은, 하나님의 사람은 죽지만 죽지 않고 잠든다는 것이다. 11절을 보자. "이 말씀을 하신 후에 또 이르시되 우리 친구 나사로가 잠들었도다. 그러나 내가 깨우러 가노라." 13절을 보면 세상에서 말하는 기준으로는 나사로가 이미 죽었음을 예수님도 알고 계셨다. 하지만 주님은 그가 죽은 것이 아니라 '잠들었다'라고 하신다.

하나님의 사람은 죽지만 죽지 않는다. 세상은 죽었다고 하지만 주님이 볼 때는 잠을 자는 것이다. 사람들은 죽음이 끝이라고 생각한다. 그러나 주님은 그렇지 않다고 하신다. 죽음은 오히려 영원한 안식이 시작되고, 영적인 치유가 일어나며 영원히 풀리지 않았던 문제가 해결되는 축복의 때이다. 부활 신앙이 있는 자들이라면 자신이 죽을 때에 예수님의 품에서 잠들 것을 믿는다. 육체로는 죽지만 영적으로는 살아 영원히 안식할 것을 믿는다.

육체적인 죽음과 부활 사이에 있는 이 중간 상태에 대해서는 수면설, 낙원설, 연옥설, 이렇게 세 가지 설이 있다.

수면설은 육신뿐 아니라 영혼도 잔다는 개념인데 안식교의 주장이며 잘못된 것이다. 연옥설은 낙원도 아니고 지옥도 아닌 곳에 가서 남은 죄를 처리한다는 가톨릭의 주장인데, 우리는 이것을 받아들일 수 없다. 낙원설은 육체는 썩지만 영혼은 낙원에 가서 영원히 안식하면서 부활을 기다린다는 뜻이다. 이것이 주님 품에 안겨 부활의 날을 기다린다는 말이다.

마틴 로이드 존스 목사가 주님의 부르심을 받을 무렵이었다. 가족이나 교우들은 이 육신의 이별에 마음 아파하면서 그분을 살리려고 최선을 다했다. 그때 로이드 존스는 유명한 말을 남긴다. "이제는 더 이상 나의 치유를 위해 기도하지 말라. 내가 하나님의 영광으로 들어가는 길을 가로막지 말아달라. 나는 주님 앞에 갈 것이다." 이것이 하나님의 영광을 본 사람들의 고백이다.

15절을 보면 예수님은 "내가 거기 있지 아니한 것을 너희를 위하여 기뻐[한다]"라고까지 하셨다. 주님의 이러한 의도적인 지체에는 목적이 있었다. "… 이는 너희로 믿게 하려 함이라." 이해가 안 되고 말도 안 되는 고통을 겪을 때 주님은 때를 기다리라고 하신다.

사실 예수님은 나사로의 죽음을 통하여 제자들이 하나님의 영광을 볼 수 있도록 돕고자 하셨다. 그런 목적으로 제자들의 믿음을 테스트하셨다. 하나님의 영광을 온전히 경험할 수 있도록 하시는 것이 진짜 사랑이다.

하지만 도마는 이 시험을 통과하지 못했다. "디두모라고도 하는 도마가 다른 제자들에게 말하되 우리도 주와 함께 죽으러 가자 하니라"(16). 하나님의 영광에 눈이 열려 그렇게 담대하게 고백한 것이 아니라 '에이 뭐, 까짓 거 죽어버리자!' 이런 뜻으로 한 말이었다. '디두모'는 '쌍둥이'라는 뜻인데, 부끄럽지만 우리도 이 도마와 닮은 데가 참 많다.

하나님의 영광에
눈뜬 사람들

예수님은 나사로에게 가기 전부터 이렇게 말씀하셨다. "이 병은 죽을 병이 아니라 하나님의 영광을 위함이요 하나님의 아들이 이로 말미암아 영광을 받게 하려 함이라"(4).

사람의 제일 되는 목적이 무엇인가? 하나님께 영광 돌리는 것이다. 그리고 우리가 그 하나님을 온전히 기뻐하는 것이다. 나중에 다락방 강화에서 클라이맥스가 되는 메시지가 바로 요한복음 17장인데, 거기서 주님이 강조하신 것이 있다. "아버지여 내게 주신 자도 나 있는 곳에 나와 함께 있어 아버지께서 창세전부터 나를 사랑하시므로 '내게 주신 나의 영광'을 그들로 보게 하시기를 원하옵나이다"(17:24). 예수님은 제자들이 어린 양 예수님의 영광을 보게 해달라고 간절히 기도하셨다.

로마서 8장 17절을 보면 놀라운 말씀이 있다. "자녀이면 또한 상속자 곧 하나님의 상속자요 그리스도와 함께한 상속자니 우리가 그와 함께 영광을 받기 위하여 고난도 함께 받아야 할 것이니라." 아멘! 놀라운 말씀이다. 하나님은 우리에게 영광을 주려고 계획하셨는데 그 원대한 계획 안에는 고난의 역사도 함께 포함되어 있다는 의미다. 바울의 고백이 우리 모두의 고백이 되기를 원한다. 그럴 때 성장통에서 영광통으로 올라가고, 우리는 평범 속에서 비범한 신앙으로 살아갈 수 있다.

《지선아 사랑해》의 저자 이지선 자매에 대해 많이 들어보았을 것이다. 그녀는 가해자의 음주운전으로 인한 교통사고와 차량 화재로 전신의 55%가 3도의 중화상을 입어 마흔 번이나 수술을 받아야만 했다. 사고가 나기 전에는 참 청순하고 예쁜 여대생이었는데 사고 후에는 예전의 외모를 찾아볼 수 없게 되었다.

하지만 이지선 자매는 이런 고백을 한다. 첫째, 나는 사고를 당한 것이 아니라 '만난' 것이다. 이 미묘한 차이는 영적 분별력이 있어야만 파악할 수 있다. 둘째, 내가 예전의 얼굴로 다시 돌아갈 수 있다면 거절하지는 않겠지만 그로 인해 그동안 얻은 귀한 깨달음들을 잊어버려야 한다면 그렇게 하고 싶지 않다고 했다. 셋째, 좌절할 수밖에 없는 지금 이 순간이 끝이 아니라 이제부터가 기대와 희망의 출발점임을 믿는다고 했다. 밑바닥까지 내려갔으니 올라갈 일만 남은 것이다. 이런 깨달음이야말로 하나님의 영광에 눈이 열린 사람의 고백이라고 할 수 있다.

중심선의 변화

자, 그렇다면 어떻게 하면 이러한 하나님의 영광을 체험할 수 있을까? 핵심은, 나 중심 사고에서 하나님 중심 사고로 옮겨가는 것이다. 인본주의 신앙에서 신본주의 신앙으로 시스템 전체를 바꾸어야 한다.

자기가 중심이 된 신앙은 첫째, 하나님의 때를 기다리지 못하고 늘 급하고 서두른다. 반면 하나님 중심 신앙은 항상 하나님의 때를 기다린다. 하나님의 때에 민감하다.

둘째, 자기중심 신앙은 감정부터 앞선다. 믿음이 아니라 상황을 먼저 보는 것이다. 하지만 하나님 중심 신앙은 감정부터 앞서는 것이 아니라 주님의 지혜로 상황을 먼저 분별한다. 그래서 마음은 안정되고 평온하다.

셋째, 자기중심 신앙은 인내하지 못한다. 그러나 하나님 중심 신앙은 인내하는 데 익숙하다.

넷째, 자기중심 신앙은 남 탓만 한다. 이것저것, 뭐가 잘못됐다며 남 탓하기에 바쁘다. 그러나 하나님 중심의 신앙은 자신을 겸손히 돌아보고 자신을 살피는 데 힘쓴다.

다섯째, 자기중심 신앙은 공동체의 하나 됨을 무너뜨리고 상처를 준다. 그러나 하나님 중심 신앙은 공동체의 하나 됨을 위하여 최선을 다한다.

우리는 지금 요한복음 11장의 뒷부분이 어떻게 전개되는지 다 알고 있다. 일의 전후와 결말을 안다. 나사로가 부활하는 것도 안다. 그러니까 여유가 있다. 이처럼 우리에게 닥친 시련도 끝을 알 수만 있다면 조금은 여유 있게 맞이할 수 있을 것이다.

우리는 자기 앞에 어떤 일이 일어날지 당장은 모른다. 하지만 분명한 것은 있다. 하나님은 자신의 때에 자신만의 시간표를 가지고 우리 모두를 하나님의 영광에 눈을 뜬 사람들로 만드시리라는 것이다. 우리 모두가 하나님의 영광에 눈뜨기를 기도한다. 하나님의 영광을 체험하기를 바란다. 우리 모두 성장통을 벗어나 하나님의 영광을 맛볼 수 있도록 은혜 베풀어주시기를 원한다.

하나님 아버지. 주님의 지극한 사랑을 경험한 사람이라도 이해하기 어려운 고통과 근심에 휩싸일 수도 있으며 무거운 시험을 통과할 수도 있음을 보았습니다. 하지만 우리가 요셉처럼 하나님의 함께하심을 믿을 수만 있다면, 자기 삶에서 의미를 찾는 데에서 그치지 않고 하나님의 영광을 바라보는 기회가 될 줄로 믿습니다. 성장통이 아니라 영광통을 경험하게 하실 것을 믿습니다.

저희가 눈앞에 보이는 상황에 사로잡히지 않고 말씀을 의지하기 원합니다. 힘들고 어려운 상황 속에서 과연 하나님이 살아계실까? 하나님이 계신다면 어떻게 이런 일이 일어날 수 있을까? 이렇게 성장통에만 사로잡혀 있지 아니하고 하나님의 영광통에 눈이 열려서 하나님의 영광을 위해 살아가는 그런 사람들이 될 수 있도록 복을 내려주십시오. 그러함으로써 평범 속에서 비범하게 빛나는 주님의 제자들로 살아갈 수 있게 도와주시옵소서.

저희의 지성이나 철학이나 가치관을 기준 삼지 않고 주님의 말씀을 영적 분별력의 기준으로 삼게 하셔서 평생 우리의 분별에 깊이와 명철을 더해주시고 세상의 왜곡된 가치관으로부터 우리를 구해주시기를 간구합니다. 예수 그리스도의 이름으로 간절히 기도드립니다.

part 2

하나님 나라 건설의 지속 Endurance

성령과
믿음으로 열리는
은혜의 대로

참된 예배자에게는
생수의 근원이 있습니다

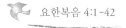 요한복음 4:1-42

성경을 볼 때 지켜야 할 원칙이 있다. 그중 하나가 동일시라는 원칙이다. 동일시란, 성경을 읽다가 수가성 우물가의 여인과 같은 인물을 만날 때 다른 사람 이야기가 아니라 내게 주시는 말씀으로 들어야 한다는 뜻이다. 성령님은 시간과 장소에 관계없이 우리 모두를 수가성의 우물가 여인이 처한 자리에 옮겨놓으신다.

이 수가성 우물가 여인은 낮에 홀로 물을 길으러 왔다. 중동지역은 한낮에 햇볕이 강하기 때문에 아무도 정오에 물 뜨러 오는 사람이 없었다. 그러나 이 여인의 삶에는 낭패감과 실망감이 가득했고 마음은 외로웠다. 무리에게 소외받고 있었기 때문에 아무도 없는 이 시간에 혼자서 물을 긷고 있었던 것이다. 예수님은 왜 이 여인을 찾아오신 것일까?

편견을
뛰어넘으시다

"예수께서 제자를 삼고 세례를 베푸시는 것이 요한보다 많다 하는 말을 바리새인들이 들은 줄을 주께서 아신지라. 예수께서 친히 세례를 베푸신 것이 아니요 제자들이 베푼 것이라"(4:1-2).

바리새인들은 예수님이 세례요한보다 더 많이 세례를 주신다는 소문을 듣고 시비를 걸어왔다. 주님이 보시기에 이것은 논쟁이 될 만한 일도 아니었다. 예수님은 이 문제로 그들과 옥신각신할 필요가 없다고 생각해 유대를 떠나신다(3). '떠났다'는 헬라어(아페켄, ἀφῆκεν)에는 '던져버렸다, 포기했다, 더 이상 신경 쓰지 않았다, 정리했다'라는 의미가 포함되어 있다. 주님은 누군가가 시비를 걸어올 때는 비본질적인 것에 에너지를 쏟지 않으시고 보다 중요한 일, 즉 영혼을 구하고 살리는 일에 마음을 기울이셨다.

예수님은 유대를 떠나 갈릴리로 가실 때에 꼭 사마리아 지방을 거쳐 가려고 하셨다(3-4). 주님은 덜 중요한 일, 즉 '세례를 어떻게 받는다, 숫자가 많다' 하는 자잘한 일에는 신경 쓰지 않으시고 진짜 중요한 것, 즉 '수가성 우물가에 외롭고 서럽고 슬픈 여인이 있는데 그 여인을 구원하자'라는 생각으로 사마리아로 가서 여인을 만나신다.

갈릴리는 사마리아 북쪽에 위치한 곳으로 갈릴리에 갈 때 지리적으로는 사마리아를 거치지 않으면 안 되었다. 하지만 유대인은 사마리아에 대한 미움 때문에 멀리 돌아가는 일이 다반사였다.

유대인과 사마리아인 사이의 이러한 다툼에는 역사적 배경이 있다. 솔로몬 사후에 이스라엘은 북이스라엘(10개 지파, 사마리아가 수도)과 남유다(유다·베냐민 지파, 예루살렘이 수도)로 분열되었는데, 북이스라엘의 왕 여로보암은 베델과 단에 제단을 만들어 예루살렘으로 순례하지 않아도 되도록 만들었다.

B.C. 722년 앗수르가 북이스라엘을 멸망시킬 때에도 북이스라엘의 지도층 대부분은 앗수르로 유배를 갔고 앗수르가 정복한 타민족을 북이스라엘로 데려왔는데(왕하 17:24) 그렇게 역유배로 들어온 사람들이 자기들의 신을 가지고 왔기에 종교와 혈통이 혼합되었다. 북이스라엘인과 이방인 거주자들 사이에 태어난 혼혈족이 사마리아 사람들이었다. 하지만 그 후에 남유다가 멸망당했을 때는 바벨론에 잡혀가서도 그들끼리 모여 살면서 혼혈이 되지 않고 정체성을 지키다가 고레스의 귀환 명령에 따라 고향에 돌아왔던 것이다. 유대 순혈주의자들이 볼 때 이방의 피가 섞인 저 사람들은 자신과 같은 유대인이 아니라는 논리로 그들을 비하했다.

사마리아 입장에서는 억울하고 분했다. '예루살렘 성전만 성전이냐? 그리심 산이 축복의 산인데 그렇다면 사마리아는 그리심 산에 예배당 성전을 세우겠다.' 그렇게 해서 사마리아에 성전을 세우고 "구약 성경 가운데 모세오경만이 진짜 성경이다"라고 주장하여 유대와 갈라서게 된다.

이처럼 유대와 사마리아가 반목하던 시절, 예수님은 인종적인 장벽, 도덕적인 장벽, 종교적인 장벽, 민족적인 장벽 등 모든 장벽을 뛰어넘어 한 여인을 만나러 가신 것이다.

최근에 한국 교회의 역사에서 새로운 변곡점이 될 만한 사건이 일어났다. 사실 한국의 장로교는 1959년에 크게 두 갈래로 분열된 바가 있다. 합동과 통합으로 갈라진 것이다. 2014년을 기준으로 분열된 지 55년이나 흘렀다. 계속 분열된 채로 내버려두면 한국 교회가 더욱 위태로워질 것 같은 생각에 다시 연합해야 한다는 공감대가 형제들

사이에서 형성되었다. 그래서 연합을 위한 특별기도회를 2014년 8월 10일에 우리 교회에서 열었다. 하나님께 감사해야 할 일이 벌어진 것이다. 양측은 함께 손잡고 예배를 드리면서 연합을 위한 세 가지 이슈를 공유했다.

첫째, 예수 그리스도가 유일한 구원자이시다. 둘째, 우리는 성경을 그대로 믿는다. 셋째, 사도신경의 신앙고백을 하는 사람들은 같이 모이자. 오직 예수, 오직 성경, 오직 사도적 신앙 고백. 이 세 가지만 서로 동의하면 다 같이 모여서 한마음으로 예배드리자는 데 의견을 모았다. 본질에 집중하면 더 이상 비본질적인 문제가 우리를 힘들게 하지 않을 것이라는 판단에서였다.

오늘날 많은 사람들이 비본질적인 이슈에 지나치게 몰두하면서 에너지를 낭비한다. 사회에서 벌어지는 모든 문제에 사사건건 참여하여 팻대를 세우는 사람들이 있다. 별로 중요하지 않은 일에 열을 올리면서 꼭 이기려는 사람이 많다.

우리는 비본질적인 일에 대해서는 관대함을 보이고 본질적인 일에 대해서는 예수님처럼 목숨을 걸 수 있어야 한다. 우리는 예수님에게서 어떠한 편견과 차별도 찾아볼 수 없다. 가령 한국인은 족보라든지 집안 내력을 굉장히 중시한다. 그러나 예수님은 그보다 더 중요한 하나님의 나라와 그 나라에서 얻는 새로운 신분에 더 주목하신다.

인생의 목마른 문제를 해결하시는 예수 그리스도

사마리아에 도착한 주님은 여인을 만나시자 물을 달라고 하셨다. 여인은 깜짝 놀란다. 당시에는 유대인이 사마리아인에게 말을 거는 것 자체가 금기였기 때문이다. 주님은 거기에 그치지 않고 이어서 이렇게 말씀하셨다. "네가 만일 하나님의 선물과 또 네게 물 좀 달라 하는 이가 누구인 줄 알았더라면 네가 그에게 구하였을 것이요 그가 생수를 네게 주었으리라"(10).

생수를 주시겠다는 예수님의 말씀에 대해 여자는 목마를 때 마시는 물 정도로 이해한다. "주여 물 길을 그릇도 없고 이 우물은 깊은데 어디서 당신이 그 생수를 얻겠사옵나이까"(11). 주님이 주신다는 물을 우물에서 길어 올리는 우물물 정도로 생각한 것이다.

하지만 주님은 전혀 다른 이야기를 하신다. "이 물을 마시는 자마다 다시 목마르려니와 내가 주는 물을 마시는 자는 영원히 목마르지 아니하리니 내가 주는 물은 그 속에서 영생하도록 솟아나는 샘물이 되리라"(13-14). 주님이 주시는 물은 일시적으로 갈증을 해결하는 그런 물이 아니라 그 속에서 인생의 영원한 갈증을 해결할 수 있는 생수였다. 날마다 솟는 샘물이었다.

주님이 날마다 솟는 샘물을 주겠다고 하시니 여자는 이렇게 대답한다. "주여 그런 물을 내게 주사 목마르지도 않고 또 여기 물 길으러 오지도 않게 하옵소서"(15). 여인에게도 영원히 목마르지 않게 해 주는 그런 생수를 마시고 싶은 소망이 있었다.

그러나 주님이 볼 때 여인에게는 먼저 해결해야 할 문제가 있었다. 여인의 마음 깊숙하게 자리 잡고 있는 가장 큰 인생 갈증을 먼저 꺼내놓으셔야 했다.

"네 남편을 불러 오라"(16). 갑자기 상황이 바뀐다. 생수를 말씀하시던 주님께서 남편 이야기로 갑자기 화제를 돌리신다. 남편이 없다는 고백을 들으시고 주님은 말씀하신다. "네가 남편이 없다 하는 말이 옳도다. 너에게 남편 다섯이 있었고 지금 있는 자도 네 남편이 아니니 네 말이 참되도다"(17-18).

여인은 남편을 여섯이나 둔, 타는 목마름을 가진 인생이었다. 마셔도 마셔도 갈증은 해결되지 않았다. 남편 1호도 안 되고, 남편 2호도 그녀를 충족시켜주지 못했다. 남편 1호는 첫사랑이었다. 이때는 얼마나 기대가 큰지 모른다. 첫사랑 남편과 살면 모든 문제가 해결되고, 인생의 갈증이 사라지리라고 기대한다. 그런데 그런 첫사랑이 과연 얼마나 가는가? 누구나 뜨겁고 낭만적이고 열정적이 되지만 또 그만큼 빨리 지나간다. 첫사랑의 흥분과 열기와 뜨거움을 평생 지속할 수는 없는 법이다. 그 불길이 지속되면 타 죽고 만다.

진정한 사랑의 원천이신 예수님을 인격적으로 만나지 못한 상태에서 사람에게서 얻을 수 있는 사랑으로만 인생을 살아보겠다는 사람은 점점 더 큰 갈증을 경험할 수밖에 없다. 우리 모두는 누구나 이 갈증을 안고 산다. 채워도 채워도 만족이 없다. 나는 이 현상을 '만성 갈증증후군'이라고 부르고 싶다. 우리가 진짜 생수를 만나지 못하면 여인처럼 계속 다른 '남편'을 구하다 인생이 다 지나간다. 남편 1호를 가지면 남편 2호를 갖고 싶고, 2호를 가지면 3호를 가지고 싶은 것이 사람 마음이다.

이 갈증을 해결하기 위해 열심히 노력해 어느 정도 인정받는 사회적 위치에 오른 사람도 있다. 하지만 그러한 자리가 삶의 갈증을 해결해주지는 못한다. 또한 정신적인 만족을 유지하기 위해 음악도 듣고, 책도 읽으며 나름대로 문화생활을 하면서 품위와 품격을 유지하려 하지만 그렇게 힘들여 지성과 교양을 갖춘다 한들 인생이 진정 만족스러울 수 있겠는가? 그것은 결국 남편 3호, 4호에 지나지 않는다. 이렇듯 사람은 살아가는 내내 마치 바닷물을 마시듯이 갈증증후군에 시달린다.

갈증에 제일 취약한 계층은 대학에 갓 들어간 젊은이들이다. 삶의 대부분을 부모 밑에서 공부에만 매여 있다가 이제는 자유를 얻게 되니까 '한번 날아보자, 이 갈증을 해결해보자' 하고 몸부림치기 시작한다. 생애 처음으로 커다란 갈증의 문제를 만나게 되니 어찌할 수가 없는 것이다. 해결이 안 되니까 술에 탐닉하고 이성에 마음을 빼앗겨보지만 그것도 순간일 뿐 해갈이 되지 않아 인생이 참 힘들게 느껴진다.

채워도 채워도 해결되지 않는 것이 인생이다. 예레미야서 2장 13절을 보자. "내 백성이 두 가지 악을 행하였나니 곧 그들이 생수의 근원되는 나를 버린 것과 스스로 웅덩이를 판 것인데 그것은 그 물을 가두지 못할 터진 웅덩이들이니라."

하나님은 모든 인생에게 있는 두 가지 악을 지적하신다. 하나는 생수의 근원 되시는 예수 그리스도를 알지 못하고 버린 것과 두 번째는 물을 가두지 못하는 터진 웅덩이를 스스로 판 것이다. 우리 식으로 말하면 밑 빠진 독에 인생의 귀한 것들을 쏟아부으며 거기에 의지하는 것이라 할 수 있다. 이처럼 예수님 없는 인생은 예외 없이 남편 1호, 2호, 3호, 4호, 5호, 6호를 찾는다. 삶의 목마름과 갈증과 터진 웅덩이 문제를 해결하는 길은 어디에 있을까?

예배를 통해
배달되는 생수

주님은 예배를 통한 생수 경험을 통해 이 갈증을 해결하신다. 주님은 여인과의 대화를 통해 관점을 확 바꾸어주신다.

"여자가 이르되 주여 내가 보니 선지자로소이다. 우리 조상들은 이 산에서 예배하였는데 당신들의 말은 예배할 곳이 예루살렘에 있다 하더이다. 예수께서 이르시되 여자여 내 말을 믿으라. 이 산에서도 말고 예루살렘에서도 말고 너희가 아버지께 예배할 때가 이르리라. 너희는 알지 못하는 것을 예배하고 우리는 아는 것을 예배하노니 이는 구원이 유대인에게서 남이라. 아버지께 참되게 예배하는 자들은 영과 진리로 예배할 때가 오나니 곧 이때라. 아버지께서는 자기에게 이렇게 예배하는 자들을 찾으시느니라. 하나님은 영이시니 예배하는 자가 영과 진리로 예배할지니라"(19-24).

예배는 하나님 앞에 영과 진리로 드리는 것으로, 하나님의 백성들이 살아계신 하나님을 인격적으로 만나는 감격적인 시간이다. 영으로 예배드린다는 것은 성령 충만하여 열정적으로 하나님을 예배하는 것이다.

진리로 예배한다는 말은, 우물가의 여인이 남편 여섯을 가졌던 것과 자신의 목마름을 고백했듯이 사람이 자기 삶의 진실에 직면하는 것을 말한다. 자신이 탕자임을 고백하는 것이다. '아, 나는 돌아온 탕자와 같구나! 아, 나는 간음한 여인과 같구나! 나는 38년 된 병자와 같구나! 나는 날 때부터 맹인 된 사람과 같구나! 나는 맹인과도 같구나!' 이처럼 진리 앞에서 자신의 진실을 목도하는 일이다. 내가 어떤 존재라는 점을 깨닫는 것이다. 이것을 깨달을 때마다 하나님은 우리에게 생수를 내려주신다.

예수님은 남편을 여섯 번이나 바꾼 여인에게 마시는 물이 아닌 영혼의 갈증을 해결하는 참된 예배를 가르치신다. 참된 예배를 드리면 예수 그리스도를 통하여 인생의 허전함이라는 문제를 해결할 수 있다. 하나님은 우리가 영과 진리로 드리는 예배를 통로로 사용하여 지속적으로 생수를 주신다.

참된 예배자는
낙심하지 않는다

이스라엘의 왕위에 오르기 전에, 다윗의 삶은 고통스럽고 처참했다. 다윗은 하나님을 잘 섬기고 이스라엘을 위하여 헌신하려고 했지만 사울 왕은 시기심에 사로잡혀 특공대까지 조직해서 그를 죽이려고 쫓아온다. 다윗은 어쩔 수 없이 광야로 도망쳤다. 그는 당시에 당한 고생을 이렇게 말한다. "나는 광야의 올빼미 같고 황폐한 곳의 부엉이 같이 되었사오며 내가 밤을 새우니 지붕 위의 외로운 참새 같으니이다"(시 102:6-7). 그 정도로 다윗은 어려움에 처해 있었다.

아히도벨 같은 사람들은 다윗을 죽이려고 모략을 꾸미고 국가 공권력을 동원하는 등 온갖 수를 썼다. 하지만 다윗은 끝까지 살아남아 하나님께 쓰임받았다. 다윗이 그렇게 끝까지 버틸 수 있었던 것은 그가 하나님이 주시는 생수를 경험했기 때문이었다. 다윗은 하나님 앞에 선 참된 예배자였다. 다윗은 어떤 경우에도 하나님에 대한 찬양을 포기하지 않았다. 여호와 하나님이 자신의 목자 되심을 평생 고백하며 살았다.

육체적 갈증을 토로하던 사마리아 여인은 은혜를 받자 눈이 열려 영적인 진실을 깨닫고 기뻐한다. "여자가 이르되 메시아 곧 그리스도라 하는 이가 오실 줄을 내가 아노니 그가 오시면 모든 것을 우리에게 알려주시리이다"(25). 마음속 궁금증과 영적인 열망이 살아난 것이다.

그러자 예수님은 말씀하신다. "네게 말하는 내가 그라." "I am He!" 내가 바로 구약성경에 약속된 그 사람이라는 말이다.

자신이 만난 예수님이 이스라엘이 그토록 기다리던 메시아라는 사실을 깨달은 뒤 여인의 마음에는 생수가 흐르기 시작했다. 그래서 물동이를 버려두고 동네로 들어가서 기쁨으로 외친다. "내가 행한 모든 일을 내게 말한 사람을 와서 보라. 이는 그리스도가 아니냐!"(29). 내가 만난 예수 그리스도를 너희도 와서 보라고 외치고 다녔다. 그 축복은 곧 마을 주민에게 퍼진다. "예수의 말씀으로 말미암아 믿는 자가 더욱 많아 그 여자에게 말하되 이제 우리가 믿는 것은 네 말로 인함이 아니니 이는 우리가 친히 듣고 그가 참으로 세상의 구주신 줄 앎이라 하였더라"(41-42). 하나님이 축복하시면 온 동네가 은혜를 받고 변화된다.

예수님은 여인으로 하여금 마음 시리고 상처받아서 비틀거리던 삶, 은둔자의 삶을 정리하고 소명자의 삶을 살도록 도우셨다. 주님은 생수를 경험한 이들을 통해 예수가 구주이심을 알게 하신다.

사람들은 그들에게 와서 묻는다. "나도 예수 믿으면 당신처럼 될 수 있습니까? 나도 예수 믿으면 생수를 경험하고 당신처럼 상처에서 자유로워질 수 있습니까?"

어느 권사님은 병원으로 전도를 다니고 길 가다가 만나는 노숙자에게도 복음을 전하면서 평신도 선교사로 사역을 하고 있다. "복음을 전하면 전할수록 우리 주님에게서만 흘러나오는 생명력과 생수를 느낄 수 있습니다." 그분의 고백이다.

주님을 믿을 때 우리의 목마음이 해갈되는 것은 예수님이 우리를 대신하여 먼저 극심한 목마름을 경험하셨기 때문이다. 예수님은 십자가에 달려 돌아가실 때 "내가 목마르다!"(요 19:28)라고 말씀하셨다. 그렇게 주님이 목마르셨던 이유는 우리가 당할 지옥의 형벌과 그 죄악들을 주님이 모두 대신 지셨기 때문이다. 주님이 우리를 위해 목이 마르셨다는 그 진리를 깨닫는 순간 우리에게 생수가 제공된다. 이것이 복음의 진리이다.

　사람에게는 누구나 목마름이 있다. 갈증이 있다. 자신에게는 그런 갈증이 없다고 말하는 사람도 있겠지만 인생을 몇 십 년 살다 보면 스스로의 힘으로는 도저히 잡아낼 수 없는 미세한 균열이 삶 곳곳에 생긴다. 나름대로 아픈 상처가 있다. 그 미세한 균열은 나중에 영혼마저 쩍쩍 갈라지게 만든다. 삶의 미세한 균열로 인해 쩍쩍 벌어진 우리의 삶에 예수님이 주시는 생수가 흘러 들어와 영혼의 목마름 문제를 해결받을 수 있기를 바란다.

살아계신 하나님 아버지. 영원을 사모하지만 육체와 정신의 한계에 갇혀 영원한 갈증을 느끼던 저희에게 날마다 솟는 샘물을 허락하여 주셔서 감사드립니다.

우리가 날마다 영과 진리 안에서 살아계신 하나님께 나아감으로써 인생의 모든 허무와 갈함의 문제를 해결받을 수 있도록 도와주시옵소서. 주일에 드리는 공적 예배뿐만 아니라 우리 몸으로 드리는 생활 예배를 통해서도 하나님을 참되게 예배함으로써 예배를 통한 생수 경험이 우리 삶에서 넘쳐나기를 기도합니다.

평생 남의 이목에 짓눌려서 눈치 보며 살던 우물가 여인도 예수님을 만나고 주님이 주시는 생수를 경험한 후에는 자유롭고 담대하게 전도자의 삶을 살기 시작했습니다. 오늘 말씀에 의지해서 저희도 편견을 넘어 인생의 목마름을 해결하시는 주님을 전하는 종들이 되게 해주시고, 참된 예배자로 살아감으로 세상이 줄 수 없는 만족을 받아 누리도록 긍휼을 베풀어주시옵소서.

우리에게 생수 근원을 허락하신 예수님을 지금 이 시간 엎드려 경배하고 의지합니다. 빛 되시고 아름답고 놀라우신 주님을 경험하게 하여주시옵소서. 예수 그리스도의 이름으로 간절히 기도드립니다.

하나님의 대사는
썩을 양식을 위해 일하지 않습니다

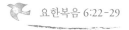 요한복음 6:22-29

썩을 양식을 위해 일하지 말라는 말씀은 생계를 위해 일해서는 안 된
다는 뜻이 아니다. 이 말씀을 '먹고사는 문제 따위'는 신경 쓰지 말고
매일 아침부터 저녁까지 교회 일을 하는 것으로 생각하는 경우가 더
러 있다. 이런 해석은 잘못된 것이다. 우리는 당연히 생계를 위해서
도 일을 해야 한다. 그것도 최선을 다해야 한다. 바울은 "누구든지 일
하기 싫어하거든 먹지도 말게 하라"(살후 3:10)라고 명했다. 주님도 우
리 삶에서 먹고사는 일이 얼마나 중요한지, 떡 문제가 얼마나 심각한
일인지, 배고픔을 해결하는 것이 얼마나 시급한 일인지 잘 아셨다.
예수님도 그런 배고픔을 자주 경험하셨고, 보리떡 다섯 개와 물고기
두 마리를 가지고 하루 종일 굶었던 5천 명의 배고픔을 해결해주시
기도 했다.

인간의 큰 착각:
먹을 것만 충분하면 된다?

하지만 주님이 보시기에 그들에게는 바로잡아야 할 부분이 있었다. "내가 진실로 진실로 너희에게 이르노니 너희가 나를 찾는 것은 표적을 본 까닭이 아니요 떡을 먹고 배부른 까닭이로다"(26). 단지 먹고 배부른 것이 좋다는 이유로 주님을 따르지 않도록 경계하신 것이다.

표적은 기적이 아니다. 표적은 사인(sign)이요, 방향지시등이다. 그래서 표적을 보고 신앙의 방향을 정한다. 표적은 신앙의 길라잡이가 된다. 이 방향을 보고 영적인 의미를 깨닫고 새로운 차원으로 올라가는 것이다.

그러나 백성들은 어떻게 했는가? 오병이어의 기적을 경험한 뒤, 그들은 "이제 우리 인생에도 햇볕이 들었구나!" 하고 기뻐한다. '노력하지 않아도 먹는 문제가 해결되었으니 얼마나 좋은가? 이제는 더 이상 떡을 위해 고생할 필요가 없고 예수님만 따라다니면 되겠구나.' 이런 생각이 든 것이다. '조상들은 40년 동안 광야에서 만나를 먹으며 겨우 배고픔을 해결했는데 우리는 이제 남은 인생 예수님만 따라다니면 떡 문제는 해결되겠구나!' 백성들이 예수님을 찾은 가장 큰 이유가 바로 이것이었다(22-25). 예수님께서 자신들의 배고픔을 해결해주셨으니 따르지 않을 이유가 없었다.

그때 주님은 그들의 생각을 바로잡기 원하신다. 떡이 중요하지 않다는 말이 아니다. 하지만 썩을 양식을 위하여 일하면 안 된다. 그것은 정상적인 신앙이 아니다. 예수님을 단지 경제문제의 해결자로만 알고 있는 것은 바른 신앙이 아니다.

유물론자 포이어바흐는 "인간은 그가 먹는 것 자체"라고 말했다.

그들은 인생을 먹고 마시는 물질적인 것으로만 바라본다. 세상은 물리적으로 나타나는 법칙에 따라 작동된다고 생각한다. 눈에 보이고 귀에 들리는 감각적 세계만 믿기 때문에 보이지 않는 하나님의 능력, 영적인 표적, 영원한 세계에 대해서는 믿지 않는다. 빵 문제 해결을 위해 예수님을 따르던 이 무리들도 그 시대의 유물론자였다. 그들은 예수님보다는 떡만 보았기 때문이다.

오늘날의 대표적인 유물론자들은 공산주의자들이다. 그들은 철학적으로 유물론을 따른다. 이들은 인간을 경제적인 동물로 본다. 인간에게는 물질만 풍부하면 된다고 여긴다. 재화를 많이 생산하고 그렇게 생산된 재화를 공평하게 분배하기만 하면 저절로 유토피아가 이루어질 것이라고 믿었다. 구소련이 그랬다. 하지만 공산주의자들은 영적 세계에 대해서는 무지했다. 그들은 인간이 죄인인 것을 몰랐다. 죄인에게 자꾸 떡만 먹이면 더 큰 죄인이 된다. 이것은 참 오묘한 진실이다.

하나님의 일: 하나님께서 보내신 이를 믿는 것

27-28절을 보자. "썩을 양식을 위하여 일하지 말고 영생하도록 있는 양식을 위하여 하라. 이 양식은 인자가 너희에게 주리니 인자는 아버지 하나님께서 인치신 자니라. 그들이 묻되 우리가 어떻게 하여야 하나님의 일을 하오리이까." 영생하도록 있는 양식을 위해 일하라고 주님이 말씀하시자 따르던 무리가 묻는다. "그러면 우리가 어떻게 해야 하나님의 일을 할 수 있는 것인지요?"

주님이 영적인 것, 영원한 생명에 대해 말하면 사람들은 자신도 모르게 방법론, 즉 내가 무엇을 해야 할지를 떠올린다. 사람에게는 공로 의식, 보상 의식이 있기 때문이다. 인간은 무엇을 얻으려면 본성적으로 뭔가를 해야 한다고 믿는다. 그 행위로 인하여 보상받을 자격을 얻는다고 생각한다. 우리는 먼저 의식 깊숙이 박혀 있는 이러한 생각의 근원을 살펴야 한다. 이런 생각들이 성령의 역사에 마음을 열지 못하도록 우리를 방해하기 때문이다.

공로 의식은 믿음과 구원의 대적이다. 이런 의식 수준으로는 하나님의 놀라운 영적 세계로 올라가지 못한다. 주님은 그런 반응을 원하신 게 아니다. 주님은 행위와 공로의식에 푹 빠져 있는 우리를 질타하시며 무슨 일을 하느냐 안 하느냐가 중요한 것이 아니라고 말씀하신다. "예수께서 대답하여 이르시되 하나님께서 보내신 이를 믿는 것이 하나님의 일이니라 하시니"(29).

이것은 혁명적인 말씀이다. "내가 무엇을 해야 되느냐?"하며 행위 의식에 짓눌려 있던 사람들에게 주님은 "하나님께서 보내신 이를 믿으라"라고 말씀하신다. 예수님은 하나님이 보내신 메시아이심을 믿는 그것이 곧 하나님의 일이라고 하셨다. 왜 이것이 혁명적인 선언일까? 당시 유대인들은 율법을 정확히 알고 지켜야 했다. 해야 할 일이 있고, 하지 말아야 할 게 있었다. 지켜야 할 일, 즉 행위에 사로잡혀 있었다. 그러므로 행동을 통해서 자신의 신앙을 증명해야 했다.

하지만 주님은 예수 그리스도가 메시아임을 믿는 것이 진짜 하나님의 일이라고 하셨다. 예수님의 '메시아 되심'과 관련해 말할 때는 삼중직이 언급된다. 첫째는, 예수님의 제사장직이다. 단 한 번에 영원한 제사를 드리신 예수 그리스도로 인해 우리의 과거와 현재, 미래의 모든 문제가 한꺼번에 해결되었다는 것이다. 둘째는, 왕 되심(kingship), 즉 왕직이다. 예수님이 우리의 왕이시고, 우리는 그의 백성이라는 말이다. 셋째는, 선지자직이다. 우리가 방황할 때 우리를 일깨우고, 자극하고, 바로 서게 도와주고, 바른 길로 인도하는 것이 선지자직이다.

예수 그리스도께서 우리 인생에서 이 세 가지 역할을 행하심을 믿는 것이 바로 '하나님의 일'이다. 이는 보상이나 공로 따위의 통상적인 생각을 뒤엎는 혁명적인 말씀이다.

바른 믿음이란

그렇다면 진정 "하나님의 일"로 인정받는 믿음은 어떤 것일까? 올바르게 믿는다는 의미는 무엇일까?

첫 번째로, 예수 그리스도를 인격적으로 신뢰하며 그분을 사랑한다는 뜻이다.

사람에게 주어진 최고의 계명이 무엇인가? 바로 마음과 뜻과 정성과 목숨을 다하여 주님을 사랑하는 것이다. 다른 것은 몰라도 주님을 사랑하는 데에 있어서는 절제가 필요 없다는 말이다. 그만큼 전폭적으로 신뢰하고 맡기라는 뜻이다.

아브라함은 하나님을 믿었기 때문에 본토와 친척과 아비 집을 떠날 수 있었다. 아브라함이 살던 시대는 혈연 중심의 부족 사회였다. 그 시대에 본토와 친척과 아비 집을 떠난다는 것은 굉장히 두려운 일이었다. 그곳을 떠나면 어디에서 무슨 일을 당할지 아무도 몰랐기 때문이었다. 하지만 하나님을 향한 바른 믿음이 생기자 하나님을 신뢰하게 되고, 목숨처럼 소중했던 본토와 친척과 아비 집을 떠날 수 있는, '선택의 능력'이 생긴 것이다. 모세도 그랬다. 예수님의 제자들도 이전의 삶을 정리하고 예수님을 선택했다.

우리도 매일 선택의 기로에 선다. 아침에 눈을 떴는데 몸이 피곤하면 조금 더 잘까 말까를 고민한다. 그러나 이때 육신을 기준으로 판단하지 말고 믿음으로 선택해야 한다. 말씀 묵상이 필요하면 무거운 머리를 떨치고 조금 더 일찍 일어날 수 있다. 우리는 자신의 믿음에 따라 때로는 금식하며 주님 앞에서 기도하기로 선택할 수도 있다. 결혼생활도 마찬가지다. 배우자를 선택함으로써 세상에 있는 다른 좋은 사람들을 모두 포기하기로 선택한 것이다. 그것이 바로 선택의 문제다.

마찬가지로 예수님을 믿는다는 것은 바로 어느 순간에도 예수님을 선택하는 것을 말한다. 이러한 결단에는 주님에 대한 인격적인 신뢰와 사랑이 포함되어 있다.

두 번째로, 올바른 믿음은 행위를 통하여 온전케 된다.

올바른 믿음을 갖게 되면 그 믿음에 걸맞은 행위가 따라온다. 제대로 믿으면 행위는 그림자처럼 따라온다는 말이다. "네가 보거니와 믿음이 그의 행함과 함께 일하고 행함으로 믿음이 온전하게 되었느니라"(약 2:22).

믿음이 행위로 온전하게 된다는 말은, 이런 뜻이다. 돌아온 탕자는 아버지의 변함없는 사랑을 절감하고 '나는 아버지를 버렸지만 아버지는 나를 이렇게 여전히 사랑하시구나!' 하며 감격적인 눈물을 흘린다. 이제 탕자는 어떻게 하면 아버지를 제대로 섬길 수 있을지를 고민한다. 다음 날 아침, 일찍 잠에서 깬 뒤 '오늘은 집 안을 깨끗이 해보자. 일꾼들과 함께 집 구석구석을 청소해보자.' 아버지를 사랑하는 마음에 이런저런 일을 계획하며 자발적으로 실천하게 된다. 이처럼 믿음에는 행위가 따라오면서 온전해진다.

간음한 여인이 주님 앞에 끌려나왔을 때는 '나는 이제 죽었다'라는 심정이었을 것이다. 하지만 '나도 너를 정죄하지 아니하노니 가서 다시는 죄를 범하지 말라' 하시는 예수님의 말씀을 듣고는 마음에 믿음이 생기고 은혜의 빛이 내려서 과거에 걸어왔던 길로 걷지 않으려고 최선을 다하는 삶을 살고자 한다. 행위가 따르기 시작한 것이다.

니고데모는 예수님을 통해 복음의 역사를 깨닫고, 믿음의 눈을 뜨고 난 뒤에는 자신의 신분이 위험해지는 것도 기꺼이 무릅쓰며 주님께 헌신한다. 초대교회 성도들 역시 행위를 통하여 믿음이 온전해지는 것을 수도 없이 경험했다.

세 번째로, 모든 믿음에는 믿음의 역사가 뒤따른다.

제대로 된 성경적 믿음을 지녔다면 거기에는 반드시 믿음의 역사가 뒤따른다. 바울은 데살로니가 교우들에게 "너희의 믿음의 역사(work)와 사랑의 수고와 우리 주 예수 그리스도에 대한 소망의 인내"를 항상 기억한다고 인사했다(살전 1:3). 이 말은 진정한 사랑에는 수고가 따르고, 진정한 소망이라면 능히 인내할 수 있는 것처럼, 진정한 믿음이라면 반드시 역사(work)가 일어나야 한다는 의미였다.

다른 말씀도 보자. "이러므로 우리도 항상 너희를 위하여 기도함은 우리 하나님이 너희를 그 부르심에 합당한 자로 여기시고 모든 선을 기뻐함과 '믿음의 역사'를 능력으로 이루게 하시고"(살후 1:11). 믿음에는 역사가 따라야 하는데 그것은 능력으로 이루어진다는 말씀이다. 이 믿음이 확실하다면 비바람과 폭풍우를 만나고, 영적 쓰나미를 만나더라도 고난을 뚫고 전진할 수 있으며, 고난과 고통 가운데서도 신앙이 자라는 것을 볼 수 있다.

당장 오늘부터 삶의 현장에서 이 믿음의 역사를 경험할 수 있기를 바란다. 가령 많은 사람들이 월요병으로 힘겨워한다. 절반 이상의 직장인들이 월요일만 되면 출근 스트레스를 받는다. 오죽하면 월요일에 만든 자동차를 타면 고장이 잘 난다는 말이 돌겠는가. 하지만 믿음의 눈이 열리면 내가 하는 일은 그냥 일로 끝나지 않는다. 나는 하나님의 대표선수, 그분의 대사로서 일하게 되는 것이다.

모르드개는 궁궐 문지기였다. 이방 세계에서 살았지만 공직 하나는 얻었으니 적당히 살면 자기 몸 하나 정도는 간수할 수 있었다. 하지만 모르드개의 마음속에 '아니야, 나는 유대인의 대표선수야, 나는 하나님의 백성이야, 나는 하나님의 사람이야' 이런 생각이 있으니까 작은 일 하나도 그냥 스쳐 지나치는 법이 없었다. 기쁨으로 문지기 역할을 수행하다 보니 왕궁의 비사를 듣게 된다. 왕을 암살하려는 계략을 알게 되었고, 그 암살 모의를 보고하여 자신이 섬기던 아하수에로 왕의 목숨을 지킬 수 있었다. 이 일은 또한 훗날 페르시아에서 일어날 뻔했던 유대인 대학살을 막는 중요한 사건이 된다.

우리 역시 자신의 위치나 지위를 생각하면서 '나는 일개 사원이다, 그저 시키는 일만 잘 하면 그만이지'라는 생각보다는 하나님 나라의 대사로서 일해보자. 그럴 때에 내 힘으로는 꿈도 꿀 수 없었던 크고 놀라운 일들이 가능해질 것이다. 내가 하는 일은 나와 함께 일하시는 분이 누구인지를 드러내는 좋은 기회가 될 것이다. 내가 어떤 힘을 의지하여 일하고 있는지, 나를 파송하신 분이 누구인지를 보여주는 아름다운 시간이 될 것이다. 주님 앞에서 하나님의 대사, 대표선수가 되어 일하면 우리가 믿는 것이 곧 주님의 일이 될 것이다.

살아계시고 영화로우신 하나님 아버지. 주님은 저희에게 제사장으로, 왕으로, 선지자로 오셔서 새 일을 행하시는 분이십니다. 또한 주님은 우리 안에서, 우리와 함께, 우리를 통하여 새 일을 행하시는 메시아이십니다. 저희가 예수님을 단지 빵 문제의 해결자로, 경제 문제의 해결자로 여기고 기적만을 바라며 주님을 찾지 않게 해주시고 주님이 가져오셨던 하나님 나라 가치관, 그 큰 그림에 눈을 뜨게 하여 주십시오.

우리가 하나님 나라 일을 한다고 하면 뭔가 공식처럼 10만큼 하면 10이 나오고, 30만큼 일을 하면 30이 나온다는 생각에, 우리가 알지 못하는 크고 놀라운 일을 이루시는 성령의 역사에는 미처 마음을 열지 못하고 조급한 마음이 들 때가 많습니다.

신선하고 창조적으로 이 일을 감당함으로 우리 앞에 버티고 있는 모든 여리고가 무너지게 해주시고, 우리를 힘들게 하는 홍해의 모든 푸른 물결들이 쩍쩍 갈라지게 해주셔서 홍해가 메마른 땅이 되어 넉넉하게 지나갈 수 있는, 하나님의 백성들이 전진하며 행보할 수 있는 역사가 일어나게 해주시옵소서.

하나님의 나라는 말에 있지 아니하고 하나님의 능력에 있는 줄로 믿사오니 이 능력을 온전히 체험하게 도와주소서. 우리의 믿음의 주인이신 예수 그리스도의 이름으로 간절히 기도드립니다.

인생은 어떤 떡을 먹느냐의 싸움입니다

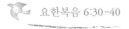 요한복음 6:30-40

여든이 넘은 어떤 원로 목사님이 나에게 이런 말씀을 들려주신 적이 있다. "유아기, 유년기에는 우유와 장난감이 중요하고, 10-20대 때는 친구와 이성이 중요하며, 30-40대에는 지식과 사업이 중요하고, 50 대에는 명예가 중요합니다. 그럼, 60대 이후는 뭐가 중요할까요?"

60대를 살아본 적이 없기 때문에 답을 못하고 머뭇거리니 이렇게 말씀하신다. "60대 이후는 잘 먹는 것이 중요합니다."

세상은 떡의 전쟁터다. 그리스도인의 삶도 떡으로 비유되곤 한다. 즉, 육신의 떡만을 먹던 인생에서 점점 벗어나 생명의 떡, 영혼의 떡을 먹고, 또 그것을 의지하는 수준이 점점 높아지는 것이 그리스도인의 삶이라는 것이다. 신학에서는 이 과정을 '성화'라고 부른다. 성화란, 육신의 떡을 의지하는 삶에서 벗어나 점점 더 생명의 떡을 의지하는 삶으로 넘어가는 과정이라고도 볼 수 있다.

이는 광야를 떠돌던 이스라엘 백성들에게 만나를 통해 교훈을 주시던 과정에서도 잘 드러난다. 신약시대에 와서 예수님은 제자들에게 "사람이 떡으로만 살 것이 아니요 하나님의 입으로부터 나오는 모든 말씀으로 살 것이라"(마 4:4)라는 말씀으로 떡의 의미를 바르게 잡아주신다. 지난 2천 년간 교회 역사를 이끌어왔던 수많은 신앙 거인들의 발자취를 되짚어보면 이 역시 어떻게 하면 생명의 떡을 더 의지할 수 있는지를 보여준 과정이라고 할 수 있다.

우리가 예수님을 제대로 믿고 있는지 그렇지 않은지 개인적으로 구별하는 시금석이 하나 있다. '나이가 들면서 세상의 떡에 의존하는 경향이 점점 더 커지는가? 아니면 생명의 떡에 의존하는 경향이 더 커지는가?' 이것이 우리 영혼을 살피는 하나의 기준이 된다.

먹어도 배고픈
인간

예수님이 썩을 양식을 위하여 일하지 말고 영생하도록 있는 양식을 위하여 하라고 말씀하시자 따르던 무리들이 이렇게 여쭈어보았다. "어떻게 하여야 그렇게 할 수 있습니까?" 주님은 "나를 믿는 것이 하나님의 일이다"라고 하신다. 공로 의식을 버리고 은혜 의식으로 새로워지라는 말씀이다. 그러자 그들이 묻는다.

"그러면 우리가 보고 당신을 믿도록 행하시는 표적이 무엇이니이까 하시는 일이 무엇이니이까 기록된 바 하늘에서 그들에게 떡을 주어 먹게 하였다 함과 같이 우리 조상들은 광야에서 만나를 먹었나이다"(30-31). 광야에서 이스라엘 백성들에게 40년간 만나를 먹이신 것처럼 우리에게도 뭔가를 먹여달라는 말이다.

"예수께서 이르시되 내가 진실로 진실로 너희에게 이르노니 모세가 너희에게 하늘로부터 떡을 준 것이 아니라 내 아버지께서 너희에게 하늘로부터 참 떡을 주시나니"(32). 참 떡을 주신다는 말씀에 이들은 다시 요청한다. "주여 이 떡을 항상 우리에게 주소서"(34).

사람들의 마음속에는 늘 허기진 것이 있다. 그들의 마음속에도 갈증이 있었다. 조상들이 40년간 광야에서 만나를 먹었지만 죽음을 피할 수는 없었다. 아무리 하늘에서 기적적으로 내려온 음식이라 하더라도 먹고 나면 다시 배가 고팠다. 육신의 떡은 소화되고 나면 다시 배가 고프고, 아무리 먹어도 그때뿐이었다.

여기에 담긴 깊은 의미는 무엇인가? 사람은 육신의 떡만으로는 살아갈 수 없다는 것이다. 사람에게는 누구나 영적인 DNA가 있다. 전도서의 기자가 고백한 대로 우리에게는 영원을 사모하는 마음이 있다.

40년 동안 매일 광야에서 기적적으로 내린 만나를 먹었어도 굶주리고 허기지고 죽었기 때문에 사람들은 영원히 굶주리지 않는 영원에 대해 사모하고 목말라 한다. 하루 세 끼를 좋다는 음식만 골라서 잘 먹어도, 하루에 두세 번씩 화려한 옷으로 갈아입더라도, 높은 위치와 화려한 자리에 앉아서 수만 명을 호령하더라도 결국엔 허기가 찾아온다. 사람은 영적인 존재이기 때문이다.

사회적 약자를 배려하고, 굶주리고 어려운 이웃을 돕는 것은 사회적 정의(social justice)다. 이것은 꼭 필요한 일이며, 교회가 발 벗고 나서야 할 일이기도 하다. 하지만 사회적 정의가 달성되었다고 해서 영적인 의(divine righteousness)가 저절로 해결되는 것은 아니다. 사회적인 어려움이 해결된다고 해서 생명의 떡 문제가 풀리지는 않는다.

물론 교회는 사회적 책임을 짊어져야 한다. 고통받는 약자를 도와야 한다. 그러나 그것만으로 우리의 사명이 끝났다고 할 수는 없다. 주님이 기뻐하시는 교회는 사회적 정의를 넘어서서 영적 정의, 생명의 정의를 일으켜 세우는 교회다. 사람의 마음속에 있는 이 갈증, 영원히 목마르지 않게 해달라는 요구, 이 떡을 항상 먹게 해달라는 이 호소를 해결해주는 교회다.

본문에서 주의 깊게 살펴봐야 하는 세 가지 포인트가 있다. 하나씩 살펴보자.

영접해주심

첫 번째, 예수님은 생명의 떡을 구하러 나오는 자들을 모두 받아주신다.

"예수께서 이르시되 나는 생명의 떡이니 내게 오는 자는 결코 주리지 아니할 터이요 나를 믿는 자는 영원히 목마르지 아니하리라"(35). 주님은 마음속에 있는 영혼의 굶주림, 영적 정의, 생명의 정의 문제를 해결하려고 하나님 앞에 나오는 사람들을 결코 주리지 않게 해주신다.

나아가 이렇게 말씀하신다. "아버지께서 내게 주시는 자는 다 내게로 올 것이요 내게 오는 자는 내가 결코 내쫓지 아니하리라"(37). 주님은 생명의 떡을 받고자 당신께 간절히 나오는 자를 결코 내쫓지 않으신다. 믿음으로 나아갈 때 거절하지 않으신다는 이 말씀은 우리에게 얼마나 은혜가 되고 위로를 주는지!

오늘날 한국은 가히 '거절 사회'라고 할 만하다. 인생을 살아오면서 거절당하지 않은 인생은 없을 것이다. 이전에는 중학교 입시 때부터 거절을 당했다. 중학교 입시 경쟁률이 벌써 3대 1, 4대 1이었다.

고등학교는 더 어렵고, 대학 입시는 심지어 10대 1, 20대 1까지 경쟁률이 치솟기도 했다. 취업은 어떠한가? 유명 회사들은 수십 대 1의 경쟁을 넘어야 한다. 한 명이 뽑힐 때마다 수십 명은 회사로부터 거절당한다.

SNS에서는 얼마나 많은 이들이 거절당하고 공격당하고 있는가. 남편으로부터 거절당하고 아내로부터 거절당하는 가정은 또 얼마나 많은가. 이런 까닭에 한국 사회는 여기저기서 상처가 너무 깊다.

하지만 주님은 자기에게로 나오는 자들을 한 명도 쫓아내지 않으시고, 거절하지 않으시며 다 받아주시고 다시 살려주신다. "나를 보내신 이의 뜻은 내게 주신 자 중에 내가 '하나도 잃어버리지 아니하고' 마지막 날에 다시 살리는 이것이니라"(39). 이것이 바로 주님의 안아주심이다.

미국의 한 유명한 지도자가 잘못을 저질러서 감옥에 들어갔다. 사회적으로 비난이 끊이질 않았다. 하루는 빌리 그레이엄 목사가 감옥으로 그를 찾아갔다. 빌리 그레이엄의 심방에 감격한 그는 새 사람으로 살아가고 싶다고 고백했다. 주님은 우리의 마음속 깊은 진심을 알고 받아주고 회복하며 안아주시는 분이다. 거절하지 않으시는 주님의 품에 안겨 주님이 주시는 생명의 떡을 날마다 먹을 수 있기를 기도한다.

거절하는 사람들

두 번째 포인트는 '주님께 오기를 거절하면 어떻게 되는가?' 하는 문제다.

생명의 떡을 먹지 않고 거절하는 사람은 어떻게 될까? "너희 중에 믿지 아니하는 자들이 있느니라 하시니 이는 예수께서 믿지 아니하는 자들이 누구며 자기를 팔 자가 누구인지 처음부터 아심이러라. … 내가 너희 열둘을 택하지 아니하였느냐 그러나 너희 중의 한 사람은 마귀니라 하시니 이 말씀은 가룟 시몬의 아들 유다를 가리키심이라. 그는 열둘 중의 하나로 예수를 팔 자러라"(64, 70-71). 가룟 유다는 생명의 떡 예수님을 거절한 자로, 곧 '마귀'라고 지목받는다.

유다는 왜 예수님을 거절했을까? 그는 자기 선입관으로 가득 차 있었다. 예수님께 향유를 붓는 여인을 보면서는 자기 의에 사로잡혀 이렇게 생각했다. '저 향유를 팔면 300데나리온이나 되는 큰돈을 받을 수 있는데, 차라리 그 돈으로 가난한 사람을 도우면 더 좋을 텐데, 예수님은 저 비싼 향유를 그냥 낭비하시는구나.' 이렇게 선입관과 자기 의로 꽉 차 있으니까 예수님의 고귀한 희생의 가치를 보지 못하고 생명의 떡도 거절한 것이다.

이런 사람들의 마음 밭은 길가 밭이나 돌밭과 같아서 하나님의 생명을 품은 씨앗이 떨어져도 이리저리 밟혀서 열매를 맺지 못한다. 그래서 주님의 놀라운 말씀을 거절하고 상처는 자꾸만 쌓여간다. 잘못된 안경을 끼고 예수님을 본다. 이처럼 어떤 선입관을 가진 채 주님과 복음을 바라보면 자기도 모르게 앞에 놓인 생명의 떡도 거절하게 된다.

생명의
떡을 먹는 방법

세 번째 포인트는 '그렇다면 어떻게 하면 이 생명의 떡을 먹을 수 있을까?'이다.

"그러므로 유대인들이 서로 다투어 이르되 이 사람이 어찌 능히 자기 살을 우리에게 주어 먹게 하겠느냐 예수께서 이르시되 내가 진실로 진실로 너희에게 이르노니 인자의 살을 먹지 아니하고 인자의 피를 마시지 아니하면 너희 속에 생명이 없느니라. 내 살을 먹고 내 피를 마시는 자는 영생을 가졌고 마지막 날에 내가 그를 다시 살리리니 내 살은 참된 양식이요 내 피는 참된 음료로다"(52-55).

대부분의 제자들은 이 말씀을 이해하지 못했다(60). 주님께서 이 말씀을 하시자 많은 사람들이 예수님을 등진다. 예수님은 열두 제자들에게 "너희도 가려느냐?"하고 물으신다.

우리가 어떻게 하면 예수님이라는 떡, 하늘에서 내려온 생명의 떡을 먹을 수 있을까? 주님은 "내 피를 마시고 내 살을 먹으라"라고 하신다. 생명의 떡을 먹는다, 지금 예수님의 살과 피를 먹고 마신다는 말은 예수님이 십자가에서 피 흘리시고 몸을 버리신 지극한 사랑을 깨닫고 되새김질하면서 묵상하여 내 것으로 삼는 것을 말한다.

주님께서 십자가 사랑으로 나를 죽도록 사랑하셨음을 받아들이고, 하나님의 크나큰 사랑을 오늘도 내 삶 속에서 확인하고 깨달을 때 우리는 생명의 떡을 먹는 경험을 하게 된다. 십자가의 주님을 반복해서 묵상할 때마다 나도 모르게 '주님이 나의 전부이십니다'라고 고백하게 된다. 이처럼 주님을 묵상하는 것이 생명의 떡을 먹는 일이다.

십자가 사건을 묵상할수록 이 말씀의 능력이 생명의 떡이 되어서 내게 힘이 되고 살이 되고 영원한 생명의 능력을 주는 것을 경험한다. 이 십자가의 사랑을 묵상하고 마음에 새길 때마다 어떤 일에도 흔들리지 않는 단단한 영적 사상이 형성되고, 그것은 마침내 인생 자체가 된다. 이것이 곧 말씀이 생명이 되어 우리 안에 거하는 삶이라 할 수 있다.

넘어지더라도
십자가 앞에서 넘어져라

하나님께서 우리에게 주시는 사랑의 클라이맥스가 십자가다. 언제 어디에 있든지 이 십자가의 능력을 자꾸 묵상할수록 우리는 육신의 떡으로부터 자유로워진다.

우리에게 '육신의 떡'이란 무엇일까? 어떤 사람에게는 경제적인 풍요가 될 수 있고, 어떤 사람에게는 육신의 정욕과 안목의 정욕과 이생의 자랑이 될 수 있다. 가장 심각한 경우는 십자가의 사랑을 거부하고 자기의 고정관념과 선입관에 사로잡혀서 자기만의 성을 쌓고 그 안에서 자급자족하는 모습일 것이다.

성경 전체를 통틀어 십자가 사랑의 능력을 참으로 깨달은 사람이 바로 요셉이었다. 하나님의 사랑에 감격하고, 하나님의 사랑에 자꾸 녹아지니까 요셉은 노예가 되어서도 마음에 원한이 쌓이지 않았다. '아버지 밑에서 편하게 잘 살았는데 노예로 팔리다니! 인생이 뭐 이렇게 꼬이는가?' 하고 하늘을 향하여 삿대질하지 않았다. 삶이 참 원하는 대로 되지 않지만 이 가운데에도 하나님의 뜻이 있을 거라고 생각했다. 이것이 바로 생명의 떡을 먹은 자들의 반응이요, 하나님의 사랑을 아는 자들의 영적 사고방식이다.

하나님의 사랑에 감사하는 마음이 들자 요셉은 이왕 하는 노예 생활이라면 제대로 해보자고 생각한다. 얼굴을 환하게 펴고, 기쁘게 살아간다. 하나님의 기쁨이 요셉의 삶에 충만히 나타났다. 뜻하지 않게 노예로 살게 되었지만 감사하고 찬양하고 좋은 아이디어를 가지고 신선하게 일하니까 하나님은 그를 축복하셔서 노예 가운데서도 으뜸가는 위치인 총무로 일하게 하신다.

하지만 그것이 전부가 아니었다. 정직하게 일했지만 요셉은 누명을 쓰고 감옥에 수감된다. 웬만한 사람이라면 '그래도 믿음으로 열심히 살았는데 이게 다 무슨 소용인가?' 하며 신세를 한탄할 법도 한데 요셉은 감옥에 갇혀서도 같은 마음으로 살았다. '여기서는 어떻게 하나님의 사랑을 경험할 수 있을까?' 그곳에서도 하나님의 사랑을 묵상하니 비록 감옥 안이었지만 기쁨이 넘치고 여유가 생겼다. 그 안에서 다른 영혼들을 어떻게 섬길 것인가를 고민하고 실천하니 죄수는 죄수인데 비범한 죄수, 특별한 죄수가 된다. 그러니 삶이 지루할 틈이 없었다. 날마다 새로워졌다.

사는 게 힘들다면 십자가의 사랑 앞으로 나아오라. 넘어져도 지극한 십자가의 사랑 앞에서 넘어지면 된다. 상황이 어떠하든지 간에 십자가 앞에 나아오면 우리를 거절하지 않으시는 주님을 만나게 될 것이다. '나는 이 은혜 없이는 못 살아요' 하고 부르짖을 때 예수님의 살을 먹고 예수님의 피를 마시면서 주님을 모시는 사람이 될 수 있다. 예수님을 모시면 누구나 나눠줄 것이 있는 인생이 되고, 세계를 위하여, 70억 영혼을 위하여 쓰임받는 하나님의 종이 될 수 있다.

한 목회자가 자신이 섬기는 교회 이야기를 들려주었다. 성도가 130명인 교회인데 은혜를 받으니까 그 안에서 중국에 선교사를 파송할 수 있게 되었다. 이 규모에서 자체적으로 선교사를 파송한다는 것은 놀라운 일이다. 생명의 떡을 먹고 지극한 십자가의 사랑을 경험하니 70억 영혼을 위하여 쓰임받고 싶다는 소원과 믿음이 생겼고 하나님은 이 공동체에 은혜를 부어주셨다.

우리가 먼저 새로워지고 주님의 사랑에 눈을 뜬다면 이처럼 가는 곳 어디에서든 세상을 이롭게 하는 자요, 복의 근원으로 살아갈 수 있을 것이다.

하나님 아버지. 떡의 전쟁터인 이 세상 가운데서 생명의 떡에 대한 사모함을 주신 주님을 찬양합니다. 우리 모두 요셉처럼 생명의 떡되신 예수 그리스도의 십자가 사랑을 날마다 묵상하고 심비에 새김으로 주님의 사랑에 매여 비범한 노예로 살아서 세상을 변화시키는 촉매로 쓰임받게 하옵소서.

저희가 살아가는 사회에는 우리의 섬김과 도움이 필요한 이들이 참 많습니다. 이들의 필요와 아픔을 공감하고 함께 짐을 나누어지는 것도 중요한 일이고 저희가 힘써야 하는 줄로 압니다. 거기에서 그치지 않고 저희가 저들의 영적인 필요와 허무함, 목마름에 대한 요구를 해결하는 영적인 정의를 실천하는 자들이 되게 하옵소서.

수많은 사람들이 가슴에 상처와 한을 안고 살아갑니다. 두 어깨에 무거운 짐을 가득 지고 힘들어 하는 사람들이 참 많습니다. 그러나 주님은 모든 거절의 아픔을 치유하시는 분이신 줄 믿습니다. 주님, 우리가 넘어지더라도 십자가 앞에 와서 넘어지게 해주십시오. 생명의 떡 되신 예수님을 통하여 영원한 허기를 면하게 해주십시오.

우리를 영원한 팔로 안아주시는 주님의 품에서 은혜를 받고 변화되어 70억 영혼을 섬기는 사람들로 서기를 원합니다. 우리의 생명의 떡 되시는 예수 그리스도의 이름으로 간절히 기도드립니다.

믿음이란 예수님을
먹고 마시는 것입니다

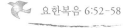

요한복음 6:52-58

초대교회와 기독교 교회사 연구로 유명한 교회사가 중에 필립 샤프라는 사람이 있다. 그는 초대교회의 성찬식에 대해 이렇게 말했다. "초대교회 신자들에게 성찬식은 그리스도의 생명으로 영혼의 자양분을 공급받고 영원한 생명으로 들어가는 시간이었다."

주님의 임재를 체험함으로써 우리의 지친 심령을 주님의 능력으로 회복하고, 나의 영적 수준을 주님이 끌어올리시는 수준까지 높이는 것이 성찬식의 진정한 의미이다. 그러므로 성찬식은 주님을 기념하는 시간이 되어야 한다. 기념한다는 것은 기억한다는 뜻이다. 사람은 영적인 망각과 영적인 치매 현상이 심한 존재다. 생생한 은혜의 기억을 다시 떠오르게 하고, 하늘에서 내려온 신령한 떡을 다시 한 번 기념하면서 예수님이 우리를 위하여 찢어주신 살과 흘려주신 피를 영적 양식으로 받아들이는 시간이 바로 성찬식이다.

어린 양 혼인 잔치의
예고편

성찬식은 어떤 종교적인 행사도 아니고, 의식의 반복도 아니다. 성찬식은 창조주 하나님께서 우리를 새롭게 하시기 위하여 내려주신 은총의 통로다. 그래서 이를 생각하면서 성찬 예배를 드릴 때마다 가슴에 설렘을 느낄 수 있어야 한다.

성찬식의 주인은 주님이시다. 주인이신 주님께서 우리를 초대하시는 은혜의 자리다. 제자들은 예수님이 부활하신 후에도 부활의 능력을 체험하지 못하고 디베랴 바닷가로 돌아가 밤새도록 고기를 잡았지만 한 마리도 잡지 못하고 허전해했다. 그때 주님이 친히 찾아오셔서 생선을 굽고 떡을 준비하여 식사에 초대하셨다. 오늘날에도 성찬식에 참여할 때마다 주님께서 우리를 초대하고 계심을 믿는다면 가슴이 설렐 수밖에 없는 것이다.

또한 성찬은 떠나신 예수님을 그리워하고 슬퍼하는 추도식이 아니다. 오히려 어린 양 혼인 잔치의 예고편이다.

성찬에 참여하면 과거와 현재와 미래에 걸친 삼중적인 축복을 받는다. 과거의 축복이란 십자가의 살과 피를 기념한다는 뜻이고, 현재의 축복이란 성찬식을 통해 부활하신 예수님께서 우리와 함께 계심을 확인할 수 있다는 말이다. 주님이 지금 우리 앞에 계신다면 우리 마음이 얼마나 흥분되고 떨리겠는가. 미래의 축복이란 우리의 신랑 되신 예수님께서 장차 재림하심을 가리킨다.

달리 말해서, 과거는 속죄론적인 것이고, 현재는 우리의 성화 단계를 말하며, 미래는 종말론적인 것이다. 이 모든 일이 다 종합적으로 이루어지기 때문에 성찬식은 추도식이 아니라 어린 양 혼인 잔치의 예고편인 것이다.

또한 성찬식을 앞두고 가슴이 두근거리는 이유는 지난 몇 달간 마음에 쌓여 있는 고민과 습관을 털어내고 우리의 심령을 재정비하고 정결하게 만드는 시간이기 때문이다. 우리는 하루에도 수십 번씩 못 볼 것을 보고, 들어서는 안 될 것을 듣는다. 세상에서 일어나는 수많은 일들이 우리 눈을 가리고 오염시켜서 자신도 모르는 사이에 세상 먼지를 뒤집어쓰고도 지저분한 줄 모른다. 더럽혀진 마음을 청소하고 하나님께로 시선을 고정하여 우리의 꽉 막혔던 숨통을 열어주는 시간이 바로 성찬식이다.

영적인 진리를
배척한 이스라엘

예수님께서 오병이어를 가지고 5천 명을 먹이시는 기적을 접한 사람들은 너무나 황홀해하며 예수님을 왕으로 삼으려고 했다. 그들은 육신의 고생은 이제 끝났고, 가만있어도 떡이 내려온다는 생각에 마음이 들떴다.

그때 예수님은 뜻밖의 말씀을 하신다. "자기가 하늘에서 내려온 떡이라 하시므로 유대인들이 예수에 대하여 수군거려"(6:41). 이 자리에 모인 유대인들은 육신의 배고픔을 해결하는 일에 관심이 많았다. 하지만 예수님께서 "나는 하늘에서 내려온 떡이다"라고 하시니 그 말이 무슨 뜻인지 도무지 이해할 수가 없었다. 더군다나 예수님은 그 자리에서 점점 더 이해하기 어려운 말씀을 하신다.

"예수께서 이르시되 내가 진실로 진실로 너희에게 이르노니 인자의 살을 먹지 아니하고 인자의 피를 마시지 아니하면 너희 속에 생명이 없느니라. 내 살을 먹고 내 피를 마시는 자는 영생을 가졌고 마지막 날에 내가 그를 다시 살리리니"(53-54).

살을 먹고 피를 마시라는 말씀은 유대인들에게는 특히나 거북하게 들렸다. 유대인들은 부지불식간에 피를 먹지는 않을까 매우 조심스러워했다. 피에는 생명이 있기 때문이었다(레 17:11). 그래서 육식을 할 때도 핏물을 다 뺀 뒤에 음식을 먹었다. 지금도 정통 유대인들이 먹는 음식에는 '코셔' 인증이 붙어야 한다. '코셔'라는 말은 '씻어내다'라는 뜻인데, 피를 깨끗이 다 씻어낸 뒤에 먹기 때문에 율법이 허락하는 수준의, 먹기에 합당한 음식이 되었다는 의미였다. 그런데 예수님이 자신의 살을 먹고 피를 마시라고 하니 유대인들은 모두 놀라고 당황한 것이다.

물론 예수님의 말씀은 영적인 의미였다. "육은 무익하니라. 내가 너희에게 이른 말은 영이요 생명이라"(63). 하지만 그 뜻을 이해할 수 없으니 제자 중의 많은 사람이 떠나갔다(66). 주님은 이스라엘 백성들을 영적인 식탁으로 초대하셨지만 그들은 그것을 육적인 식탁으로 잘못 받아들인 것이다. 육신의 배고픔을 해결하는 자리에 초대할 때에는 5천 명이 몰려오더니 영적인 식탁으로 안내하니까 썰물처럼 빠져나가버렸다.

예수님을
먹고 마심

주님은 오늘도 우리를 영혼의 식탁으로 초대하신다. 우리가 이 영적인 식탁에 대해 제대로 깨닫기만 한다면 주님이 허락하시는 영원한 생명으로 살아갈 수 있다. 두 가지 질문을 던져보자.

첫째, 왜 예수님은 자신을 생명의 떡이라고 하셨을까?

성찬식은 예수님을 영적 생명으로 만나는 시간이다. 예수님은 자신을 하늘에서 내려온 생명의 떡이라고 하셨다. 생명을 일컫는 헬라어에는 두 가지 단어가 있다. 하나는 '비오스'(βίος)이고, 또 하나는 '조에'(ζωή)이다. 비오스란 육신의 한정된 생명, 즉 일흔, 여든, 아흔을 넘기면 수명이 다하는 육신의 제한된 생명을 말한다. 생명의 떡을 말씀하실 때 주님은 육신의 제한된 수명, 즉 비오스를 말씀한 것이 아니라 영적인 생명, 즉 조에를 말씀하셨다. 요한복음에는 이 '조에'라는 말이 여러 번 반복된다. 우리가 주님을 생명으로 만난다는 말도 '조에'로 만난다는 뜻이다.

'조에'에는 두 가지 의미가 들어 있다. 하나는 주님과 '영적 연합, 영적 교제'를 갖는다는 뜻이다. 주님과의 신비한 연합을 의미한다. 성찬식을 통해 우리가 주님의 떡을 떼고 주님의 잔을 마실 때 세상 사람들은 모르는 주님과의 신비한 연합이 이루어진다. 이 연합은 인격적인 연합이다. 아무 흠도 없고 거룩하신 하나님의 어린 양이 생명의 떡이 되심으로 이 만남이 가능해진다. 이것이 곧 성찬식의 참된 의미다.

조에라는 말은 또한 '영원한 생명'이라는 뜻이다. 영원히 산다는 말이다. 주님과의 연합이 질적인 생명을 말한다면 영원한 생명은 양적 생명을 의미한다. "내 살을 먹고 내 피를 마시는 자는 영생을 가졌고 마지막 날에 내가 그를 다시 살리리니"(54). 마지막 날에 다시 살린다는 말은 영원한 생명을 얻는다는 뜻이다.

"이것은 하늘에서 내려온 떡이니 조상들이 먹고도 죽은 그것과 같지 아니하여 이 떡을 먹는 자는 영원히 살리라"(58). 조상들은 육신의 양식만 먹었기 때문에 먹고 죽었다. 매일 먹더라도 이런 것에 의존하여 영원히 살아갈 수는 없다. 반면 하늘에서 내려온 이 생명의 떡을 먹는 자는 영원히 산다. 주님은 우리가 이 생명의 떡을 체험하기를 원하신다.

둘째, 그렇다면 믿음이란 무엇인가?

믿음이란 생명의 떡이신 예수님의 살과 피를 먹고 마시는 것이다. 이 말씀이 믿어지는 것이 믿음이다. 이것이 곧 영적인 눈이 열렸다는 증거다. 영적인 시야가 트인 자는 세상살이가 어려워도 힘겨워하지 않는다. 성찬식에 참석하는 자는 주님의 살과 피를 마시면서 우리가 '생명'을 먹고 있음을 가슴 깊이 느껴야 한다. '주님께서 나 같은 것을 위하여 살을 찢어주시다니. 나 같은 것을 위하여 피를 흘려주시다니…'

누가 나를 위하여 살을 찢어줄 수 있겠는가? 남편이 나를 위해서 살을 찢어줄 수 있는가? 아내가 나를 위하여 피를 흘려줄 수 있는가? 부모도 그렇게 할 수 없다. 나를 위하여 살을 찢고, 나를 위하여 피를 흘려주신 분은 주님밖에 없다. 남편과 아내가 서로를 사랑하고 섬기며 희생하면서 살다가도 마음이 어긋나고 가치관이 다르고 자존심이 크게 상하면 그 관계는 틀어질 수밖에 없다.

하지만 주님은 나를 위해 살을 찢고 그 고귀한 피를 흘려주셨다. 그리고 그 은혜를 믿고 깨달은 자에게 영생을 주신다. 이러한 주님의 살과 피를, 그 주신 의미대로 먹고 마시는 것이 믿음이요, 우리가 취해야 할 올바른 반응이다. '놀랍다 주님의 큰 은혜'라는 찬송가 구절처럼 가슴 깊은 곳에 있던 고백이 흘러나와야 정상이다. '온 세상 만물을 가져도 주 은혜 못 다 갚겠네' 하고 찬송하는 것이 올바른 반응이다. '놀라워라 주 사랑이 어찌 날 위함이온지.' 이것이 진정한 간증이다. '오늘 믿고서 내 눈 밝았네.' 주께서 나를 위하여 피 흘려주신 것을 진정 깨달았다면 그렇게 외친다. '나의 죄를 씻기는 예수 그리스도의 피밖에 없네.' 이것이 은혜받은 자의 진정한 고백이다.

따라서 본문 말씀을 통해 볼 때 진정한 믿음은 생명의 떡이신 예수님이 찢어주시고 흘려주신 살과 피를 감격하는 마음으로 주님께 받아서 먹고 마신다는 의미인 것이다. 이제 앞으로 성찬식에서 잔과 떡을 받을 때는 이러한 진리를 깊이 새김으로 전보다 더 두근거리는 설렘이 있기를 바란다.

외로운 인생을 찾아오시는 하나님

하늘에서 내려온 생명의 떡 예수님을 먹으면 우리에게는 어떤 일이 일어날까?

첫째, 주님의 심정을 알게 된다.

야곱은 똑똑하고 잔꾀가 많은 사람이었다. 그로 인해 야곱은 늘 경쟁하며 살았고, 누군가와 다투면서 쫓고 쫓기는 인생을 살았다. 엄마 뱃속에 있을 때부터 형과 경쟁하고, 아버지와 경쟁하고, 또 외삼촌과 경쟁하고, 자식들과도 경쟁했다.

어느 날 그런 야곱에게 위기가 찾아왔다. 20년의 타지 생활을 마감하고 고향으로 돌아가는 내내 야곱의 고민은 깊어졌다. '형이 나를 받아줄까, 어떻게 하면 좋을까?' 그러던 중 마침 형이 400명의 무리를 이끌고 그를 만나러 온다는 소식을 듣고는 꼭 자기를 죽이러 오는 것 같아서 큰 두려움에 빠진다. 도움을 청할 사람도 없었다. 자신을 따르던 무리도 꽤 많았고 재산도 늘었지만 형이 죽일지도 모른다고 생각하니 눈앞이 캄캄했다. 그런 심란한 마음으로 얍복 강가에 있다가 어떤 사람과 씨름을 하게 된다.

"야곱은 홀로 남았더니 어떤 사람이 날이 새도록 야곱과 씨름하다가 자기가 야곱을 이기지 못함을 보고 그가 야곱의 허벅지 관절을 치매 야곱의 허벅지 관절이 그 사람과 씨름할 때에 어긋났더라. 그가 이르되 날이 새려 하니 나로 가게 하라. 야곱이 이르되 당신이 내게 축복하지 아니하면 가게 하지 아니하겠나이다"(창 32:24-26).

야곱은 지금까지 쫓기는 인생, 경쟁하는 인생, 투쟁하는 인생, 이기려는 인생을 살아왔다. 하지만 스스로 풀 수 없는 어려움 앞에서 그는 망연자실할 수밖에 없었고 하나님은 드디어 이런 야곱을 찾아오셨다. 하나님은 야곱과 씨름을 벌이셨다. 씨름하는 동안 야곱은 허벅지 관절이 탈골되는 사고를 당한다. 환도뼈가 나간 것이다. 야곱은 그 상태에서 축복을 받지 못하면 더 이상 살기 힘들다는 생각에 목숨을 걸고 매달렸다. 시간이 지나 야곱이 하나님을 알아가며 성숙한 뒤 이때의 일을 회상하니 자기가 하나님을 이긴 게 아니라, 하나님이 져주신 것임을 퍼뜩 깨닫는다.

우리도 주님의 살과 피를 먹고 마시면 하나님의 심정을 깨닫고, '내가 하나님 앞에서 은혜와 축복을 참 많이 받았구나. 하나님이 나에게 져주신 거였구나!'라는 사실을 인정하게 된다. 우리가 이러한 하나님의 자비를 깨달으면, 더 이상 하나님을 이기고 뭔가를 해보려고 하지 않는다. 야곱에게는 그 흔적이 환도뼈의 탈골이었다. 남들이 볼 때는 외상으로 인한 흔적이 분명했지만 하나님의 심정을 깨달은 뒤에 이것은 야곱에게 진짜 축복으로 다가왔다.

이후로 야곱은 더 이상 쫓기는 인생을 살지 않는다. 더 이상 다투지도 않았다. 그가 하나님을 만나고 하나님의 심정을 깨달은 뒤에는 애굽 황제를 축복하는 성숙한 사람이 된다. 쫓기는 인생, 경쟁하는 인생, 답답한 인생을 살고 있는가? 야곱과 같이 자기 힘으로는 어찌 할 수 없는 위기 앞에 서 있다면 먼저는 주님의 살과 피를 먹고 마시면서 주님을 만나야 한다.

둘째, 주님을 더 깊이 깨달을 수 있다.

주님의 심정을 깨닫는 데서 그치지 않고 예수님을 더 깊이 알 수 있다는 말이다. 이사야 선지자는 하나님의 은혜를 받고 성령에 감화된 후에 오실 메시아를 이렇게 다섯 가지로 묘사했다. "이는 한 아기가 우리에게 났고 한 아들을 우리에게 주신 바 되었는데 그의 어깨에는 정사를 메었고 그의 이름은 기묘자라, 모사라, 전능하신 하나님이라, 영존하시는 아버지라, 평강의 왕이라 할 것임이라"(사 9:6).

기묘자는 '놀라우신 조언자'(wonderful counselor)라는 뜻이다. 주님은 놀라우신 분이라는 고백이다. 하나님을 만난 경험으로부터 이런 탄성이 온다. 주님의 놀라움을 제대로 깨달으면 내 주변도 온통 축복으로 가득 채워져 있음을 알게 된다. 그래서 자기도 모르게 이렇게 기도한다. "주님의 놀라운 은혜가 남편(아내)에게 임하여 내 남편(아내)이 놀랍게 달라지게 해주옵시고, 자녀들이 하나님 안에서 놀라운 능력을 받게 해주시옵소서." 하나님의 놀라운 사랑과 은혜를 실제적으로 기대하기 시작하는 것이다.

나아가 교회 공동체 안에 모여 서로를 보면서 '집사님은 얼마나 놀라운지, 장로님은 또 얼마나 놀라운지, 형제님도 놀랍고, 자매님도 놀랍다'라는 것을 인정하게 된다. 놀라우신 하나님의 은혜가 우리를 감싸고 있음을 경험한다.

우리를 둘러싸고 있는 이 무수한 놀라움을 모른 채 그냥 살아간다면 하나님 앞에 무척 죄송스런 일이다. 이런 감동 없이 적당히 주님의 살과 피를 기념한다면 주님 앞에 염치가 없는 일이다.

주님을 하늘에서 내려온 생명의 떡인 줄로 믿고, 주님의 심정을 깊이 깨달으며, 오늘도 우리를 축복하시는 하나님을 만나야 한다. 주님 앞에 잠잠히 서보면 삶에서 허벅지 관절이 어긋난 것 같은 아픔이 있더라도 실제로는 이것이 하나님의 축복임을 알아차리는 눈이 열린다. 이렇게 영적 안목이 생기면 우리는 서로를 보면서, 예배당과 믿음의 공동체를 보면서, 또 장래에 우리에게 부어주실 축복을 보면서 이 모든 것이 놀라운 주님의 은혜임을 고백하게 될 것이다.

살아계신 하나님 아버지. 우리 주 예수 그리스도를 생명의 양식으로 허락해주셔서 감사합니다. 예수님께서 친히 몸을 찢으시고 피를 흘려주심으로 우리와 연합하시고 우리의 생명이 되어주셨기에 이 시간도 생명의 주님을 의지합니다.

세상의 풍파에 시달리다 보면 우리를 지탱하시고 붙잡아주시는 주님을 잊어버릴 때가 많습니다. 실패하여 지치고 피곤한 제자들에게 친히 찾아가셔서 생선을 굽고 떡을 준비하여 은혜의 식사 자리에 초청하신 것처럼, 오늘 저희들의 심령도 그렇게 어루만져주셔서 깨지고 상한 마음 그대로를 받으시고 회복해주옵소서.

지난 시간 우리 마음에 쌓여 있는 연약한 습관들을 떨쳐내고 주님을 새롭게 만나는 시간이 되게 해주시옵소서. 성찬식이 단순히 예수님의 피와 살을 기억하고 끝나는 자리가 아니라 하늘의 모든 자원이 우리에게 쏟아부어지는 은혜의 통로가 되게 하옵소서. 어린 양 혼인 잔치의 예고편이 되게 하옵소서. 그리하여 주님이 오신 것이 양으로 생명을 얻게 하고 더 풍성한 생명, 조에의 생명, 영원한 생명을 얻게 하려고 오셨음을 저희가 실제적으로 체험할 수 있게 해주옵소서.

우리 눈을 열어 놀라우신 주님의 은혜가 우리를 빽빽이 감싸안고 있음을 보게 해주시옵소서. 우리의 생명 되시고 소망이신 예수 그리스도의 이름으로 간절히 기도드립니다.

모든 묶인 것들을
자유롭게 하는 부활 신앙

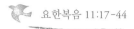 요한복음 11:17-44

우리는 살아가면서 두려운 일들을 많이 만난다. 고등학교 3학년 학생은 대학 입시를 앞두고 두려움을 느끼고, 대학을 갓 졸업한 사람은 취직이라는 장벽을 만나면 두렵다. 자기 적성을 파악하고 지망할 회사를 선택하며 인터뷰를 준비하는 과정에서 큰 심리적 압박을 경험하기 때문이다. 지금 직장을 다니는 사람들은 언제까지 일할 수 있을지 몰라 두렵다. 모두 불확실한 미래 때문에 답답해한다.

사람이 느끼는 가장 큰 두려움은 바로 죽음이다. 많은 사람들이 죽음 앞에서 겁을 먹고 벌벌 떤다. 나이가 60을 넘어 70-80대에 이르면 노화가 가속화된다. 어느 날 갑자기 확 늙어 보이는 자기 모습을 보면 굉장히 낯설고 마음이 초라해지기도 한다. 하지만 부활 신앙이 있는 사람들은, 겉으로는 늙어가지만 속사람은 날로 새로워진다. "그러므로 우리가 낙심하지 아니하노니 우리의 겉 사람은 낡아지나 우리의 속사람은 날로 새롭도다"(고후 4:16). 부활의 권능을 체험하는 사람들은 날마다 속사람이 새로워지는 경험을 한다.

우리가 부활에 대한 설명을 듣고 이해하고 믿는 것에 만족하지 않고 부활의 능력을 체험하게 되기를 바란다. 순수한 복음은 부활 신앙과 연결되어 있기 때문이다.

이제 나사로 가족에게 일어난 일을 보면서 우리에게 있는 부활 신앙이 얼마나 힘이 되고 능력을 주는지 살펴보도록 하자.

마르다의
부활 신앙

먼저 마르다에게 일어난 일을 보자. 예수님은 마르다에게 부활 신앙을 가르쳐주신다. "예수께서 와서 보시니 나사로가 무덤에 있은 지 이미 나흘이라. 베다니는 예루살렘에서 가깝기가 한 오 리쯤 되매 많은 유대인이 마르다와 마리아에게 그 오라비의 일로 위문하러 왔더니 마르다는 예수께서 오신다는 말을 듣고 곧 나가 맞이하되 마리아는 집에 앉았더라"(17-20). 당시 마리아는 집에 머물고 있었다. 반면 마르다는 예수님께서 도착했다는 말을 듣고 뛰쳐나간다.

"마르다가 예수께 여짜오되 주께서 여기 계셨더라면 내 오라버니가 죽지 아니하였겠나이다. 그러나 나는 이제라도 주께서 무엇이든지 하나님께 구하시는 것을 하나님이 주실 줄을 아나이다"(21-22). 마르다는 이제 '나사로가 살아나는 것은 불가능하다'라고 생각하고 있었다. 그래서 예수님이 "네 오라비가 다시 살아나리라"(23) 하고 말씀하실 때 마르다는 "네! 그렇게 될 것을 믿습니다"라고 대답하지 않고 "마지막 날 부활 때에는 다시 살아날 줄을 내가 아나이다"(24)라고 말씀드린다. 살아날 것은 알지만 마지막 날 부활 때에나 그렇게 된다는 의미였다. 언젠가는 부활하겠지만 지금은 아니라고 말한 것이다.

마르다의 이러한 답변을 들으시고 예수님은 선언하신다. "나는 부활이요 생명이니 나를 믿는 자는 죽어도 살겠고"(25). 말하자면 마르다에게 이렇게 말씀하신 것이다. "부활 신앙이 있으면 지금 다시 살리라. 지금 내가 그 일을 행하겠다." 먼 훗날 예수님이 재림하실 때만 부활을 체험하는 게 아니라 지금 이 순간 현재 진행형으로 그 권능을 누릴 수 있다는 말이다. 25절은 마르다에게 부활 신앙으로 나아가라고 촉구하시는 말씀이다.

예수님의 말씀을 제대로 깨달은 마르다는 그제야 고백한다. "주여 그러하외다. 주는 그리스도시요 세상에 오시는 하나님의 아들이신 줄 내가 믿나이다"(27). 이것을 볼 때 주님을 그리스도로 고백한다는 것은 그분이 내 삶에서 해결하지 못할 영역이 없음을 믿는다는 뜻이다. 이 답변을 통해 우리는 마르다의 신앙이 부활 신앙으로 옮아간 것을 알 수 있다.

나 중심의 신앙생활은 초보적인 단계에 해당된다. 예수님을 믿기는 하지만, 불안하고 상처받은 마음은 여전하다. 신앙을 자기 식으로 받아들이고, 자신이 알고 있는 정보로만 판단하고, 인맥을 위주로 생각하기 때문이다. 이런 단계에서는 많은 힘을 쓰지만 성장이 더디고 속도도 원하는 만큼 나지 않는다. 하지만 신앙의 기어를 높일수록, 주님의 부활 신앙을 마음 중심에 받아들이고 삶 속에서 이 믿음대로 살아갈수록 우리 삶에는 주님이 일하시는 영역이 넓어진다. 이전에 불가능하다고 생각했던 것들도 "주님은 하실 수 있다"라는 믿음으로 가능해진다. 이처럼 부활 신앙은 내 안에 계신 그리스도로 인해 불가능이 없는 삶을 사는 것이다.

함께 우시는
예수님

그때 마리아는 집에 머물고 있었다. 예수님께서 마리아를 찾는다는 소식을 듣고 마리아가 서둘러 나간다. "마리아가 이 말을 듣고 급히 일어나 예수께 나아가매 예수는 아직 마을로 들어오지 아니하시고 마르다가 맞이했던 곳에 그대로 계시더라. 마리아와 함께 집에 있어 위로하던 유대인들은 그가 급히 일어나 나가는 것을 보고 곡하러 무덤에 가는 줄로 생각하고 따라가더니 마리아가 예수 계신 곳에 가서 뵈옵고 그 발 앞에 엎드리어 이르되 주께서 여기 계셨더라면 내 오라버니가 죽지 아니하였겠나이다 하더라. 예수께서 그가 우는 것과 또 함께 온 유대인들이 우는 것을 보시고 심령에 비통히 여기시고 불쌍히 여기사"(29-33).

예수님을 만난 마리아는 마르다와 똑같이 이야기한다. 그러나 한 가지가 달랐다. 마리아는 감정이 폭발하여 펑펑 눈물을 터뜨렸다. 마리아가 우니까 곁에 섰던 유대인들도 함께 울었다. 오빠가 죽었으니 마리아의 마음도 찢어질 듯 아팠을 것이다. 복음서를 보면 예수님께서 눈물을 흘리시는 장면이 별로 없는데 이 대목에서 마음이 얼마나 아프신지 눈물을 흘리셨다(35).

예수님은 죄와 죽음의 세력 앞에서 비통함에 빠져 어찌할 바를 모르는 연약한 인간들을 보시면서 무척 가슴 아파하셨다. 인간의 아픔을 당신의 아픔처럼 느끼신 것이다. 주님은 아파하는 자와 함께 아파하고 고통받는 자와 함께 고통받으시며 우는 자와 함께 우시는 분이다. 그리고 주님은 요한계시록 마지막에서 계시적 언어구사를 통해 "모든 눈물을 그 눈에서 닦아 주[신다]"(계 21:4)라고 약속하셨다.

이사야는 주님께서 "그들의 모든 환난에 동참"(사 63:9)하실 것이라고 예언했다. 그러므로 부활하신 예수님이 우리와 동행한다는 말은 우리의 모든 환난에도 동참하신다는 뜻이다.

지금도 그렇지만, 1세기 당시 권세 있는 사람들이 직접 낮은 곳으로 찾아가는 것은 놀라운 일이었다. 보통은 범부들이 위대한 사람을 찾아갔고 그 반대의 경우는 없었다. 예수님은 이러한 당대의 관습을 뛰어넘으셨다. 세관에서 세금 매기는 세리와 수가성 우물가의 여인, 삭개오 그리고 밤새도록 물고기 한 마리 못 잡고 텅 빈 마음으로 있던 베드로와 야고보와 요한을 먼저 찾아가셨다. 제자가 스승을 찾아간 것이 아니라 스승이 제자를 찾아오는 일은 주님이 실천하신 독특한 동행 방식이었다. 이것은 하나님의 거룩한 방식이요, 성육신의 방식이다. 높은 곳에서 낮은 곳으로 임하기 때문에 우리는 이것을 하나님의 은혜라고 말한다.

묶인 것들에서의 자유

이제 예수님은 죽어 누워 있는 나사로를 찾아가신다. 무덤 앞에 서서 막힌 돌을 옮겨놓으라고 명하신 후에 이렇게 기도하신다. "아버지여 내 말을 들으신 것을 감사하나이다. 항상 내 말을 들으시는 줄을 내가 알았나이다. 그러나 이 말씀하옵는 것은 둘러선 무리를 위함이니 곧 아버지께서 나를 보내신 것을 그들로 믿게 하려 함이니이다"(41-42).

기도하신 후 예수님은 나사로를 부르신다. "이 말씀을 하시고 큰 소리로 나사로야 나오라 부르시니 죽은 자가 수족을 베로 동인 채로 나오는데 그 얼굴은 수건에 싸였더라. 예수께서 이르시되 풀어놓아

다니게 하라 하시니라"(43-44).

당시 유대인들은 사람이 죽으면 머리끝부터 발끝까지 천으로 친친 동여매는 풍습이 있었다. 그냥 천으로만 감는 것이 아니라 평균 30-40킬로그램의 향료를 함께 넣어 온몸을 감쌌다. 나사로는 그렇게 수족을 베로 동인 채 나오고 있었다. 그러자 예수님은 나사로를 풀어 놓아 다니게 하라고 명하신다.

우리 인생에는 꽁꽁 묶이고 속박된 것이 너무 많다. 어릴 적부터 갖고 있는 마음의 상처 때문이거나, 자신의 겉모습에 대한 불만 때문일 수도 있다. 사람에 따라서는 아내와 남편, 가족이 자신을 옭아매는 족쇄가 된다. 하지만 우리가 예수님의 말씀을 들으면 묶인 것들이 사라진다. 부활 신앙을 갖게 되면 모든 묶인 것에서 자유해진다. 이것은 머리가 아니라 마음 중심에서 일어나는 일이다. 예수님의 말씀은 모든 묶인 것들로부터 우리를 자유롭게 하신다. 이것이 나사로의 기적에서 우리가 보아야 할 핵심이다.

부활의 핵심

기독교가 다른 종교와 뚜렷하게 다른 점이 있다. 그 중심에 부활 신앙이 존재한다는 것이다. 순수한 복음 선포는 부활의 능력과 영광을 전파하는 것까지 포함하는데, 이것은 머리로 이해하고 끝나는 것이 아니라 몸으로 체득해야 하는 일이다. 부활의 핵심 몇 가지를 살펴보자.

부활 신앙의 첫 번째 핵심은, 예수님이 첫열매로서 먼저 살아나셨다는 점이다.

예수님은 십자가에 달려 죽음을 경험하신 뒤 부활의 영이신 성령께서 함께하심으로 죽은 자 가운데서 부활하셨다. 성부 하나님께서 성자 예수님을 살리신 후 주님은 새로운 육체를 입고 살아나셨다. 이것이 부활 신앙의 첫 번째 핵심이다.

두 번째 핵심은, 살아계신 예수 그리스도가 나와 동행하신다는 내용이다. 이 약속에는 "나를 믿는 자"(25)라는 전제가 달려 있다. "나를 믿는 자"는 헬라어로 '피스테온'(πιστεύων)인데 여기에는 관계의 회복과 인격적 신뢰라는 의미가 함께 들어 있다.

살아오면서 갖게 된 판단력과 머릿속 지식만으로는 결코 부활의 진실을 파악할 수 없다. 물론 지적인 깨달음도 필요하지만, 예수 그리스도의 부활이 나의 것이 되려면 주님을 신뢰하는 바탕에서 관계가 회복되어야 한다. 예수님과의 인격적인 관계가 회복되어야만 그리스도와 동행할 수 있기 때문이다. 믿음은 이처럼 나와 함께하시는 부활의 주님을 인격적으로 신뢰하는 것이다. 이와 같은 신뢰 안에서 우리는 낙심하지 않고 담대히 나아갈 수 있다.

세 번째 핵심은, 우리가 하나님의 영광을 보는 것이다. 예수님이 재림하실 때 우리도 예수님이 부활하신 것과 같이 부활한다. 사도신경의 신앙고백처럼 우리 몸이 다시 사는 것과 영원히 사는 것을 우리는 믿는다. "주 예수를 다시 살리신 이가 예수와 함께 우리도 다시 살리사 너희와 함께 그 앞에 서게 하실 줄을 아노라"(고후 4:14). 이것이 하나님의 영광을 보는 삶이다.

초대교회의 성도들에게는 예배당도 없었고, 오늘날과 같은 강력한 공동체가 있는 것도 아니었다. 하지만 그들 신앙의 핵심에는 부활이 있었다. 그 믿음이 있었기에 유대 공동체에서 파문을 당하고 심지어 가족들에게서도 쫓겨나는 등의 큰 고통을 겪으면서도 인내할 수 있었고, 심지어 순교도 감내할 수 있었다.

바울이 평생을 통해, 모든 고난을 통과하면서 진정 알고 싶어 했던 것도 예수 그리스도와 부활의 권능이었다. "내가 그리스도와 그 부활의 권능과 그 고난에 참여함을 알고자 하여 그의 죽으심을 본받아 어떻게 해서든지 죽은 자 가운데서 부활에 이르려 하노니"(빌 3:10-11).

바울은 디모데에게 이렇게 권했다. "내가 전한 복음대로 다윗의 씨로 죽은 자 가운데서 다시 살아나신 예수 그리스도를 기억하라"(딤후 2:8). 이처럼 복음에는 부활의 기적과 은혜도 포함되어 있다. 지금이 순간 성령님으로 우리와 함께하시는 예수 그리스도는 우리 삶의 가장 강력한 원천이요 복음의 영광이 되신다.

부활의 영

제주도에는 '김영갑 갤러리'라는 곳이 있다. 개인적으로 사진 찍는 것을 좋아하기도 하고 조금 배운 바도 있어서 20년 동안 제주도의 자연환경을 찍은 김영갑 작가의 사진들을 관심 있게 보았다. 이분은 정식으로 사진을 전공한 작가는 아니었지만, 자신의 시간과 삶을 온통 드려 사진을 찍은 사람이었다.

하지만 안타깝게도 그는 루게릭병에 걸려 48세의 나이로 소천했다. 루게릭병은 근육이 파괴되는 병이다. 나중에는 혀를 움직이지 못하니까 전화도 걸지 못하고, 대화도 제대로 할 수 없었다. 하루 종일 의자에 앉아 있거나 힘이 부치면 침대에 누워 천장만 보는 게 할수 있는 전부였다. 그가 쓴 글을 읽다가 마음에 와 닿은 것이 있었다.

"그냥 걸을 수 있을 때가 얼마나 행복한 일이었는지를 깨달았다. (중략) 앞을 보면 끝이 보이지 않는 수직 절벽이고, 뒤를 돌아보면 흘러간 시간은 어찌할 것인가? 좌우를 살펴도 해결 방법이 없다. 내가 의지할 수 있는 최후의 수단은 하늘이다. 하늘의 도움 없이는 잠시도 살 수 없다. 침대에 누워 있지 않았다면 지금도 여전히 내 중심적인 생각의 과오를 범했을 것 같다."

이런 아픔을 지닌 채 살아가는 사람에 비하면 우리가 느끼는 고통은 투정에 불과하다는 생각이 들었다. 우리가 토로하는 불평도 불만도 상처도 트라우마도, 침대에 누워 눈동자만 굴릴 수밖에 없었던 그에 비하면 사치에 가깝다는 생각을 지울 수 없었다.

죽음에 가까운 고통이라 할지라도 부활 신앙으로 살아가는 사람들을 굴복시키지는 못한다. 그들은 죽음에서조차도 자유하게 된 사람들이기 때문이다.

예수님을 믿는 자는 누구를 말하는가? 그들은 예수님의 십자가와 부활을 받아들인 자들이다. 부활하신 예수님이 우리 안에 거하시고 풍성한 생명으로 함께하시도록 마음 문을 활짝 여는 자들이다. 예수님이 부활이요 생명이시니 성령의 도움으로 예수님을 영접하면 누구나 부활의 영으로 충만한 삶을 살 수 있다. 우리는 부활의 영을 현재적으로 체험해야 한다. 부활의 능력은 죽음 이후에도 경험할 수 있지만, 지금도 부활하신 그리스도로 살아갈 수 있다.

우리의 개인적인 한계를 돌파할 힘도, 한국 사회의 어려움을 극복할 길도, 한반도의 복음적인 평화통일을 위한 길도 다른 데에 있지 않다. 부활의 영으로 우리가, 한국 사회가, 한민족이 회복되어야 한다. 우리가 살고 남도 살리는 길은 바로 부활의 영을 덧입는 것에 달려 있다.

하나님 나라 일꾼들의 **부활 신앙**을 구하는 기도

죽은 자를 살리시고 없는 것을 있게 하시는 하나님 아버지. 하나님의 나라는 말에 있지 아니하고 능력에 있는 줄로 믿습니다. 이 시간 부활의 영으로 우리 가운데 충만하게 임하시고, 부활하신 주님과 동행하는 자들에게 약속하신 놀라운 능력을 현재적으로 체험하게 해주시옵소서. 이것이 단지 소망이요 묵상으로만 끝나는 것이 아니라 삶에서 나타나게 도와주소서.

죽음의 권세와 두려움에 꽁꽁 묶여서 고통받는 모든 사람들을 그 모든 묶인 것으로부터 자유롭게 해주시고, 주님을 그리스도로 받아들인 자에게 하늘의 평강이 임하여 어떤 두려움도 우리 마음을 주장하지 않게 하옵소서. 저희의 믿음에 깊이가 더해져서 부활 신앙을 실제적으로 경험하고 성령으로 동행하시는 주님의 영광을 볼 수 있게 하옵소서.

초대교회 성도들은 이 부활 신앙을 갖고 있다는 이유만으로 순교도 각오했습니다. 우리도 모든 아픔과 어려움과 상처를 주님 앞에다 올려드리고, 주님이 이끄시는 대로 부활의 증인들로 살아갈 수 있게 도와주시옵소서. 우리의 생명 되시고 소망이시며 부활의 영으로 함께하시는 우리 주 예수 그리스도의 이름으로 간절히 기도드립니다.

천국 소망이 가득하면
근심이 발붙이지 못합니다

 요한복음 14:1-3

미국 콜로라도의 어떤 산봉우리에 400년 동안 자리를 지키던 큰 나무가 있었다. 어느 날 그 거목이 갑자기 쓰러졌다. 400년이라는 긴 세월 동안 열네 번 벼락을 맞았고 수많은 눈사태와 폭풍우를 겪었지만 꿋꿋이 살아남았던 나무였다. 하지만 언제부터인가 손톱보다 작은 딱정벌레들이 나무를 갉아먹기 시작했다. 이 딱정벌레는 엄지로 누르면 힘없이 죽는 미물이다. 그런데 이 작은 벌레들이 나무속을 파먹기 시작하니까 400년을 버텨온 거대한 나무가 힘을 잃고 쓰러졌다.

살다보면 크고 작은 근심들이 이런 작은 벌레처럼 달라붙어 우리 삶을 야금야금 파먹는 일이 비일비재하다. 이와 같은 마음의 근심은 우리 심령을 상하게 만든다. 근심이 있으면 열심히 살다가도 갑자기 비관적인 생각이 들고 영적인 활력도 잃어버린다. 그래서 불신이 싹트고 불안이 움튼다.

이 시대에도 우리의 심령을 상하게 하는 딱정벌레들이 있다. 이 작은 벌레들을 몰아내고 확신과 평강으로 지키시는 주님의 음성을 들어보자. 큰 근심과 무거운 삶의 짐을 지고 가는 우리가 새롭게 마음에 새겨야 할 말씀이다. 주님은 이 말씀을 통해 삶의 곤궁에 처한 우리에게 적절한 대처법을 제공하신다.

뼈를 마르게 하는
근심

"너희는 마음에 근심하지 말라. 하나님을 믿으니 또 나를 믿으라"(14:1). 요한복음 14장을 통해서 주님이 우리에게 주시려는 핵심 진리가 1절에 나와 있다.

여기서 '근심'은 헬라어로 '타랏소'(ταράσσω)인데, '자극하다, 선동하다'라는 뜻이다. 오죽하면 시편의 기자는 근심이 생기자 "마음이 산란하며 내 양심이 찔렸나이다"(시 73:21)라고 했겠는가. 근심은 근심 자체로 끝나는 것이 아니라 사람의 감정을 할퀴고 상하게 하고 고통과 통증을 악화시킨다.

우리 마음을 자극하고 선동하는 인생의 여러 문제들이 있다. 또한 모든 사람에게는 자기가 보기엔 나름대로 심각한 근심과 시험거리가 있다. 이 문제만 해결되면 좋겠는데 항상 이것 때문에 인생에서 기를 못 펴는 그런 문제들이 있다. 오죽하면 솔로몬은 심령의 근심이 우리의 뼈를 마르게 한다고 했을까?

본문을 보면 제자들에게도 마음을 심란하게 하는 여러 문제들이 있었다. 14장 1절 바로 앞에는 이런 말씀이 나온다. "예수께서 대답하시되 네가 나를 위하여 네 목숨을 버리겠느냐 내가 진실로 진실로 네게 이르노니 닭 울기 전에 네가 세 번 나를 부인하리라"(요 13:38). 주님을 위해 목숨을 버리겠다고 고백한 베드로의 면전에서 예수님은 그가 당신을 세 번이나 부인할 것이라고 단언하셨다. 베드로 입장에서는 마음에 큰 근심을 불러일으키는 말씀이었다.

다른 제자들도 마찬가지였다. 조금 전까지만 해도 하나님 나라가 임하면 자기를 좌편에, 우편에 앉게 해달라고 서로 다투던 그들이었다. 가룟 유다 역시 자신이 예수님을 판다는 예언을 듣고 난 뒤라 마음이 뒤숭숭한 상태였다. 베드로를 비롯해 모든 제자들이 큰 근심에 빠져들 수밖에 없는 상황이었다.

게다가 예수님은 이별을 예고하셨다. "내가 어디로 가는지 그 길을 너희가 아느니라"(14:4). 예수님조차도 심령이 괴로운 상태였다(요 13:21). 그러니 제자들 기분이 어떠했겠는가? "내가 그물과 집을 모두 버리고 주님을 따르며 섬겼는데, 주님이 떠나시면 우리는 어떻게 되는 겁니까? 다시 고기 잡으러 가야 합니까? 모든 것을 다 포기하고 주님께 의탁하며 살았는데 다시 돌아가야 합니까?" 고아처럼 외로운 마음에 제자들은 울고 싶은 심정이었다.

상황 자체가 이렇게 힘든데 어떻게 근심하지 않을 수 있단 말인가? 어떻게 하면 이 근심이라는 마음의 병에서 벗어날 수 있을까? 주님이 알려주신 방법을 따라가보자.

기쁨의 원천을
지키는 방법

첫째로, 예수님은 우리 내면에 있는 기쁨의 원천을 빼앗기지 말라고 말씀하신다.

그리스도인들도 때로는 근심에 빠질 수 있고, 어려운 상황을 만나 눈앞이 노래질 수도 있다. 그렇지만 모든 그리스도인들은 심령 깊숙한 곳에 세상이 빼앗을 수 없는 기쁨의 근원을 갖고 있다. 이 내면 깊숙한 곳에 있는 기쁨의 원천까지 빼앗길 정도로 근심하면 안 된다. 우리가 그런 원천적인 기쁨까지 말라버렸다면 그것은 상황의 문제가 아니라 신앙의 문제인 것이다.

1절 말씀을 다시 보자. "너희는 마음에 근심하지 말라. 하나님을 믿으니 또 나를 믿으라." 이것은 이중 강조다. 하나님을 믿고, 또 예수님을 믿으라는 말이다. 제자들은 이미 하나님을 알고 그분을 믿는 사람들이었다. 그런데 근심하지 않으려면 "하나님을 믿을 뿐 아니라 나를 믿으라"라고 말씀하신다. 이 말은 예수님과 더 깊은 관계에 들어가라는 말이다. 예수님을 조금 더 깊이 알라는 말이다.

또한 이 말씀의 원문을 보면 "내 안에서" 믿으라는 뜻이다. 영어로는 'believe in Me'인데, "내 안에서 믿으라"라고 번역할 수 있다. 14장에는 이처럼 "내 안에서 믿으라"라는 구절이 다섯 번이나 나온다. 이는 예수님 안이 가장 안전하니 주님과의 인격적인 관계를 다시 견고하게 하라는 뜻이다.

우리가 주님 안에 있다는 것만 분명하다면 시냇가에 심은 나무가 철을 따라 열매를 맺으며 그 잎사귀가 마르지 않는 것과 같이 모든 일이 다 형통해진다(시 1:3). 그럴 때 삶의 무게에 짓눌리거나 거친 파도가 와도 요동하지 않는다. 걱정 근심이 휘몰아칠 때마다 고민하면서 온갖 애를 다 써보지만 주님이 함께해주시는 것이 가장 확실한 방법이다. 하나님께서 붙잡아주시는 것이 가장 안전한 길이다.

누구 안에 있느냐가 내 삶을 결정한다. 진리는 단순한 지식과 정보가 아니다. 진리는 살아 있는 관계, 생명력 있는 관계, 주님과의 인격적인 관계 안에서만 파악된다. 살아계신 주님 안에 나를 둘 때 근심과 걱정과 마음의 모든 잡동사니들을 그분이 청소해주신다. 따라서 내 마음의 깊은 곳에 흐르는 기쁨의 강수를 마르지 않게 하려면 주님과 맺고 있는 관계의 수준을 점검해보아야 한다.

영원한 나라에서 살아갈 준비

둘째로, 세상 근심을 몰아낼 만한 천국 소망을 품으라고 말씀하신다.

14장 2-3절을 보자. "내 아버지 집에 거할 곳이 많도다. 그렇지 않으면 너희에게 일렀으리라. 내가 너희를 위하여 거처를 예비하러 가노니 가서 너희를 위하여 거처를 예비하면 내가 다시 와서 너희를 내게로 영접하여 나 있는 곳에 너희도 있게 하리라."

주님은 지난 2천 년 동안 우리에게 주실 거처를 짓고 계신다. 당신의 생명을 드려 지으시는 천국의 맨션이다. 우리가 이 땅에서 고통스러운 일, 근심스런 일을 많이 겪다 보면 도리어 천국 소망이 약해질 때가 있다. 마귀는 우리가 천국을 생각하고 사모하는 것을 방해하기 위해 어찌하든지 천국에 대한 감각을 무디게 하려 한다.

우리는 이 땅에서 잘사는 삶이 전부인 것처럼 살면 안 된다. 우리에게는 돌아갈 영원한 집이 있기 때문이다. 거듭난 자는 본능적으로 그 사실을 안다. "만일 땅에 있는 우리의 장막 집이 무너지면 하나님께서 지으신 집 곧 손으로 지은 것이 아니요 하늘에 있는 영원한 집이 우리에게 있는 줄 아느니라"(고후 5:1). 히브리서의 저자는 그리스도인에 대해 "여기에는 영구한 도성이 없으므로 장차 올 것을 찾

[는]"(13:14) 존재라고 소개한다.

그리스도인들은 이 땅에서 결론을 내려야 하는 사람들이 아니다. 우리에게는 이 땅이 전부가 아니다. 고운 것도 헛된 것도 이 땅에서는 다 지나간다. 이유는 분명하다. 우리는 이 땅에서만 살다가 죽을 존재로 지음받은 것이 아니라 영원한 천국에서 살아가기 위한 존재로 창조되었기 때문이다.

자유주의 신학자들은 성경을 하나님의 살아 있는 말씀으로 믿지 않고, 일부분만 취사선택하여 믿는다. 그들은 대체로 천국에 대한 소망을 믿지 않고, 이 땅에서의 환경이 조금 더 좋아지는 것이 천국이라고 말하는 경우가 많다.

하지만 이 땅에서 제대로 사는 비결은 다른 데 있지 않다. 천국을 사모하며 살아갈 때 최고의 삶을 살 수 있다. C. S. 루이스는 이렇게 말했다. "대부분의 그리스도인들이 천국에 대해 더 이상 깊이 생각하지 않게 되면서부터 기독교는 이 세상에서 힘을 잃어버리고 말았다. 하늘에서 살 준비, 천국에서 살 준비가 되어 있지 않으면 이 땅에서도 제대로 살아갈 수가 없다. 우리가 천국을 지향하면 이생에서의 삶도 덤으로 얻을 수 있지만 이 세상만을 지향한다면 둘 다 잃는다."

1960년대에 한국교회 신앙의 선배들은 천국에 대한 소망이 있었기에 덩실덩실 춤을 추면서 기뻐하며 예배를 드렸다. 당시 한국 사회가 사회경제적으로 얼마나 비참한 지경이었는가? 그럼에도 불구하고 그분들은 천국 소망으로 기뻐 춤을 추면서 그 곤고함을 이겨내고 삶의 돌파구를 찾았다.

구약을 보면 하나님은 온 세상에 다 계셨지만 이스라엘 백성들의 신앙과 삶에 좀 더 깊이 임재하셨다. 그중에서도 성전과 성막에 더 충만히 거하셨다. 그리고 성전과 성막 가운데서도 지성소에, 지성소에서도 하나님의 언약궤 위에 있는 두 그룹 사이의 은혜의 보좌 앞에 더 강력하게 임재하셨다. 이와 마찬가지로 하나님은 이 우주에 계시지 않는 곳이 없지만 천국을 사모하는 백성들의 마음속에 더욱 강력히 임재하신다.

마음속에 근심이 있고, 말로 다 할 수 없는 아픔 때문에 짐을 지고 있는가? 그렇다면 이 말씀을 기억하자. "천국은 마치 밭에 감추인 보화와 같으니 사람이 이를 발견한 후 숨겨 두고 기뻐하며 돌아가서 자기의 소유를 다 팔아 그 밭을 사느니라"(마 13:44). 천국이 얼마나 소중한지 자기 소유를 다 팔아 그 밭을 살 정도라고 했다. 여기 살면서 아름답고 귀하고 가치 있는 것을 다 소유했다 하더라도, 천국을 소유하지 못한다면 이 땅에서 아무것도 가진 게 없다는 말이다. 반대로 이 땅에서의 삶이 힘들고 고통스럽더라도 천국을 확실히 소유하고 있다면 이 땅의 근심은 아무것도 아니다. 우리는 둘 중에 어떤 삶을 선택해야 하겠는가?

D. L. 무디는 "오늘 우리는 천국에 하루 더 가까이 와 있다"라고 고백했다. 내일이 되면 우리는 천국을 향해 하루만큼 더 가까이 가는 것이다. 그래서 우리는 날마다 주님께 고백한다. "오늘 하루 더 천국에 가까워졌습니다." 그리스도인들은 하루하루 살아가면서 하나님과 천국에 더 가까이 나아가는 사람들이기 때문이다.

근심하는 자 같으나
항상 기뻐하는 자

셋째로, 다른 사람을 격려하고 위로하다 보면 근심을 극복할 수 있다고 말씀하신다.

사실 주님도 근심하고 있는 상황이었다. 예수님은 마음으로 몹시 괴로워하셨다(13:21). 하지만 주님은 그 상황에서도 제자들을 격려하고 오히려 근심하지 말라고 그들을 위로하신다. 우리가 자기 근심의 원인과 해결책을 치밀하게 분석하고 탐구한다고 해서 근심이 해결되는 것은 아니다. 오히려 근심이 몰려올수록 나보다 더 어려운 사람들을 찾아 격려하고 도우면 그 근심의 바닥에서 치고 올라갈 수가 있다.

우리도 이 방법을 써보자. 근심이 없는 것처럼 행동하라는 것이 아니다. 근심이 많다고 자기 문제에만 몰두하다 보면 거기서 도저히 헤어나오지 못한다. 그럴수록 주위의 더 어려운 사람들을 격려하고 관심을 갖고 다가가야 한다.

사도 바울은 근심을 이겨내는 예수님의 방법을 깨닫고 이렇게 고백한다. "근심하는 자 같으나 항상 기뻐하고 가난한 자 같으나 많은 사람을 부요하게 하고 아무것도 없는 자 같으나 모든 것을 가진 자로다"(고후 6:10). 사실 바울에게는 근심이 될 만한 것들이 참 많았다. 바울을 죽이기 전에는 먹지도 마시지도 않겠다는 40명의 유대인들이 그의 목숨을 호시탐탐 노리고 있었다. 그런 위협 속에서도 바울은 항상 기뻐했다. 바울은 가진 게 아무것도 없었지만 모든 사람을 부요하게 하는 사람이 되었다. 근심하고 짐이 있을 때 오히려 남을 격려하면 이처럼 근심을 극복할 길이 열린다.

주님은 천국에 대한 소망을 주시면서, 우리에게도 소명을 허락하신다. 그리고 그 소명을 이룰 수 있도록 보혜사 성령을 보내주신다고 하셨다. 천국에 대한 소망과 사명을 주시고, 성령의 임재를 확신하도록 해주셨다. 세상 근심을 넉넉히 이겨낼 것들을 충분히 허락해주셨다. 자기 일이 잘 풀리지 않고 근심 걱정이 많을수록 더욱 천국을 바라보고, 그 소망에서 힘을 얻어 주위의 보다 어려운 사람들을 돌아보고 권면하자.

우리는 천국만 생각하면 세상에서 부러울 것이 없는 사람이 되어야 한다. 함께 있으면 너무 좋아서 시간 가는 줄 모르는 연인들처럼, 천국에 대한 소망으로 시간 가는 줄 모르는 그런 사람이 되어야 한다.

근심하는 성도들이여, 다시 한 번 천국을 바라보자. 답답하고 고민에 빠지고 현실적인 문제로 고통을 겪는 분들이 있다면, 진정 천국이 소망 되도록 바라보자. 오매불망 사모하는 그 주님을 바라보도록 하자. 내 모습 이대로 나를 알아주시는 주님을 만나는 시간을 사모하도록 하자.

살아계신 하나님 아버지. 이 땅에서 여러 가지 시련을 만나 고민하고 근심하는 하나님의 자녀들에게 천국 소망을 선물로 허락해주셔서 감사드립니다. 고통의 눈물도 없고, 상함도 해함도 없는 그곳을 소망할 수 있게 해주셔서 감사합니다.

때때로 우리 내면에 웅크리고 있는 작은 벌레와 같은 근심들은 주님이 주신 평강을 갉아먹으려고 애쓰지만 우리 곁에서 함께 동행하시고 그 길이 되어주셔서 오늘도 인도하시는 주님을 생각할 때 마음의 걱정과 근심을 내려놓을 수 있게 됨을 고백합니다.

주님 주신 기쁨의 원천을 빼앗기지 않도록 해주시고, 세상의 근심을 가볍게 몰아낼 수 있도록 천국에 대한 소망으로 저희 마음을 채워주시옵소서. 또한 저희에게 임한 소망과 은혜로 말미암아 근심과 어려움 가운데 있는 이웃들을 격려하는 자들로 사용해주시옵소서. 그러함으로써 세상이 주는 근심 걱정에 정복당하고 압도당하는 자들이 아니라 오히려 믿음과 사랑과 소망으로 세상을 정복하는 자들이 되게 해주시옵소서.

저희는 주님 안에 있는 존재요, 주님께 바쳐진 존재입니다. 이제는 주님의 것이 되었기에 주께서 책임지실 것을 믿습니다. 지금도 우리를 위해 천국을 지어가시고 모든 좋은 것들로 백성들과 동행해주시는 예수 그리스도의 이름으로 간절히 기도드립니다.

성령으로 충만할 때
달라지는 것들

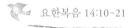
요한복음 14:10-21

사람이 상처를 받거나 인생의 큰 짐을 지면 자기도 모르게 큰 그림
(big picture)을 잊어버리게 된다. 하나님이 설계하신 원대한 계획을 놓
친 채 발등에 떨어진 급한 불부터 *끄려고* 한다. 그러나 하나님의 계
획과 꿈에 늘 열려 있는 사람은 아무리 힘들고 어려운 일이 닥쳐도
헤치고 나갈 힘을 공급받는다. 성령에 대해서 눈이 열리고 성령이 주
시는 은혜를 받으면, 마음에는 여전히 짐이 있고 상처가 있고 어려움
이 있더라도 하나님의 설계와 꿈에 대해 생각할 때마다 희한하게도
가슴이 설렌다.

　여기에는 무슨 자격이 필요한 게 아니다. 시골에서 평범하게 살
아가는 할머니도 은혜받고 성령으로 충만해지면 큰 그림을 품고 큰
꿈을 갖게 된다. 몸은 시골 교회의 좁은 마룻바닥에 앉아 있지만 마
음으로는 하나님 나라와 세계 선교를 위하여 간절히 기도한다. 손에

쥔 게 아무것도 없더라도, 성령을 받아 충만해진 제자들이 그랬듯이 "예언하고 환상을 보고 꿈을 꾸는"(행 2:17 참조) 일이 일어난다.

그런 힘은 어디서 오는 걸까? 세상은 정보력이 힘이라고 말한다. SNS를 비롯한 수많은 미디어를 잘 활용할 줄 알아야 한다고 강조한다. 시대의 흐름과 변화를 빨리 읽고 빨리 대처하는 자가 승리한다고 외친다. 옛날에는 육체의 힘이나 군사력이 우선이었다면, 오늘날에는 경제력이나 인맥을 중요시한다.

하지만 우리는 다르다. 교회와 성도들은 '위로부터 주시는 힘'으로 살아간다. 교회와 성도는 모든 좋은 것들을 위로부터, 성령님께 얻는다. 지금으로부터 2,600여 년 전에도 선지자 스가랴는 "이는 힘으로 되지 아니하며 능력으로 되지 아니하고 오직 나의 영으로"(슥 4:6) 된다고 했다. 스가랴 시대도 오늘날과 다를 바가 없었다. 겉으로 드러나는 양상은 달라졌지만 인간이 살아가는 바탕은 변한 것이 없다. 우리가 직면한 문제들은 오직 성령이 임하시고 성령의 충만을 받을 때에 근본적으로 해결된다. 성령의 힘으로만 가능하다.

성령을 약속하시다

요한복음 13장에서 17장은 다락방 강화 혹은 다락방 설교라고 부르는 부분인데 예수님이 십자가에 달려 돌아가시기 전에 남긴 고별 설교를 모아놓은 것이다. 그런 까닭에 예수님의 안타까운 심정도 담겨 있고, 우리가 쉽게 깨닫기 어려운 놀라운 비밀도 숨어 있다.

14장 18절에서도 예수님은 아쉬운 마음을 드러내신다. "내가 너희를 고아와 같이 버려두지 아니하고 너희에게로 오리라." 이 구절에서도 예수님의 목자 심정이 그대로 드러난다. '고아'라는 표현을 볼 때 남은 제자들에게 어려움이 닥칠 것을 예수님은 충분히 예상하고 계셨다. 이런 영적인 고아들은 주위에 아무리 많은 사람들이 있더라도 갈 데가 없다. 주님은 그들을 그냥 내버려두지 않으시고 속히 오겠다고 하셨다. 예수님의 절절한 심정이 그대로 드러나 있는 구절이다. 그렇다면 예수님은 어떻게 오시며, 우리는 그것을 어떻게 알 수 있는가?

"그 날에는 내가 아버지 안에, 너희가 내 안에, 내가 너희 안에 있는 것을 너희가 알리라"(20). 예수 믿는 사람들은 우리가 예수님 안에, 예수님이 우리 안에 계신다는 것을 '안다.' 예수 믿는 사람들이 세상과 다른 지점이 바로 여기다. 내가 예수님 안에 예수님이 내 안에 계신다는 사실에서 분명히 확인할 수 있다. 인생은 이 경지를 더 넓고 더 깊게 체험해가는 과정이다.

우리는 이것을 예수님이 약속하신 성령 강림을 통해서 알 수 있다. "내가 아버지께 구하겠으니 그가 또 다른 보혜사를 너희에게 주사 영원토록 너희와 함께 있게 하리니"(16). 보혜사란 '도와주시는 분'이라는 뜻이다. 또한 변호해주시고 상담해주시는 분, 우리를 회복시키고 가르치시는 분이 보혜사다.

원래 이 일은 예수님이 하셨다. 예수님은 38년 된 병자를 고치시고, 다섯 개의 떡과 두 마리의 물고기로 굶주린 자들을 먹이셨다(6장). 간음한 여인을 정죄하지 않고 그 찢긴 영혼을 치유하고 상처를 고치셨으며(8장), 눈 먼 자의 눈을 뜨게 하시고(9장) 나사로를 살리심으로써(11장) 부활의 능력을 보여주셨다. 그런데 주님이 떠나신 후에는 또 다른 보혜사 성령이 오셔서 그런 일을 이루어가겠다고 약속하신 것이다.

그 약속은 오늘날에도 유효하다. 예수님의 품에 안겨 그분의 심장 소리를 들었던 요한처럼 우리도 이 말씀을 통해 예수님의 맥박을 느낄 수 있다. 1세기에 요한이 들었던 그 소리를 21세기인 오늘, 또 다른 보혜사인 성령님을 통해서 우리도 들을 수 있다.

성령 충만이
가져오는 변화

보혜사 성령이 우리에게 오시면 '주님이 우리 안에 있고, 우리가 주님 안에 있는' 신비하고 놀라운 연합의 경지에 이르게 된다. 이것이 곧 성령 충만한 삶이다. 예수님이 내 안에, 내가 예수님 안에 있는 이러한 경지를 어떻게 체험할 수 있는가? 보혜사가 우리에게 오셔서 성령으로 충만해질 때 우리의 삶은 어떻게 달라지는가?

첫째, 하나님의 뜻에 민감해진다.

"내가 아버지께 구하겠으니 그가 또 다른 보혜사를 너희에게 주사 영원토록 너희와 함께 있게 하리니"(14:16). '보혜사'는 헬라어로 '파라클레토스'라고 하는데 '파라'는 영어로 'with'이다. 내 곁에 계신다는 뜻이다. '보혜사'에는 영어로 헬퍼(helper), 즉 도와주시는 분이란 뜻과 함께, 애드버킷(advocate) 즉 변호해주시는 분이라는 의미가 포함되어 있다. 그리고 카운슬러(counselor), 즉 상담자라는 뜻도 있다. 우리를 도우시고, 변호하시고, 상담해주시는 분이 보혜사다.

성령은 어떤 힘이나 권세가 아니라 인격이시다. 우리가 환영해야 하는 분이다. 성령은 우리에게 모든 것을 가르치시고 모든 것을 생각나게 하신다. 또한 그분은 "죄에 대하여 의에 대하여 심판에 대하여 세상을 책망"하신다(요 16:8). 성령은 죄와 의와 심판이 무엇인지 깨닫게 하시고, 말씀을 통하여 진리를 밝히신다. 하나님의 말씀은 성령의 감동으로 되어 있기 때문에, 말씀을 깨닫기 위해서는 성령이 오셔야 한다. 14장 26절을 보자. "보혜사 곧 아버지께서 내 이름으로 보내실 성령 그가 너희에게 모든 것을 가르치고 내가 너희에게 말한 모든 것을 생각나게 하리라."

또한 성령께서는 어떻게 기도해야 할지 모를 때 우리를 도우신다. "이와 같이 성령도 우리의 연약함을 도우시나니 우리는 마땅히 기도할 바를 알지 못하나 오직 성령이 말할 수 없는 탄식으로 우리를 위하여 친히 간구하시느니라"(롬 8:26). 우리와 함께 기도하고, 하나님의 뜻대로 기도할 수 있도록 인도하시는 것이 성령의 역할이다. 그분은 우리가 기도할 바를 알려주시고, 우선순위를 바로잡아주기도 하신다.

둘째, 속사람을 변화시키신다.

성령은 우리와 함께하시고, 우리 속에 계신다. 17절 말씀이다. "그는 진리의 영이라. 세상은 능히 그를 받지 못하나니 이는 그를 보지도 못하고 알지도 못함이라. 그러나 너희는 그를 아나니 그는 너희와 함께 거하심이요 또 너희 속에 계시겠음이라."

성령은 우리 마음에 계시면서 속사람이 예수님의 형상을 닮도록 만들어가신다. "우리가 다 수건을 벗은 얼굴로 거울을 보는 것 같이 주의 영광을 보매 그와 같은 형상으로 변화하여 영광에서 영광에 이르니 곧 주의 영으로 말미암음이니라"(고후 3:18). 성령은 우리를 예수님과 같은 형상으로 바꾸어가신다.

변화 과정에는 성장통도 있고, 영광통도 따른다. 그러나 이런 과정을 통해서 우리는 서서히 주님과 같은 형상으로 변화된다. 이 모든 변화의 과정은 주의 영, 즉 성령으로 말미암는다. 성령의 역할은 단순하지 않고 입체적이다. 함께 계시면서 말씀과 기도의 영으로 우리를 새롭게 하시고, 우리 안에 계시면서 우리를 주님과 닮아가도록 만드는 일도 하신다.

우리가 주님을 닮아가고 있다는 사실은 성령의 열매를 통해 확인할 수 있다. 사랑과 희락과 화평과 오래 참음과 자비와 양선과 충성과 온유와 절제 같은 성령의 열매가 우리 안에 조금씩 맺어져가고 있다면 주님을 닮아가고 있다는 증거로 봐도 될 것이다. 이것은 원한다고 가능한 게 아니다. 주님의 성령이 보혜사로 우리 안에 임하여 우리의 소원에 따라 일하셔야만 속사람이 변화되고 예수님을 닮아갈 수 있기 때문이다.

신앙생활은 내 힘으로 하는 것이 아니다. 이 세상도 내 힘으로 사는 것이 아니다. 겉보기에는 자기 노력으로 사는 것 같아도 내 힘으로 되는 것은 하나도 없다. 오직 하나님이 주시는 힘으로만 사는 것이다. 우리가 하늘로부터 오는 이 힘을 덧입어야 진정한 회개도 할 수 있다. 회개도 성령이 주시는 힘으로 하는 것이다. 그렇게 힘을 얻으면 또 회개할 것들이 보이고, 회개하고 나면 또 성령의 능력을 힘입고… 이렇게 해서 은혜의 선순환이 일어난다.

한 공동체에서 함께 신앙생활을 하는 사람이라도 나와 맞지 않는 경우가 있다. 심하면 고통과 상처만 주고받기도 한다. 나에게 상처 주는 사람들을 계속 사랑한다는 것은 쉬운 일이 아니다. 그러나 속사람이 성령으로 무장되고 성령의 은혜로 새롭게 되면 그들을 사랑하고 용서할 힘이 생긴다. 우리가 그렇게 될 때까지 주님은 우리를 기다리신다.

그러나 보혜사 성령이 오시지 않은 상태에서 사람들을 사랑하려고 한다면 상처받을 것을 각오해야 한다. 가령 오랫동안 자신에게 상처를 주고 가정을 등한시하고 인격을 무시하는 남편을 둔 아내가 있다고 하자. 아내는 그런 남편을 끝까지 사랑하려고 노력한다. 남편의 허물을 덮어주고 인내하며 사랑을 베푼다. 하지만 남편을 통해 계속 상처만 받는다면 대부분은 그런 생활을 도저히 견디기 힘들어 중도에 남편을 포기하고 혼자만의 신앙생활에만 몰입하게 된다. 이것이 한계다.

반면 보혜사 성령이 임하여 속사람을 변화시켜가실 때에는 나와 맞지 않는 사람을 사랑할 수 있도록 은혜를 주신다. C. S. 루이스는 "누군가를 사랑한다는 것은 나를 상처받을 위험에 노출시키는 일이다"라고 말한다. 우리는 타인의 허물을 품어주고 싶어도 중간에 그것을 감당할 수 없게 될까 봐 꺼린다. 하지만 성령이 오셔서 우리 속사람을 만져주시면 그럼에도 불구하고 이 사명을 감당하려고 한다. 상처가 될 줄 알면서도 감당할 힘을 얻는다. 그것이 차이점이다.

셋째, 우리도 주님의 일을 할 수 있다.

성령께서 오시면 우리도 주님의 일을 할 수 있다. 나아가 주님보다 큰일을 한다고 말씀하신다. 12절을 보자. "내가 진실로 진실로 너희에게 이르노니 나를 믿는 자는 내가 하는 일을 그도 할 것이요 또한 그보다 큰일도 하리니 이는 내가 아버지께로 감이라."

우리가 어떻게 주님보다 큰일을 할 수 있을까? 이 말씀은 우리가 주님보다 더 귀한 구원 사역을 펼칠 수 있다는 뜻이 아니다. 질적으로 그 수준을 넘어설 수는 없다. 다만 양적으로 보면 조금 더 큰 사역을 펼칠 수 있다. 예수님은 이 땅에서 33년간 사셨고, 공생애 기간은 3년이 조금 넘는 정도였다. 반면 우리는 대부분 그보다는 더 오래 산다. 또한 예수님은 지리적으로 유대 땅을 벗어난 적이 없으셨다. 반면 우리는 전 세계를 다닐 수 있다. 당시 예수님의 말씀을 들은 사람들은 많아야 수십만 명 정도였다. 반면 빌리 그레이엄 목사는 한 번에 백만 명을 상대로 복음을 전한 적도 있다. 2007년 부산 해운대에서 말씀을 전할 기회가 있었는데, 그때 20만 명 정도가 모였던 기억이 난다. 이렇듯 우리는 양적으로는 예수님보다 더 많은 일을 할 수도 있다.

한계를
돌파하는 힘

12절 말씀을 조금 더 깊이 들어가 묵상해보자. 이는 성령이 오셔서 내주하시면 우리도 자기 한계를 돌파할 수 있다는 뜻으로도 해석할 수 있다. 보혜사 성령이 역사하시면 사람은 누구나 자신의 한계를 뛰어넘을 수 있다. 가령 살면서 도저히 찬송하기 힘든 상황을 맞기도 한다. 그런 가운데서도 주님을 찬양하고 경배할 수 있게 되는 것이다.

어느 가정에 어려움이 몰려왔다. 가정에는 무거운 그림자가 덮였다. 아이들은 분위기를 파악하고 잔뜩 기가 죽어 있다. 모든 게 어려운 상황이다. 그런데 엄마가 설거지를 하면서 자기도 모르게 찬송을 흥얼거리기 시작한다. "내 영혼이 은총 입어 중한 죄 짐 벗고 보니 슬픔 많은 이 세상도 천국으로 화하도다. 할렐루야 찬양하세. 내 모든 죄 사함받고 주 예수와 동행하니 그 어디나 하늘나라."

엄마가 나직이 찬송가를 부르는 순간 집안을 짓누르던 삶의 무게가 점점 가벼워진다. 그때 엄마는 하나님이 그리시는 큰 그림에 눈을 뜨기 시작한다. 자신을 향한 하나님의 '빅 픽처'가 그려진다. 성령 충만은 그렇게 시작된다.

바울과 실라는 빌립보에 가서 복음을 전하다가 붙잡혔다. 쇠몽

둥이에 맞아 살점이 떨어져 나가고 온몸이 피투성이가 될 때까지 고문을 당한 후 감옥에 갇혔다. 보통 사람이라면 하나님께 헌신한 결과가 왜 이런 거냐면서 슬퍼하며 원망했을 것이다. 그러나 두 사람의 반응은 달랐다. "한밤중에 바울과 실라가 기도하고 하나님을 찬송하매 죄수들이 듣더라"(행 16:25). 위로부터 부어주시는 보혜사의 은혜가 있었기 때문에 그들은 이런 상황 속에서도 찬송할 수 있었다. 이것이 바로 한계를 돌파하는 힘이다. 그들은 원망스러울 수도 있는 처지에서 하늘을 향하여 저주하는 게 아니라 소리 높여 하나님을 찬송하며 기도했다.

이처럼 성령으로 충만하면 어떤 상황을 만나도 찬양으로 하나님께 영광을 돌릴 수 있다. "오직 성령으로 충만함을 받으라. 시와 찬송과 신령한 노래들로 서로 화답하며 너희의 마음으로 주께 노래하며 찬송하며"(엡 5:18-19). 선한 일을 행하고 사람들의 존경을 많이 받더라도 그의 삶 속에 시와 찬송과 하나님을 향한 감사가 메말라 있다면 그것은 성령 충만하지 않다는 증거인 것이다.

성령 충만의 표지

교회가 성령으로 충만한지 그렇지 못한지를 쉽게 알 수 있는 방법이 있다. 말씀의 능력도 중요하고, 말씀을 사모하는 모습도 중요하다. 하지만 찬양이 살아 있는 모습에서 가장 먼저 표가 난다. 하나님을 향한 찬양이 제대로 올려지고 제물로 드려질 때에 그 교회는 살아 있다고 할 수 있다. 그런 교회는 성령 충만한 교회다.

초대교회는 모진 핍박을 받았다. 얼마나 핍박이 심했는지 로마로 가는 길에 반드시 지나야 한다는 아피아 가도(*Via Appia*)에는 화형

당하는 그리스도인의 살타는 냄새가 항상 진동했다. 하지만 화형대에 오른 기독교인들은 불길에 휩싸인 상황에서도 주님을 찬양했다.

초대교회의 핍박을 다룬 영화 〈쿼바디스〉를 보면 폭군 네로가 로마에 있는 그리스도인들을 잡아들여 원형경기장으로 내모는 장면이 나온다. 잠시 후 사자가 들어온다. 몇몇은 공포에 질리고 절망에 빠져서 울부짖기도 하지만 대부분의 성도는 하나님을 찬양한다. 환난과 핍박 중에도 성도는 하나님을 찬양하며 신앙을 지킨다.

예수님을 믿는 사람들도 고난과 고통을 만난다. 믿음이 있기 때문에 겪게 되는 아픔도 있다. 그러나 어려움은 우리에게 단지 어려움으로 끝나지 않는다. 하나님은 위로부터 부어주시는 성령의 역사를 통해 은혜를 차고 넘치게 하시며, 당신을 찬양하는 하나님의 백성을 모으신다.

우리가 소유한 복이 무엇인지 다시 한 번 확인하자. 또 다른 보혜사 성령님은 1세기 당시 예수님이 가지셨던 그 은혜와 능력을 지금 우리에게 부어주신다. 우리가 당한 환경이 비록 힘들고 고통스럽더라도 부부가 함께 손을 잡고 찬송을 부르고 기도를 올려드린다면 산더미 같은 문제 앞에서도 피할 길을 내시는 분을 만나게 될 것이다. 삶의 어려운 형편 앞에서도 다시 일어설 용기와 힘을 얻을 것이다.

하나님 아버지. 이 시간 말씀과 기도와 찬양이 우리 모두의 간절함과 합해져서 주님이 기뻐 받으시는 제물 되게 해주십시오. 얽히고설킨 문제를 해결할 수 있는 힘은 오직 위로부터 주어집니다.

저희가 고아와 같이 홀로 고심하며 이 사명을 감당하는 것이 아니라 주님이 보내시는 성령의 충만함을 받아 넉넉히 감당할 힘을 얻었사오니 저희를 매일, 매 순간 성령으로 채워주시고 성령의 다스리심을 받게 해주십시오. 그렇게 매일 은혜의 선순환이 일어나서 하늘의 능력을 덧입어 한계 상황을 돌파할 힘을 얻게 하옵소서.

무엇보다 성령 충만한 자들에게는 하나님을 향한 찬양이 뜨겁게 살아 있어 그 어떤 시험도 그들을 흔들 수 없음을 믿습니다. 주여, 날마다 하나님을 향한 찬양이 차고 넘침으로 우리를 힘 빠지게 하고 유혹하는 어떤 어려움 속에서도 하나님을 향한 정결한 사랑을 잃지 않도록 은혜를 베풀어주옵소서.

상처와 갈등 때문에 하나님의 큰 그림을 보지 못하는 어리석음에 빠지지 않게 하시고, 교회와 개개인을 향하신 하나님의 꿈, 한국 교회를 향하신 하나님의 비전들이 이루어질 수 있도록 우리 모두를 주님의 신실한 도구로 사용하여 주시옵소서. 우리에게 보혜사 성령을 주신 예수 그리스도의 이름으로 간절히 기도드립니다.

지속가능한
은혜 생활의 비결

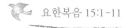 요한복음 15:1-11

최근에 '지속가능성'이라는 말을 많이 들어 보았을 것이다. '지속가능한 경제, 지속가능한 경영'과 같이 어떤 일이 일회성으로 끝나지 않고 영속화하려면 어떻게 해야 하는지를 고민하는 말이다. 예수 그리스도의 제자인 우리는 "은혜를 지속가능하게 받으려면 어떻게 해야 할까?"에 관심이 있다.

사람의 약점은 지속하기가 쉽지 않다는 점이다. 작심삼일이다. 영적인 일에서도 3일을 넘기기 어렵다. 이스라엘 백성 이야기는 우리에게 반면교사가 된다. 그들은 애굽을 탈출한 뒤 시내 산에 도착한다. 1년이라는 시간 동안 십계명도 받고, 성막 짓는 법, 예배드리는 법, 제사 지내는 법을 하나하나 배운다. 하나님과 맺은 언약의 내용도 확인하면서 1년을 보낸다. 그런 뒤에 다시 광야로 출발한다.

그런데 광야를 향해 출발한 지 3일도 안 되어 1년간 차곡차곡 모아놓았던 그 은혜를 내팽개쳤다. 민수기에는 만나가 맛이 없다며 불만을 내뱉는 이스라엘 백성들의 이야기가 기록되어 있다. 그들은 과거 애굽에서 먹던 부추나 파, 마늘, 오이를 떠올린다. "왜 그런 맛난 음식 말고 하필이면 만나를 주십니까?" 모세는 아무리 수고해도 백성들의 모습이 달라지지 않자 크게 낙심하고 말았다. 그는 실망한 나머지 괴로운 심정으로 하나님께 이렇게 말한다. "하나님! 제가 이 백성을 낳았습니까?"

우리도 마찬가지다. 영적으로 작심삼일이 될 때가 많다. 미국에서 신학교를 다닐 때 어느 교수님께 이런 말을 들었다. "저 친구가 한때는 달나라를 갔다 왔다네." 한때는 은혜가 충만하여 빛이 났는데 지금은 그 흔적조차 찾기 어렵다는 뜻이었다. 지금은 신앙인처럼 보이지 않고, 메마른 땅을 걷는 탕자처럼 헤매고 있다는 농담이었다.

성령 충만은 단면적이지 않고 입체적이다. 성령님은 우리와 함께 계시고, 우리 속에 계시면서 주님을 닮아가게 하신다. 성령 충만은 한 번 이해하고 넘어가는 것이 아니라 계속 누리면서 그 새로운 모습을 끊임없이 발견해가는 것이다. 예수님의 포도나무 비유 말씀을 통해 어떻게 하면 주님의 은혜를 지속적으로 받아 누리며 그 가운데 자라갈 수 있을지 생각해보자.

이스라엘의 상징,
포도나무

"나는 포도나무요 너희는 가지라. 그가 내 안에, 내가 그 안에 거하면 사람이 열매를 많이 맺나니 나를 떠나서는 너희가 아무것도 할 수 없음이라"(요 15:5).

이스라엘 백성들에게 포도는 친근한 열매다. "주께서 한 포도나무를 애굽에서 가져다가 민족들을 쫓아내시고 그것을 심으셨나이다"(시 80:8). 이스라엘 백성이 곧 포도나무라는 말이다. 그것을 자신의 정체성으로 여길 정도로 포도나무는 이스라엘에 친숙한 나무였다.

이사야서에도 포도나무 비유가 등장한다. "내가 내 포도원을 위하여 행한 것 외에 무엇을 더할 것이 있으랴 내가 좋은 포도 맺기를 기다렸거늘 들포도를 맺음은 어찌 됨인고"(사 5:4). 하나님은 극상품 포도 열매를 얻고자 모든 은혜를 다 부어주셨지만 그들은 아무 노력을 하지 않아도 자연스레 맺히는 야생 포도처럼 되었다고 개탄한다.

어린 시절, 가정 예배를 드릴 때면 나의 부친은 자녀들을 위해 이렇게 기도해주셨다. "하나님 아버지. 우리 자녀들이 하나님 나라를 위하여 극상품 포도를 맺게 해주시고 들포도를 맺지 말게 해주십시오." 우리가 잘못을 저지르면 '극상품 포도 맺기를 기대하였더니 웬 들포도인고' 하며 안타까워하시던 말씀이 지금도 귀에 선명하다.

청년 시절, 제자훈련에 눈을 뜨면서 선교단체에 처음 성경공부를 하러 갔을 때 당시 리더였던 분이 나에게 던진 첫 질문도 열매에 관한 이야기였다. "정현 형제는 인생에서 어떤 열매를 맺고 싶습니까?" 이처럼 포도나무와 열매 맺는 삶은 나에게도 익숙한 비유다.

가지치기의 축복

예수님은 당신께서 포도나무이고 우리는 가지라고 말씀하신 뒤 이렇게 덧붙이셨다. "무릇 내게 붙어 있어 열매를 맺지 아니하는 가지는 아버지께서 그것을 제거해 버리시고 무릇 열매를 맺는 가지는 더 열매를 맺게 하려 하여 그것을 깨끗하게 하시느니라"(2). 여기서 주님은 두 종류의 가지를 이야기하고 있다. 하나는 열매 맺지 못하는 가지이고, 다른 하나는 열매 맺는 가지이다.

열매 맺지 못하는 가지는 제거해 버리신다고 한다. 열매 맺지 못하고 제거된 대표적인 예가 가룟 유다다. 가룟 유다는 예수님과 함께 많은 시간을 보내면서 귀신 쫓는 능력도 체험하고 예수님의 말씀을 들으며 은혜도 받았다. 그런데 결국 알고 보니 가룟 유다는 열매 맺지 못하는 가지였다.

우리는 열매 맺는 가지가 되어야 한다. 오늘날의 표현을 빌리면 지속가능한 영성을 갖춰야 한다는 뜻이다. 주님은 이렇게 되려면 가지를 깨끗하게 해야 한다고 말씀하셨다. 가지에 곰팡이가 있거나 벌레 먹거나 잎이 마르면 잘라내야 한다. 더 많은 열매를 맺기 위해서는 반드시 가지치기가 필요하다.

먼저, 우리는 개인적으로 하나님께 가지치기를 받아야 한다. 이는 거룩한 습관을 체질화하는 영적 수술을 의미한다. 주님을 닮는 제자훈련 과정도 개인적인 가지치기라고 할 수 있다. 가지치기는 결코 만만한 일이 아니다. 많은 고통과 아픔이 따른다. 하지만 죽은 나무는 더 이상 가지치기를 하지 않는 법이다. 정원사는 죽은 나무에는 손도 대지 않고 뿌리째 뽑아서 내버린다. 아직은 하나님이 원하시는 열매를 맺을 수 있기 때문에 가지치기를 하시는 거다.

"징계는 다 받는 것이거늘 너희에게 없으면 사생자요 친아들이 아니니라"(히 12:8). 주님을 섬긴다고 하면서도 자기 마음대로 사는 사람이 있다. 그런데도 불구하고 주님이 그를 가만히 두신다면 그게 바로 사생아라는 증거다. 친아들이라면 반드시 가지치기를 한다. 그러므로 가지치기가 힘들다고 도망쳐서는 안 된다.

가지치기를 제대로 받으면 큰 축복이 있다. "무릇 징계가 당시에는 즐거워 보이지 않고 슬퍼 보이나 후에 그로 말미암아 연단받은 자들은 의와 평강의 열매를 맺느니라"(히 12:11). 가지치기를 잘 받으면 자신의 건전하지 못한 습관과 잘못된 믿음 그리고 세계관이 크게 달라진다. 가지치기를 받은 후에는 주님과 나만이 아는 평강이 따른다. 어느 곳에 있든지 늘 마음이 평안하다. 영혼이 늘 충만하다. 어떤 파도가 밀려와도 흔들리지 않는다. 이처럼 영적인 가지치기는 견디기 쉽지 않지만 평안이라는 열매를 맺는다.

가지치기는 우리에게 경고의 뜻으로 주어진다. 우리를 멀리하시려는 것이 아니라, 하나님의 자녀로서 거룩한 습관을 잘 갖추고 은혜를 잘 간직할 수 있도록 그렇게 하신다.

다음으로, 공동체가 받는 가지치기가 있다. 이것은 모두가 함께 아파하고 함께 성숙하는 축복의 시간을 보내는 것이다. 하나님께서 교회에 주시는 소명이 있다. 가지치기를 통하여 깨끗하게 되면 우리가 꿈꾸던 그런 교회가 된다. 가지치기를 통하여 각자의 영이 회복되듯이, 교회도 하나님 나라를 위한 꿈을 새롭게 해야 한다.

가지치기 후의 은혜

즐겁지 않고 슬퍼 보이는 가지치기가 끝난 뒤에 뒤따르는 놀라운 은혜가 있다. 바로 주님이 내 안에 거하시는 것이다. "내 안에 거하라. 나도 너희 안에 거하리라. … 너희가 내 안에 거하고"(4, 7). 가지치기의 은혜를 경험하고 나면 하나님이 내 안에 거하시고 내가 주님 안에 거한다는 진실을 더욱 선명히 깨닫는다.

이로써 놀랍고 신비한 영적 연합이 가능해진다. 이는 예수님의 육체와 우리의 육체가 합쳐진다는 의미가 아니라, 영과 영의 연합을 뜻한다. 이 연합은 신비한 영적 은혜로, '하늘의 영광'이 우리에게 임하여 우리를 다스리시는 특별한 연합이다. 초자연적이고 초월적인 연합이다. 사람의 지혜로는 파악할 수 없고, 다 이해할 수는 없는 은혜다. 바울은 "주와 합하는 자는 한 영이라"(고전 6:17)라고 말한다. 인간의 지성으로는 이 신비를 다 알 수는 없지만 이 연합은 상상할 수 없는 축복이다.

이 연합은 또한 생명의 연합이다. 포도나무의 가지가 뿌리로부터 진액을 끌어올려서 영양분을 얻어 사는 것처럼 우리 역시 예수님으로부터 영양분을 공급받으며 살아간다. 예수님은 보리떡 다섯 개와 물고기 두 마리로 무리를 먹이신 후, 자신의 몸이 우리를 위한 양식이요, 그 피는 우리에게 주시는 음료라고 말씀하셨다. 주님과 연합한 자들은 그러한 생명적 연합의 신비를 누린다.

영적 연합의
세 가지 증거

주님과의 영적 연합이 이루어지면, 평생 이 은혜가 우리를 지속적으로 바꾸어가시는 과정에서 세 가지 증거가 나타난다.

첫째, 더 큰 기도의 은혜에 도달한다. "너희가 내 안에 거하고 내 말이 너희 안에 거하면 무엇이든지 원하는 대로 구하라. 그리하면 이루리라"(15:7). 기도는 주님과의 연합을 통하여 자연스럽게 나타나는 현상이다. 주님과 단절되면 기도가 안 된다. 포도나무와 가지의 관계처럼 주님께 붙어 있어야 자연스럽게 기도가 나온다. 기도의 높은 차원으로 올라간다.

주님이 내 안에 거하고 내가 주님 안에 거하는 이 신비한 연합의 은혜를 깨닫고 나면 나도 모르게 기도의 물꼬가 터지고 기도의 은혜가 부어지면서 더 높은 수준의 기도로 올라간다. 옛날에는 내 기도만 했다. 내 자녀, 내 가정을 위한 기도에 급급했다. 내 교회 기도만 했다. 그런데 지속가능한 영성에 눈을 뜨면 무엇이든지 원하는 대로 구할 수 있다.

예를 들어 복음적 평화 통일을 위해 기도할 때 지금까지는 '이 나라를 통일해주십시오' 하고 기도했는데 요즘은 '통일 이후의 일을 더 지혜롭게 대비하게 해주십시오' 하고 기도가 달라졌다. 아직 통일까지 가는 길이 멀어 보이지만 내 마음에 그런 간절함이 생겼다. 주님이 내 안에 거하고 내가 주님 안에 거하게 되면 더 높은 차원의 기도로 올라간다.

실향민들을 위해 기도할 때도 마찬가지다. 그들은 이북에서 6.25와 1.4후퇴 때 피난 온 분들이다. 평양과 신의주, 함흥, 청진에서 피난 온 사람 중에 많은 분들이 예수 믿는 분들이었다. 그들이 피난 와서 영락교회, 충현교회를 세웠고, 평양을 못 잊은 나머지 부산에 평양교회를 짓기도 했다. 지금 그 실향민들의 나이가 대부분 80세를 넘었다. 실향민들을 생각하며 '하나님 아버지, 앞으로 10년 내에 통일이 안 되어 90세가 넘으면 살아 있는 분들이 많지 않을 텐데 어떡하면 좋겠습니까? 실향민들이 더 늙기 전에 하나님의 때에 복음적 평화통일의 은혜를 베풀어주십시오. 그분들이 그리워하던 고향 땅을 한 번이라도 밟아보고 주님 앞에 가게 해주십시오' 하고 기도한다. 이것은 나를 위한 기도가 아니다. 이러한 기도를 드리면 차원 높은 기도 응답을 기대할 수 있다.

둘째 증거로는, 사랑의 능력이 나타난다. "아버지께서 나를 사랑하신 것 같이 나도 너희를 사랑하였으니 나의 사랑 안에 거하라. 너희도 내 계명을 지키면 내 사랑 안에 거하리라"(9-10).

사랑받은 자가 사랑할 수 있다. 지속가능한 영성은 하나님의 사랑과 연결되어 있다. 주님이 우리를 얼마나 사랑하셨는지 실감하는 것이 중요하다. 주님의 사랑을 느끼면 느낄수록 우리의 영성은 지속가능해진다.

어떤 부부가 쌍둥이를 입양했다. 자기 자식을 낳고 키우는 것도 힘든 일인데 그렇게 쌍둥이를 입양해서 키우는 것은 보통 힘든 일이 아니다. 사람들이 궁금해서 어떻게 아이들을 키웠는지 물었다. 입양한 아빠는 이렇게 대답했다. "아이들을 키우면서 제가 확실하게 배운 것이 있습니다. 하나님의 사랑으로 사랑을 해보니, 하나님의 사랑이 육신의 피보다 진하다는 것을 배웠습니다."

그렇다. 주님의 사랑을 제대로 깨닫고 나면 같은 나무를 보더라도 옛날에 보던 그 나무가 아니다. 예전 같으면 길가에 핀 찔레꽃을 보면서도 대수롭지 않게 지나쳤겠지만 주님의 사랑에 감격한 사람에게는 그것이 단순한 꽃으로 보이지 않는다. '야, 찔레꽃 향기가 이렇게 좋구나! 그냥 길가에서 아무렇게나 자라는 꽃인 줄 알았는데 장미보다 향기가 진하구나. 하나님, 제가 비록 찔레꽃 같은 인생이지만 살아가는 동안 향기 내는 인생이 되게 해주십시오.' 이런 감동과 새로운 시각이 형성된다. 사람을 새롭게 보게 되고 꽃을 새롭게 보게 되고 들풀을 새롭게 보게 되고 자연과 새롭게 교감할 수 있다. 이 사랑이 우리를 한때 은혜받은 것으로 끝나지 않게 지켜주고, 지속가능한 영성으로 이끌어준다.

셋째 증거로는, 기쁨의 능력이 커진다. "내가 이것을 너희에게 이름은 내 기쁨이 너희 안에 있어 너희 기쁨을 충만하게 하려 함이라"(11). 포도나무가 더 많은 과실을 맺으려면 예수님의 기쁨이 내게 충만해야 한다. 기도의 능력도 필요하고 사랑의 능력도 필요하지만 기쁨의 능력이 무엇보다 중요하다.

주님은 반복해서 '기쁨'을 말씀하셨다. 십자가를 앞둔 상황에서도 고통과 고난을 감당할 만한 기쁨이 예수님을 가득 채우셨다. "그는 그 앞에 있는 기쁨을 위하여 십자가를 참으사 부끄러움을 개의치 아니하시더니 하나님 보좌 우편에 앉으셨느니라"(히 12:2).

아무리 십자가가 힘들고 수치와 부끄러움이 커도 주님은 이 기쁨을 빼앗기지 않으셨다. 성령의 아홉 가지 열매 가운데 뒤의 여섯 가지는 사랑과 희락(기쁨)과 화평이라는 세 가지로부터 자연스럽게 파생된다.

어느 십대 여자 아이가 엄마에게 불만 하나가 있었다. 어머니의 오른손 피부가 손상을 입어 검었는데 아이는 그런 엄마의 손이 늘 부끄러웠던 것이다. 하루는 엄마와 함께 마트에 갔다. 장을 보고 계산대에 갔는데 판매원이 엄마의 손을 보고는 "손이 왜 그러세요?" 하고 물었다. 아이 표정이 일그러지는 것을 본 엄마는 집에 와서 아이 손을 잡고 자초지종을 설명했다.

"어느 날 우리 집에 불이 났단다. 불길이 솟아오르는데 너는 건넛방에서 자고 있었다. 방으로 달려가서 너를 안고 나오는데 불길이 갑자기 치솟아서 온몸으로 막으면서 나오다가 오른손에 화상을 입어서 이런 흔적이 남았단다. 미안하구나. 그렇지만 엄마는 네가 다친데가 없었기 때문에 너무 감사하고 기뻤단다."

자초지종을 들은 아이는 눈물을 흘렸다. "엄마, 미안해요." 그다음부터 엄마의 화상 입은 손을 보면서도 하나도 부끄럽지 않았고 엄마가 나를 사랑하는 증거라는 생각에 가슴이 뜨거워졌다.

주님은 우리를 그토록 사랑하시기에 십자가의 극한 고통을 다 참으시면서도 기쁨을 놓치지 않으셨다. 지속가능한 영성은 이러한 기쁨이 있어야만 가능하다.

우리의 영성이 더욱 깊어지고 더욱 넓어지기 위한 방법을 하나 제안하고자 한다. 전에는 주님의 사랑을 발목 정도에서 경험했다면 이제는 발목이 아니라 무릎까지 오게 해달라고 기도해야 한다. 주님의 사랑을 무릎 수준에서 경험했다면 이제는 허리까지 올라오게 해달라고 기도해야 한다. 허리까지 경험했다면 머리 꼭대기까지, 그야말로 사랑의 저수지에 몸을 완전히 담그게 해달라고 기도해야 한다. 사랑의 강물에 온몸을 던져서 그 사랑을 벌컥벌컥 마시게 해달라고 기도해야 한다. 우리의 현재 수준과 상황이 각기 다르지만 이렇게 기도한다면 어떤 수준에서도 주님의 사랑을 더 깊이 체험할 수 있을 것이다.

살아계신 하나님 아버지. 저희가 포도나무 되신 주님과의 신비한 연합을 통하여 주님이 주시는 사랑의 능력, 기쁨의 능력, 더 깊은 기도의 능력을 회복함으로 삶의 여러 짐들을 벗어버리게 해주시옵소서. 특별히 하나님께서 저희를 가지치기하실 때 더 이상 이것을 고통으로만 생각하지 않고 그 안에서 주님의 마음과 만지시는 손길을 느낄 수 있도록 도와주십시오. 이 과정을 통해 저희 삶과 영혼과 주변이 깨끗하게 정리되어 거룩한 습관이 체질화될 수 있도록 은혜를 더하여 주시옵소서.

우리 삶에 주님의 한없는 은혜가 끊어지지 않고 지속적으로 흐를 수 있도록 은혜의 통로를 마련하여 주시기를 기도합니다. 한때 은혜받은 것으로 만족하며 머무르지 않고 지속가능한 영적 성장을 저희 삶에 이루어주시기를 구합니다. 우리가 엉망으로 사는데도 불구하고 별 문제가 일어나지 않는다면 그런 상황에 안심하는 것이 아니라 준엄하게 경고를 받게 하시고 주님께 돌이키도록 도와주시옵소서.

한 번뿐인 인생입니다. 포도나무 되신 주님께 온전히 접붙여져서 그 생명의 연합을 통하여 풍성한 열매를 주렁주렁 맺을 수 있도록 은혜를 구합니다. 우리의 생명이요 소망이신 예수 그리스도의 이름으로 간절히 기도드립니다.

part 3

하나님 나라 건설의 열매 Realization

역설을 통해
완성되는
하나님 나라

거듭남의 은혜는
어떻게 오는가

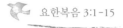 요한복음 3:1-15

거듭남에 대해 말할 때 기독교 역사에서 대표적으로 예를 드는 두 사람이 있다. 서로 좋은 대비가 되기 때문이다. 한 사람은 격정적인 변화를 통하여 영적 체험을 했던 성 어거스틴이고, 다른 한 사람은 드라마틱하지는 않았지만 조용히 변화에 이른 C. S. 루이스이다.

어거스틴은 열여덟 살 때부터 술과 여자를 탐하며 살았다. 오랜 세월을 허랑방탕하는 아들을 보는 어머니 모니카의 눈에서는 눈물이 마를 날이 없었다.

그러던 중 주후 386년 8월 말 어느 날이었다. 어거스틴은 친한 친구 알피우스와 함께 기독교 신앙에 대해 이야기를 나누다가 풀리지 않는 부분이 있어 답답한 마음을 달래려고 정원으로 나갔다. 어거스틴은 당시의 상황과 심정을 《고백론》에 이렇게 적었다.

나는 반쯤 미쳐 있었고, 하나님의 뜻을 받아들이지 못하고 하나님과의 언약에 들어가지 못하는 나 자신을 보면서 격한 분노에 휩싸였습니다. 머리를 마구 쥐어뜯고 두 주먹으로 이마를 쳤습니다. 그런데 그때 갑자기 담벼락 밖에서 어린아이들의 목소리가 들렸습니다. "책을 집어 들고 읽어라. 책을 집어 들고 읽어라" 하는 소리가 반복해서 들렸습니다.

어거스틴은 그 말을 듣고 집에 들어가 책을 펼쳐 읽었다. 그 책은 바로 성경이었다. 그가 펼쳐진 성경에서 읽은 구절은 우리에게 익숙한 로마서 말씀이었다. "낮에와 같이 단정히 행하고 방탕하거나 술 취하지 말며 음란하거나 호색하지 말며 다투거나 시기하지 말고 오직 주 예수 그리스도로 옷 입고 정욕을 위하여 육신의 일을 도모하지 말라"(롬 13:13-14).

이 말씀을 읽자 어거스틴의 마음에는 확신의 빛이 홍수처럼 밀려들었고 모든 의심의 구름은 한 번에 물러갔다. 어거스틴은 그 순간 자신이 거듭났다고 말한다. 이후로 어거스틴은 다시는 옛 생활로 돌아가지 않았다. 어거스틴의 인생 정원에 성령의 바람이 불었던 것이다. 성령의 바람은 아이의 목소리가 되어 어거스틴을 격정적으로 뒤흔들었다.

이제 C. S. 루이스를 보자. 그는 《예기치 않는 기쁨》이라는 책에서 자신이 거듭난 과정을 상세히 적어놓았다. 1931년 9월 어느 날 저녁이었다. 루이스는 《반지의 제왕》을 쓴 J. R. R. 톨킨, 셰익스피어 전문가인 휴고 다이슨과 함께 신앙문제를 놓고 한참 토론을 벌이고 있었다. '신앙이 무엇인가? 왜 예수님을 믿어야 하는가? 의심의 문제는 어떻게 극복할 수 있는가?' 등등 여러 가지 주제를 놓고 이야기를 나누었지만 속 시원한 답을 찾을 수 없었다. 사실, 이 과정에서 하나님은 C. S. 루이스의 회심을 준비하고 계셨다.

다음 날, 햇볕은 따스하게 내리쬐고 있었다. 루이스는 버스를 타고 웹스네이드 동물원으로 향했다. 그런데 신기한 일이 벌어졌다. 출발할 때에는 예수 그리스도가 하나님의 아들이라는 게 믿기지 않았으나 동물원에 도착할 무렵에는 마음이 달라져 예수 그리스도가 하나님의 아들임이 믿어졌다고 말했다.

이처럼 어거스틴과 루이스가 변화되는 모습은 전혀 달랐다. 어거스틴은 격렬하고 격정적으로 변화를 경험했지만, 루이스는 조용하고 내적인 거듭남을 경험했다. 우리도 마찬가지다. 어거스틴처럼 대성통곡과 함께 거듭남이 올 수도 있고, 루이스처럼 조용한 버스 안에서 따스한 햇살을 만나는 느낌처럼 올 수도 있다. 그러나 겉모습이 어떻든 거듭남은 우리를 사망에서 영원한 생명으로 옮겨주는, 인생의 가장 엄청난 사건이 틀림없다.

모든 것을 다 가졌지만 인생 문제는 해결하지 못한 사람

3장 1절부터 보자. "그런데 바리새인 중에 니고데모라 하는 사람이 있으니 유대인의 지도자라."

바리새인은 유대의 경건한 종교 지도자였다. 게다가 니고데모는 당시 산헤드린 공회원이었는데 우리 식으로 말하면 국회의원, 즉 정치 지도자이기도 했다. 종교 지도자이면서 정치 지도자였던 사람이 바로 니고데모였다. 그는 또한 랍비였다. 랍비는 이스라엘의 지성인을 대표하는 호칭이었다. 그리고 몰약과 향료를 100근씩(약 35킬로그램)이나 준비했을 정도로 굉장한 부자이기도 했다. 이 정도면 당시 왕의 장례식에 쓰일 정도의 양이었다고 한다.

이처럼 경건한 종교 지도자에 정치 지도자, 랍비에, 또 부자인 사람이 니고데모였다. 어찌 보면 세상의 모든 것을 다 갖춘 사람이었다. 그런데 이런 그가 밤에 몰래 예수님을 찾아온다.

"그가 밤에 예수께 와서 이르되 랍비여 우리가 당신은 하나님께로부터 오신 선생인 줄 아나이다. 하나님이 함께 하시지 아니하시면 당신이 행하시는 이 표적을 아무도 할 수 없음이니이다"(2).

니고데모의 나이는 적지 않았다. 반면 당시 예수님은 32-33세 정도였다. 유대의 존경받는 지도자가 젊은 랍비인 예수님을 찾아간다는 것 자체가 민망한 일이었다. 그런데도 니고데모는 왜 예수님을 찾을 수밖에 없었을까?

사회경제적으로는 모든 것을 다 갖추고 있었지만 속사람은 텅 비어 있었기 때문이었다. 영적인 가난함과 공허함으로 그의 마음은 심하게 출렁이고 있었다.

또한 그가 '표적'을 보고 예수님이 하나님께로부터 오신 줄 알았다고 말한 대목을 주목할 필요가 있다. 니고데모의 판단 기준은 표적이나 기적처럼 겉으로 드러난 것이었다. 그래서 예수님이 행하신 표적을 가장 먼저 언급했다.

예수님은 그런 니고데모에게 말씀하신다. "예수께서 대답하여 이르시되 '진실로 진실로 네게 이르노니' 사람이 거듭나지 아니하면 하나님의 나라를 볼 수 없느니라"(3). '진실로 진실로'라는 부분은 원어로 '아멘 아멘'이다. 예수님의 말씀은 다 소중하고 귀하지만 '진실로 진실로'가 나오면 특히 주의해서 봐야 한다. 이 말씀은 신앙인이라면 절대 놓치면 안 되는, 거룩한 인증 마크라고 할 수 있다. 3장 1-15절까지의 길지 않은 내용에서 예수님은 이 표현을 무려 세 번이나 되풀이하신다.

니고데모는 이 말씀에 충격을 받는다. 이 말씀은 너무나 분명했기 때문에 니고데모의 폐부를 날카롭게 찔렀다. 여기서 '거듭나다'라는 말에 쓰인 원어는 '아노덴'(ἄνωθεν)인데 '다시'라는 뜻과 '위로부터'라는 뜻이 함께 들어 있다. 즉, '위로부터 다시 태어나다'라는 뜻이다. 우리가 해야 할 일도 분명 있지만, 거듭남은 기본적으로 위로부터 받는 것이라는 말이다.

하지만 니고데모는 '거듭남'을 영적인 문제로 받아들이지 못하고 육체적이고 현실적인 문제로 인식했다. 그래서 "나이든 사람이 어떻게 다시 어머니의 태에 들어갈 수 있습니까?"(4) 하고 묻는다.

예수님은 니고데모의 순진한 질문에 이렇게 답하신다. "육으로 난 것은 육이요 영으로 난 것은 영이니"(6). 이것은 거듭남이 육신의 문제가 아니고 영의 문제라는 말이다.

거듭남은 일차원적으로 살던 사람, 즉 니고데모처럼 세상을 물질적으로만 이해하고 현상적으로 파악하던 사람이 영적인 차원으로 올라가야만 풀리는 문제다. 설령 그 사람이 아무리 세상 최고의 지식인이요, 정치인이요, 부자일지라도 육신의 눈으로만 이 문제를 바라보면 인생의 근본 문제를 해결할 길이 없다.

거듭남은
회개와 함께

이제 예수님은 거듭나는 방법을 제시하신다. "예수께서 대답하시되 진실로 진실로 네게 이르노니 사람이 물과 성령으로 나지 아니하면 하나님의 나라에 들어갈 수 없느니라"(5).

우리가 육신적인 차원에서 영적인 차원으로 올라가기 위해서는 물과 성령으로 태어나야 한다고 말씀하신다. 학자들은 '물과 성령'에 대해 여러 가지로 해석하고 있다. "물은 하나님의 말씀이고, 성령은 성령이다." 이런 해석도 있고, "물은 성령이고, 성령도 성령이다"라고 해석하기도 한다. 헬라어의 독특한 용법 가운데 '헨디아디스'(Hendiadys, '둘이 하나')가 있는데 다른 단어를 가지고 같은 뜻을 반복해서 강조하는 방식을 말한다. 그래서 여기 나온 '물'을 '성령'으로 해석할 수도 있다. 이런 해석이 틀렸다고 할 수는 없다. 나름대로 일리가 있다.

그러나 여기서 물은 세례를 표현하는 것으로 보는 게 무난하다. 세례요한이 물로 세례를 주었기 때문에 물은 어렵지 않게 '세례'로 연결된다. 따라서 "우리가 거듭나는 것은 세례와 성령을 통해서 가능하다." 이렇게 해석하면 별 무리가 없다.

그렇다면 세례는 무엇인가? 세례는 회개를 상징한다. 회개는 양심의 가책을 받는 정도를 말하는 게 아니다. 물론 그것을 포함하지만 보다 본질적인 것을 말한다. 회개는 하나님 앞에서 자신의 죄를 인정하는 것이다. 하나님 앞에서 내가 죄인임을 인정하는 것이 회개의 핵심이다. 양심의 가책은 자신의 잘못을 깨닫는 데서 끝나지만 회개는 하나님 앞에서 내가 죄인임을 고백하는 데까지 나아간다. 자기의 절망과 무력함을 선언하고 하나님만이 자신의 소망이심을 인정하는 것이다.

'나는 망할 수밖에 없는 존재다. 나는 지옥에 갈 수밖에 없다. 구원자 없이는 내 인생은 끝장이다. 세상 기준으로는 모든 것을 다 갖췄다 해도 내 영혼은 행복하지 않다. 나는 날마다 번뇌와 고민에 시달린다. 내 영혼의 깊은 슬픔은 아무도 해결하지 못한다.' '회개'라는 행위에는 이런 고백이 포함되어 있는 것이다.

종종 이렇게 묻는 사람이 있다. 내 삶에는 큰 어려움도 없고, 모든 것은 평안하게 잘 돌아가는데 나는 왜 행복하지 않을까? 내 영혼은 왜 이렇게 슬픈가? 영적으로 새로워지지 않는 까닭은 무엇인가? 나는 왜 출렁거리는 마음의 파도를 극복할 수가 없나?

이것은 모두 회개하지 않았기 때문이다. '나는 망했다. 나에게는 구원자가 필요하다'라며 하나님 앞에서 자신의 죄인 됨을 정직하게 인정하고 고백하지 않았기 때문이다. 또한 당신이 구원받은 사람이라면 매일 영혼의 오염을 떨쳐내지 못했기 때문이다.

우리는 한 세리의 기도를 통해 회개의 모범 사례를 볼 수 있다. "세리는 멀리 서서 감히 눈을 들어 하늘을 쳐다보지도 못하고 다만 가슴을 치며 이르되 하나님이여 불쌍히 여기소서 나는 죄인이로소이다 하였느니라"(눅 18:13). 세리는 자신에 대해 하나님이 불쌍히 여기지 않으시면 도저히 살 수 없는 존재라고 고백한다.

마틴 로이드 존스 목사는 진짜 회개한 사람은 이렇게 말한다고 했다. "나는 지옥에 떨어져도 마땅하다. 하나님께서 나를 지옥에 보내시더라도 뭐라고 따질 수가 없다." 이렇게 자기는 망할 수밖에 없는 존재라는 것을 깨닫고 주님 앞에 나가는 것이 진정 회개하는 자의 태도다.

십자가 사랑을
깨달음

7-8절을 보자. "내가 네게 거듭나야 하겠다 하는 말을 놀랍게 여기지 말라. 바람이 임의로 불매 네가 그 소리는 들어도 어디서 와서 어디로 가는지 알지 못하나니 성령으로 난 사람도 다 그러하니라."

아마 대화하던 그 순간에 살짝 바람이 불었던 것 같다. 예수님은 이때를 놓치지 않으시고 말씀하신다. "니고데모야, 이렇게 바람이 부는데도 눈으로는 볼 수 없구나. 하지만 바람의 실재는 있지 않느냐?" 성령으로 난 사람들, 영적 세계에 접붙임받은 사람들에게는 눈에 보이지는 않지만 몸으로는 느낄 수 있는 바람처럼 어떤 영적 실체가 있다는 뜻이다.

요한은 이 영적 실체를 깨닫고 나서 요한일서 3장 16절에서 이렇게 말했다. "그가 우리를 위하여 목숨을 버리셨으니 우리가 이로써 사랑을 알고." 예수님께서 목숨을 버리신 것으로 우리가 사랑을 알게 될 때 곧 물과 성령으로 거듭난다. 희한하게도 그때부터 예수님의 놀라운 십자가 사랑이 비로소 깨달아지기 시작한다.

우리가 성령으로 말미암아 거듭나면 전에는 몰랐던 십자가 사랑이 선명하게 깨달아진다. "우리가 아직 죄인 되었을 때에 그리스도께서 우리를 위하여 죽으심으로 하나님께서 우리에 대한 자기의 사랑을 확증하셨느니라"(롬 5:8). 예수 그리스도께서 십자가에서 돌아가신 것이 바로 하나님이 우리를 사랑하셨다는 증거다. 우리가 이러한 십자가 사랑을 깨달았다면 거듭났다고 말할 수 있다.

아버지의 사랑에
감격하는 순간

탕자는 아버지의 사랑을 몰랐다. 아버지가 자기를 압박하고 힘들게 하고 감시한다고 생각했다. 아버지에게 유산을 받아 멀리 떠나 그곳에서 허랑방탕하며 엉망으로 살았다. 그렇게 마음대로 살다 보니 아버지 없는 인생의 좌절과 텅 빈 가슴은 말로 할 수 없었다. 자기 인생은 이제 여기서 끝이라고 생각했다. 희망의 빛을 볼 수 없었다.

　어느 날 그는 '아버지 집에 돌아가면 좋겠다…'라는 생각을 하게 된다. 그렇게 회개의 길로 들어섰다. 한없이 죄송한 마음으로 집으로 향해 가고 있는데 멀리서 아들이 오는 모습을 바라보던 아버지는 달려가 목을 안고 입을 맞추었다. 그리고 반지를 끼워주고 새 옷을 입혀주고 성대한 잔치를 베풀어주신다. 여전히 동일하게 아들 대우를 해주신다. 둘째가 생각하기에도 너무나 과한 대우라 황송할 정도였다.

　'나는 자격이 없는데, 나는 망할 수밖에 없었는데, 아버지 마음을 아프게만 해드리고 상처만 드렸는데, 아버지께서는 나를 위해 이렇게 큰 잔치까지 베푸시다니 이게 과연 무슨 일인가?' 아들은 너무나 죄송하면서도 너무나 감사하고 감격했다. 나처럼 부끄러운 자를 받아주신 것에 감사하여 아버지의 사랑에 비로소 눈을 뜨게 된다. 아버지의 사랑이 아들에게 한없이 부어져서 그의 영안이 확 열린 것이다. 이럴 때 우리는 거듭났다고 말한다.

　우리 모두는 아버지의 사랑을 깨닫는 순간, 돌아온 탕자처럼 아버지의 사랑에 녹아지고, 눈물을 쏟는다. 나 같은 것이 이런 대우를 받을 만한 아무런 이유가 없는데, 그저 일꾼 대접만 받아도 그것만으로도 과할 터인데 아버지께서 나를 아들로 삼아주니 너무 감사해서 그 사랑에 녹아지고 아버지의 사랑에 영안이 확 열리는 그 순간, 우리는 자신의 거듭남을 확인할 수 있다.

죽음도
두렵지 않다

이스라엘 백성은 광야에서 엉망으로 살았다. 하나님이 그렇게 기적을 베풀어주시고 그렇게 축복하시는데도 불구하고 이스라엘은 늘 불평불만을 달고 살았다. 어느 날 또다시 만나가 박한 음식이라고 이스라엘이 불평을 늘어놓으니까 하나님은 불뱀을 보내신다. 그 모습이 너무나 안타까워 모세가 하나님께 살려달라고 외치니 하나님은 이렇게 말씀하신다. "여호와께서 모세에게 이르시되 불뱀을 만들어 장대 위에 매달아라. 물린 자마다 그것을 보면 살리라. 모세가 놋뱀을 만들어 장대 위에 다니 뱀에게 물린 자가 놋뱀을 쳐다본즉 모두 살더라"(민 21:8-9).

뱀에 물린 자가 놋뱀을 보면 살아났듯이 예수님은 자신도 십자가에 달려 아버지 하나님의 사랑의 증거가 될 것임을 예언하신다. "모세가 광야에서 뱀을 든 것 같이 인자도 들려야 하리니 이는 그를 믿는 자마다 영생을 얻게 하려 하심이니라"(14-15).

오늘날 우리에게도 마찬가지다. 구약에서는 예레미야와 이사야, 호세아를 통하여 하나님의 사랑을 계속 강조하시고, 새 마음과 새 영을 입은 사람이 하나님의 사랑에 어떻게 눈을 떠야 하는지 말씀하셨다. 광야에서 놋뱀을 사용하셨던 것처럼, 우리가 회개하면서 예수님의 십자가를 바라보기만 한다면 하나님은 거듭나는 축복을 허락해주신다. 하나님이 그렇게 약속하셨기 때문이다. "너희가 거듭난 것은 썩어질 씨로 된 것이 아니요 썩지 아니할 씨로 된 것이니 살아 있고 항상 있는 하나님의 말씀으로 되었느니라"(벧전 1:23).

조나단 에드워즈는 개신교 역사상 가장 뛰어난 신학자 가운데 한 명이다. 그런데 그가 거듭나기 전에 가장 무서워했던 것 중에 하나가 천둥소리였다. 천둥번개가 치면 무서워 벌벌 떨고 숨었는데 거듭남의 진리를 깨닫고 난 다음에는 더 이상 천둥소리가 무섭지 않았다. 도리어 폭우가 내리고 천둥이 치는 광경을 보며 하나님의 임재를 더 깊이 느낀다고 고백했다.

그렇다. 거듭남의 신비한 은혜를 체험하면 죽음도 두렵지 않게 된다. 이 땅에서 한평생 아무리 멋있고 고귀한 삶을 살았다 할지라도 우리가 앞으로 천국에서 보낼 1분과 비교해본다면 도저히 상대가 되지 않는다. 거듭난 사람에게 죽음도 두렵지 않은 이유는 여기에 있다.

살아계신 하나님 아버지. 사랑하는 주님의 백성들 중에 단 한 명도 거듭나지 못한 채 살아가는 일이 없게 해주옵시고, 특별히 거듭남의 잔치에 초대받았을 때 오염되고 더러운 옷들은 다 벗어버리고 예수 그리스도의 사랑과 보혈로 단장한 예복을 입어 모두가 다 거듭남을 체험하도록 은혜를 베풀어주소서.

우리 중에는 어거스틴과 같은 격정적인 변화를 통해 거듭남을 경험한 사람도 있고, 봄기운에 눈이 녹아내리듯이 서서히 거듭남을 체험한 사람도 있습니다. 이처럼 거듭남의 스타일은 다를지라도 우리 모두는 자신의 죄인 됨을 고백하고 십자가에서 피 흘려주신 사랑을 의지하여 아버지의 사랑에 눈을 뜰 때에야 비로소 거듭남을 확신할 수 있음을 고백합니다. 돌아온 탕자처럼 아버지의 사랑을 깨달은 데서 오는 감격으로 평생을 살아갈 수 있게 해주십시오.

우리 가운데 아직 거듭남의 은혜를 체험하지 못한 사람이 있다면 그들을 찾아가주시고 성령께서 그 영혼을 어루만져주셔서 그 영적 공허함과 가난함에서 벗어나 하나님의 풍요한 세계, 은혜의 세계로 들어오게 해주십시오.

이 깊은 거듭남의 진리를 나만 알고 있는 것이 아니라 다른 사람에게도 담대하게 전하며 증인의 역할을 잘 감당할 수 있게 해주소서. 우리의 생명 되시고 우리에게 거듭남의 은총을 베푸시는 예수 그리스도의 이름으로 간절히 기도드립니다.

거듭난 자들은
하나님과 동행하는 사람들입니다

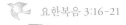 요한복음 3:16-21

요한 웨슬리는 미국 인디언들에게 복음을 전하고자 조지아 호를 타고 대서양을 건너고 있었다. 그런데 순항하던 배가 갑자기 비를 동반한 폭풍과 마주하게 되었다. 승객들은 얼굴이 새하얗게 질려 두려움에 벌벌 떨었다. 웨슬리도 두렵기는 마찬가지였다.

그런데 그런 혼란 속에서도 눈에 띄는 무리가 있었다. 그들은 배한쪽에 모여 밝은 얼굴로 찬송을 부르고 있었다. 그리고 공포에 휩싸여 있던 사람들을 적극 도와주고 격려하기도 했다. '명색이 목사인 나도 이렇게 두려워 바들바들 떨고 있는데 저들은 누구이기에 이토록 담대한가?' 알고 보니 그들은 모라비안 교도들이었다. 모라비안은 독일의 경건주의 운동을 이끌던 이들로 개신교 역사에서 중요한 역할을 하던 사람들이다.

웨슬리는 두렵지 않느냐고 물었다. 그들은 말했다. "하나님이 내 아버지시고, 그 아버지이신 하나님이 나를 사랑하셔서 내가 거듭났는데 뭐가 두렵습니까?" 그 말에 웨슬리는 큰 충격을 받는다. 그리고 그길로 다시 영국으로 돌아와 모라비안 교도의 예배당을 찾아가 설교를 들었다. 마침 그날 마틴 루터의 로마서 1장 서문 주석을 토대로 설교가 진행되고 있었는데 그 설교를 들으며 웨슬리는 거듭난다. 구원이란 나의 어떠한 행위로 받는 것이 아니라 하나님의 사랑과 은혜를 통해 위로부터 오는 것임을 깨달은 뒤부터 웨슬리의 사역은 완전히 달라진다.

니고데모의 질문에 대한
예수님의 답변

"하나님이 세상을 이처럼 사랑하사 독생자를 주셨으니 이는 그를 믿는 자마다 멸망하지 않고 영생을 얻게 하려 하심이라." 사실 이 말씀은 니고데모가 "사람이 어떻게 다시 태어날 수 있습니까?"라고 여쭤본 것에 대한 예수님의 답변이다. 이스라엘의 최고 지성이었던 니고데모도 풀지 못했던 질문에 대해 주님이 아주 명쾌하게 답하신 것이었다.

맥스 루케이도는 요한복음 3장 16절 말씀에는 하나님의 본성과 계획과 목적이 가장 압축적으로 요약되어 있다고 평가하면서 이 구절은 성경의 북극성과 같다고 말했다. 하늘을 보면 북극성을 중심으로 동서남북이 펼쳐지는 것처럼 우리 인생의 중심이 되고 방향을 잡아주는 말씀이라는 뜻이다. 신구약 성경을 다 합하면 1,189장인데 이한 구절에 모든 말씀이 요약되어 있다고 해도 과언이 아니다.

창세기 3장에 보면 우리의 조상 아담이 범죄를 저지르고 하나님 말씀에 불순종한다. 그래서 하나님과의 관계가 파괴되고 사람은 영원한 형벌을 받을 운명에 빠진다. 하지만 하나님은 "여자의 후손은

네 머리를 상하게 할 것이요 너는 그의 발꿈치를 상하게 할 것이니라"(창 3:15)라는 원시 복음을 주심으로써 예수님이 여자의 후손으로서 이 땅에 오셔서 사람들을 위한 새로운 길을 열어주실 것임을 분명히 하셨다. 파괴된 관계를 다시 회복하고 하나님 나라에 들어가게 하려면 이 길밖에 없었다. 이것이 요한복음 3장 16절의 중요한 메시지다.

십자가 사랑의
경이로움

요한복음 3장 16절은 세 부분으로 정리할 수 있다.

첫 번째는, "하나님이 세상을 이처럼 사랑하셨다" 부분이다. 이 말씀 안에는 하나님이 우리를 사랑하신 그 경이로운 신비가 들어 있다. 창조주 하나님은 만물보다 부패하고 피조물 가운데서 가장 미천한, 심지어 만물의 찌꺼기보다도 못한 우리를 사랑하셨는데 이 사랑은 그 자체로 불가사의하다. 완전하신 창조주 하나님이 미천한 우리를 사랑하셨다니 이것은 너무나 신비롭고 황홀한 진실이다.

만일 누가 두 팔로 저 푸른 하늘을 다 껴안을 수 있다고 한다면 말도 안 된다고 할 것이다. 두 팔로 저 깊고 푸른 바다를 다 품에 안을 수 있다고 해도 믿기 힘들 것이다. 그런데 창조주 하나님이 우리를 사랑하신다는 이 말씀은 우리의 작은 두 팔로 저 하늘과 저 바다를 안는 것보다 훨씬 더 경이롭게 느껴진다. 세상에는 7대 불가사의가 있다고 하지만 이 세상에 하나님의 사랑보다 더 큰 불가사의는 없다. 이 경이로움을 어떻게 온전히 설명할 수 있다는 말인가?

두 번째는, "독생자를 주셨다" 부분이다. "하나님이 세상을 이처럼 사랑하사 독생자를 주셨으니." 이 말씀에는 생략된 부분이 있다. 하나님은 독생자를 그냥 주신 게 아니라 '십자가 사랑을 통하여' 주셨다는 것이다. 즉, 하나님의 사랑은 예수님이 십자가에서 죽으심으로써 확증되었다.

이 십자가의 사랑에 대해 다음의 세 가지 질문으로 정리해보자.

첫째, 누가 십자가에서 죽으셨는가? 하나님이 죽으셨다. 예수님이 곧 하나님이다. 하나님이 죽으셨다는 말은 신비다. 우리가 어떤 존재이기에 하나님이 죽으셨다는 말인가. 이것은 사람의 머리로는 도저히 이해가 안 되는 부분이다. 세상의 기준으로는 도저히 받아들이기 힘들다. 이에 대해 고린도전서 1장 18절은 이렇게 말씀한다. "십자가의 도가 멸망하는 자들에게는 미련한 것이요 구원을 받는 우리에게는 하나님의 능력이라."

둘째, 그렇다면 누구를 위해 죽으셨나? 나를 위해, 우리 모두를 위해 죽으셨다고 해도 맞는 말이지만, 다른 관점에서 보면 의인을 위해서가 아니라 죄인을 위해서 죽으셨다고 할 수 있다. 털끝만큼이라도 내게 선한 것이 남아 있다거나 그래도 나 정도는 도덕적이라고 생각하는 사람들은 이 십자가의 신비를 받아들이지 못한다.

셋째, 왜 죽으셨는가? 왜 십자가에 달려 돌아가셨을까? 우리를 너무나 사랑하셨기 때문이다. 나를 죽도록 사랑하시기 때문에 십자가에 달려 피를 흘려주신 것이다. 그리스도인이 된다는 말은 이 십자가의 사랑을 믿는다는 말이다. 십자가 사랑을 믿지 않으면 신앙을 말할 수 없다. 십자가의 사랑이 무엇인지 모르면 그리스도인이 아니다. "하나님이 십자가 사랑으로 나를 죽기까지 사랑하셨다." 이 한 가지를 붙잡는 것이 그리스도인이다. 이 한 가지를 붙잡는 것이 신앙이다.

십자가의 사랑을 깨닫고 나면 더 이상 폭풍 속에서도 두려워하지 않는다. 죽음의 공포 속에서도 담대할 수 있다. 이 십자가의 신비를 깨달으면 바울처럼 "우리 주 예수 그리스도의 십자가 외에 결코 자랑할 것이 없[다]"(갈 6:14)라는 고백이 절로 나온다.

이처럼 경이로운 십자가의 사랑을 베푸시는 이유는 무엇인가? 이 세상을 구원하시기 위해서이다. "하나님이 그 아들을 세상에 보내신 것은 세상을 심판하려 하심이 아니요 그로 말미암아 세상이 구원을 받게 하려 하심이라"(17). 우리 주변에는 지금도 복잡하고 힘든 일들이 수도 없고, 해결해야 할 문제도 많지만 예수 그리스도의 십자가 외에는 다 부차적인 일이다.

영벌의 이유

마지막 세 번째는, "이는 그를 믿는 자마다 멸망하지 않고 영생을 얻게 하려 하심이라" 부분이다.

만일 우리가 이 십자가의 사랑을 믿지 않으면 어떻게 될까? 십자가의 사랑을 받아들이지 않거나 거부하거나 믿지 않으면 어떻게 될까? "그를 믿는 자는 심판을 받지 아니하는 것이요 믿지 아니하는 자는 하나님의 독생자의 이름을 믿지 아니하므로 벌써 심판을 받은 것이니라"(18).

이 사랑을 믿지 아니하고 이 사랑을 거부하면 벌써 심판을 받았다고 하신다. "심판을 받았다"라는 말은 영원한 형벌, 지옥 형벌을 받는다는 뜻이다. 주님은 지옥에 대하여 "거기에서는 구더기도 죽지 않고 불도 꺼지지 아니하느니라"(막 9:48)라고 말씀하신다.

"요즘 같은 세상에 무슨 지옥을 이야기하느냐?"라고 말하는 사람들이 있다. 기독교 내에서도 자유주의 신학자들 중에는 성경을 하나님의 말씀으로 다 받아들이지 않고 철학이나 신화적인 관점에서

접근하는 사람도 있다. 그들은 이런 주장을 펼친다. "하나님이 사랑이시라면, 그리고 우리를 사랑하셔서 하나님의 아들이 십자가를 지셨다면, 어떻게 단지 믿지 않는다는 이유만으로 지옥의 형벌을 내리실 수 있겠는가? 그래서 지옥은 없는 것이다."

그러므로 우리는 "사랑의 하나님이 어떻게 지옥의 형벌을 허락하실 수 있는가?"에 대해서 분명히 답변해야 한다. 핵심은 이것이다. 예수님이 지신 십자가가 있기에 지옥 형벌도 있는 것이다. 십자가는 우리로 하여금 지옥의 형벌을 면하게 하려고 하나님이 주신 구원의 길이다. 십자가는 인간이 만든 형벌 중에서 가장 처절하고 잔인하며 고통스럽다. 그러므로 십자가의 사랑은 우리에게 지옥의 형벌도 있다는 것을 스스로 증명한다. 주님 앞에 설 때까지 우리는 이 사실을 잊으면 안 된다.

예수님이 당하신 십자가의 형벌은 얼마나 처참하고 잔인했던가? 차마 말로는 표현할 수가 없다. 육신의 아픔과 고통도 처참했지만 가장 쓰라린 것은 영적인 형벌이었다. 주님은 이 세상의 모든 죄를 다 짊어지고 십자가에 달리셨기 때문이다. 예수님은 현세의 70억 인구뿐 아니라 지금까지 살아왔던 모든 인류의 모든 죄악을 다 끌어안으셨고, 앞으로 태어날 사람들의 모든 죄악을 다 짊어지셨다. 그 고통이 오죽 컸으면 "엘리 엘리 라마 사박다니"(나의 하나님, 나의 하나님, 어찌하여 나를 버리셨나이까?) 하고 외치셨을까?

이 십자가의 사랑을 거부하고 십자가의 사랑을 믿지 않으면 우리는 지옥으로 간다. 우리는 태어날 때부터 영원한 형벌에 처해 있었다. 죄를 지어서 죄인이 된 게 아니라 죄인으로 태어났기 때문에 죄를 짓는 것이다. 그래서 태어난 본성 그대로 살아간다면 우리는 하나님 앞에 나아갈 수 없다.

19-21절은 이 사실을 말한다. "그 정죄는 이것이니 곧 빛이 세상에 왔으되 사람들이 자기 행위가 악하므로 빛보다 어둠을 더 사랑한 것이니라. 악을 행하는 자마다 빛을 미워하여 빛으로 오지 아니하나니 이는 그 행위가 드러날까 함이요 진리를 따르는 자는 빛으로 오나니 이는 그 행위가 하나님 안에서 행한 것임을 나타내려 함이라."

우리 주위에도 빛 되신 주님 앞에 나아와 어두움의 일을 청산한 사람들이 많다. 마약이나 도박을 끊고 어두운 과거의 행위를 다 끊어낸 사람들이 우리에게 들려주는 이야기를 기억한다. 그들은 자기 안에 빛이 임하자마자 어두움이 떠나가는 느낌을 받았다고 증언한다. 우리가 어둠을 물리치기 위해서는 빛이 임해야 되는데 바로 십자가의 사랑을 통하여 그 빛을 깨닫는 것이다.

하나님과의 관계성 회복

그렇다면 어떻게 해야 이 거듭남이라는 경이로움을 체험할 수 있을까? 많은 사람들이 '하나님 나라에서 살아간다'라는 말을 육체가 더 건강해지고 살아가는 환경이 달라지는 것 정도로 생각한다. 니고데모도 사람이 거듭나는 것을 물리적이고 육신적인 일로 보았다. 하지만 거듭남이나 하나님 나라는 그런 게 아니다.

사람이 거듭난다는 것은 하나님과의 관계성을 회복하는 것이다. 예수님과 인격적인 관계가 회복되는 것이다. 마치 신혼부부가 서로를 보기만 해도 가슴이 두근거리는 것처럼 예수님이 너무 좋아서 그 영혼이 두근두근하는 것이다. 예수님을 죽도록 좋아하는 마음은 거듭난 사람에게서 볼 수 있는 참된 증거다.

다윗 역시 범죄를 저지를 때는 사악하기 짝이 없었다. 그는 간음하고 난 다음에 죄를 감추기 위해 온갖 음모를 꾸며 충직한 부하 우리야를 죽음에 빠뜨린다. 그랬던 그가 주님 앞에서 회개하는 모습을 보면 참 뻔뻔해 보인다. 그렇지만 다윗은 염치가 없음에도 불구하고 이렇게 기도한다. "하나님이여 주의 인자를 따라 내게 은혜를 베푸시며 주의 많은 긍휼을 따라 내 죄악을 지워주소서. ⋯ 주의 구원의 즐거움을 내게 회복시켜주시고."(시 51:1, 12). 그는 구원의 즐거움을 회복시켜달라고 간청한다. 하나님과의 깨뜨려진 관계가 회복되게 해달라는 기도였다.

가룟 유다가 왜 지옥에 갔는가? 그가 예수님을 판 일은 큰 죄였지만 단지 그 이유 때문에 지옥에 간 것은 아니다. 가룟 유다가 영원한 형벌을 받은 이유는 예수님의 사랑을 거부했기 때문이다. 우리 역시 하루에도 여러 차례 예수님께 등을 돌린다. 영적으로도 주님의 말씀과 임재를 거부할 때가 얼마나 많은가? 따라서 가룟 유다가 지옥에 간 것은 예수님을 팔았기 때문이 아니라 예수님의 십자가의 사랑을 믿지 않아서, 즉 사랑을 거부했기 때문이었다.

이 사실은 베드로의 인생을 보면 더 분명히 드러난다. 베드로 역시 예수님을 세 번이나 저주하고 부인하고 그분을 모욕했다. 어떤 면에서 보면 가룟 유다가 예수님을 판 것 이상이었다. 하지만 베드로는 유다와 다른 점이 하나 있었다. 예수님이 "네가 나를 사랑하느냐?"라고 물으시자 베드로는 "주님, 제가 어떻게 표현을 못하겠습니다. 제가 주님을 사랑하는 줄 주님이 아십니다" 하고 답한다. 베드로의 마음에 예수님을 사랑하는 마음이 회복되었다는 것을 알 수 있다. 그 마음이 회복된 후에야 주님은 베드로에게 사명을 주시고 "내 양을 먹이라"라고 말씀하셨다.

부모가 언제 가장 가슴이 아픈가? 자식이 말도 잘 안 듣고 사고를 치고 다닐 때도 물론 마음이 아프지만, 이보다 더 힘들 때가 있다. 아이들이 고개를 똑바로 들고 "엄마가 정말 나를 사랑하기나 해?" 하고 따질 때다. 이런 때는 엄마 마음이 다 무너진다. 평생 자식을 위해 살았는데 아이들이 도끼눈을 뜨고 '나를 사랑하는 게 맞느냐'라고 대들면 부모 마음은 미어진다.

예수님과 나와의 관계도 똑같다. "예수님, 진짜 나 사랑하는 거 맞습니까? 저를 버리신 게 아닌가요?" 울분에 차서 고개를 바짝 들고 쳐다보면 주님 가슴은 미어진다.

자녀 교육도 마찬가지다. 아이가 하나님의 사랑에 녹아지게 하는 일이 자녀 교육의 핵심이 되어야 한다. 그럴 때 부모와의 관계도 회복된다. 부부도 마찬가지다. 남편과 아내의 인간적인 사랑은 오래 지속되기 힘들다. 아내와 남편이 함께 하나님의 사랑에 녹아질 때 부부의 사랑도 새로워진다. 자녀와의 관계가 회복되는 길, 부부 사랑이 회복되는 길 그리고 공동체의 문제 해결은 주님과의 관계가 얼마나 회복되는가에 달려 있다.

여기서 시작된
천국

하나님의 나라는 어떻게 건설될까? 천국은 관계의 회복이요, 교제의 회복과 긴밀히 연관되어 있다. 사랑의 관계가 회복되면 자기 분수를 알고 자기 부족함을 깨닫게 된다. 주님의 깊은 사랑을 깨달으면 회개할 수밖에 없다. 나는 선하다고 큰소리칠 사람은 아무도 없다. 이 사랑에 빚진 자임을 고백하게 된다.

사도 바울은 이 사랑을 깨닫고 이렇게 말했다. "그리스도의 사랑이 우리를 강권하시는도다"(고후 5:14). 이 사랑의 강권을 받으면 자기의 부족함과 본분을 깨닫고, 인생 전체를 그리스도의 사랑에 빚지고 있음을 알게 된다. 빚진 자가 어떻게 큰소리칠 수 있겠는가? 빚진 자가 어떻게 남에게 함부로 상처를 줄 수 있겠는가? 빚진 자는 그 사랑을 주신 분의 눈치를 볼 수밖에 없다. 그 사랑에 녹아지고 그 사랑에 감격한다. 구주 예수를 더욱 사랑한다고 고백하고, 이전에는 세상 즐거움이 좋았어도 지금 나의 기쁨은 오직 예수라고 고백한다.

천국은 어떤 환경이나 조건이 아니라 하나님과의 관계성에 달려 있다. 거듭나면 가장 먼저 하나님을 가까이 하고 싶고, 그분의 뜻대로 살고 싶은 소원이 생기는 것이 정상이다. 하나님께서 인간을 창조하신 이유도 하나님과 올바른 관계를 맺기 위해서였다. 종말에 예수님이 재림하시는 이유도 새 예루살렘에서 우리와 영원한 관계를 맺기 위하여 오시는 것이다. 우리 안에 하나님의 형상이 회복되기 시작하여 주님 나라에서 완전해지기까지 점차 다듬어진다. 거듭난 자는 그 위대한 여정의 첫 출발을 한 셈이다. 영원부터 영원까지 우리와 함께하시는 아버지 하나님의 사랑 안으로 들어온 것이다. 이 사랑 안에서 완전해지는 그 날까지 날마다 새로워지는 사람들이 되기를 간절히 바란다.

하나님 아버지. 어리석어서 깊은 것들을 깨닫지 못하는 저희들이 단번에 하나님의 사랑에 눈뜰 수 있도록 요한복음 3장 16절로 말씀해주신 것 감사합니다. 한 명도 이 은혜에서 소외되는 이 없게 도와주시고, 우리의 지각을 열어서 예수님이 친히 말씀하신 복음의 핵심이자 정수를 마음 문을 열고 받아들일 수 있게 해주시옵소서.

모든 것을 다 가졌지만 하나님의 생명은 그 안에 없었던 니고데모에게 풀어주신 말씀이 지금 이 시간 우리 모두에게 하시는 은혜의 말씀임을 믿고 감사드립니다.

믿지 않는 자, 그 사랑을 거부한 자에게 임하는 진노가 너무나 끔찍하고 참혹함을 아시기에 믿는 모든 자들에게 영생을 주신다고 약속하셨습니다. 저희가 이 약속을 믿음으로 받아 하나님과의 관계가 회복되고, 새롭게 되며, 한 단계 올라가는 시간이 되게 해주시옵소서.

저희가 모두 다 실수가 많고 부족함 투성이지만 주님의 사랑을 받고 주님을 사랑하는 일에서는 실패하지 않도록 도와주시옵소서. 오늘 이 말씀을 우리에게 전해주시기 위해 친히 십자가를 지시고 모든 죄와 허물을 도말하신 예수 그리스도의 이름으로 간절히 기도드립니다.

예수님께 드린 사랑은
낭비되지 않습니다

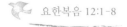 요한복음 12:1-8

요한복음 12장에는 크게 세 가지 사건이 나온다. 첫째는 마리아가 예수님의 발에 향유를 붓는 사건이다. 베다니에서 있었던 일이다. 둘째는 예루살렘에 입성하시는 사건이다. 셋째는 헬라인의 질문에 예수님께서 "한 알의 밀알이 땅에 떨어져 죽어야 한다"라는 말씀으로 답하신 사건이다.

요한복음 11장까지는 예수님의 3년 공생애를 다루고 있고, 요한복음 12장부터 20장까지는 대략 7일 동안 벌어진 일들을 다루는데, 이때는 예수님께서 십자가에 달려 돌아가시기 전에 벌어진 사건들을 중심으로 펼쳐진다. 여기서는 마리아가 향유를 붓는 사건을 보면서 주님께 대한 우리의 사랑이 새로운 전환점을 맞게 되기를 간절히 바란다.

사랑하는 방식은
조금씩 다르다

"유월절 엿새 전에 예수께서 베다니에 이르시니 이곳은 예수께서 죽은 자 가운데서 살리신 나사로가 있는 곳이라. 거기서 예수를 위하여 잔치할 새"(1-2). 이 사건은 유월절 엿새 전에 일어난 일이다. 마침 베다니에서는 예수님을 위한 잔치가 벌어지고 있었고 마리아와 마르다 그리고 나사로, 이렇게 세 사람이 이 잔치를 수종들고 있었다.

7절에 보면 이 사건의 배경에 대해 좀 더 알 수 있다. "예수께서 이르시되 그를 가만 두어 나의 장례할 날을 위하여 그것을 간직하게 하라." 예수님은 마리아가 부어드린 향유를 당신을 위해 장례를 준비하는 것으로 받아들이셨다. 주님도 본격적으로 십자가 사건을 준비하고 계셨던 것이다. 세 사람은 십자가의 사건을 어떻게 준비하고 있었는가?

"거기서 예수를 위하여 잔치할 새 마르다는 일을 하고 나사로는 예수와 함께 앉은 자 중에 있더라. 마리아는 지극히 비싼 향유 곧 순전한 나드 한 근을 가져다가 예수의 발에 붓고"(2-3). 마르다와 나사로, 마리아 세 사람은 각기 역할을 분담하고 있다. 마르다는 일을 하고, 나사로는 예수님과 함께 있고, 마리아는 예수님께 향유를 붓는다.

어떤 성경 주석가들은 세 명을 이렇게 나열한 것은 신앙의 깊이가 점점 깊어지는 것을 의미한다고 설명한다. 마르다에서 나사로로, 나사로에서 마리아로 갈수록 더 깊은 신앙이라는 것이다. 하지만 나는 이 설명에 동의하지 않는다. 예수님의 십자가 사건을 준비하기 위해서는 이 세 사람의 역할이 다 필요하다고 보기 때문이다.

첫 번째로, 마르다는 무엇을 했는가? 그녀는 일을 했다. 마르다가 일하는 것을 보면 옛날에 하던 것과는 자세가 달랐다. 전에는 마리아가 도와주지 않는다고 불평하기도 했다. 그런데 지금은 기쁨과 감사의 마음으로 수고한다. 예수님이 오빠 나사로를 살리시고, 또한 마르다도 예수님의 사랑을 깨닫고 난 다음이라(11장) 감사하는 마음이 흘러 넘쳐 일하는 자세가 완전히 달라졌다.

우리가 매일매일 삶의 현장에서 주님을 섬길 때, 나아가 무슨 일을 하든지 주께 하듯 감사함으로 할 수 있기를 바란다. 공부도, 자녀들 키우는 것도, 혹은 박스 포장하는 작은 일이라도 주님께 하듯 하자. 회사 대표라면 월급 주는 것도 주께 하듯 감사함으로 주자. 무엇을 하든지 주께 하듯 감사함으로 하면 그 일이 곧 주님의 일이 된다.

두 번째로, 나사로는 예수님과 함께 앉아 있다. 나사로는 죽은 지 나흘 만에 부활했다(11장). 그의 부활 사건으로 온 동네의 이목이 집중되었다. 요샛말로 하면 누리꾼들 사이에서 검색어 1위가 된 것이다.《예루살렘 타임스》가 인터뷰하러 오고, 예루살렘 공영방송에서는 특종을 촬영하러 몰려오는 상황이다. 하지만 나사로는 그런 일에 관심이 없었다. 나사로의 관심은 오직 예수님과 교제하는 것에 있었다. 더욱이 이스라엘의 지도자들이 지명수배령을 내려 예수님을 체포하려고 눈에 불을 켜고 있던 상황이었지만 나사로는 아무 두려움 없이 주님과 함께 앉아 있다.

세 번째로, 마리아는 예수님께 향유를 부어드림으로써 주님을 향한 사랑을 표현한다. "마리아는 지극히 비싼 향유 곧 순전한 나드 한 근을 가져다가 예수의 발에 붓고 자기 머리털로 그의 발을 닦으니 향유 냄새가 집에 가득하더라"(3). 마리아는 예수님을 지극히 사랑하여 참으로 귀하고 비싼 향유를 예수님께 부어드린다. 이것이 마리아의 사랑 표현법이었다.

마르다는 주님을 사랑하기 때문에 주님을 섬기듯이 일했다. 소위 서번트십(Servantship)이다. 그리고 나사로는 많은 사람들의 이목이 집중되어 있는데도 불구하고 주님과의 교제를 우선순위로 삼았으니, 소위 펠로우십(fellowship)이라 할 수 있다. 그렇다면 마리아의 사랑은 뭐라고 말할 수 있을까? 워십(Worship)이다. 마리아는 주님을 예배하고 경배하고 사랑함을 그렇게 표현했다.

참고로 요한복음의 이 사건과 흡사한 일이 누가복음에도 기록되어 있는데 둘 사이에는 차이점이 있다. 요한복음 12장에는 '베다니'의 마리아가 예수님께 향유를 붓고, 누가복음 7장에서는 '막달라' 마리아가 향유를 붓는다. 누가복음의 사건은 죄인이었던 여인이 은혜 받고 주님 앞에 향유를 부어드렸던 것으로 요한복음의 기록과는 별개의 사건이다. 누가복음에서는 갈릴리 북쪽이 배경이고, 베다니는 예루살렘 남쪽, 예루살렘 근처에 있는 지역이다.

거룩한 낭비

마리아가 예수님께 향유를 부어드린 이 사건은 당시의 관습과 풍습으로 보자면 실로 파격적인 일이었다. 여성이 남성의 발에 향유를 붓고 머리카락으로 닦는다는 말은, 여성으로서 모든 체면을 다 포기했다는 뜻이다. 마리아는 그렇게 모든 체면을 버리고 납작 엎드리는 마음으로 예수님을 섬긴 것이다.

또한 당시 마리아가 사용한 향유는, 학자들에 따르면 인도에서 수입한 비싼 물품이었다. 이 향유의 값어치는 셈에 능했던 가룟 유다가 '300데나리온'(5)이라고 밝혔을 정도로 고가품이었다. 실제로 당시 1데나리온은 근로자의 하루 품삯이었으므로 향유의 값어치는 대략 1년치 품삯이었다. 요즘으로 치면 2,500-3,000만 원이나 되는 거금이다. 특히 당시의 경제 상황을 고려하면 엄청나게 큰돈이었다. 한 마디로 마리아는 사람들의 상식에 비추어봤을 때 불합리하고 이해하기 힘든 일을 한 것이다.

이런 마리아의 행동은 '거룩한 사랑의 낭비'라고 할 수 있다. '거룩한 사랑'에 '낭비'가 붙는 것은 모순처럼 들린다. 그러나 가슴 깊이 우러나오는 사랑으로 주님을 섬기는 사람들은 종종 효율성과 합리성을 뛰어넘는 가치전복적인 행동을 하기도 한다.

마리아의 행동은 천국의 행위요, 계산이 없는 행동이다. 그래서 효율성이나 합리성을 중시하는 사람의 눈으로는 이해하기 쉽지 않다. 우리도 때때로 주님을 섬기다 보면 주님을 지극히 사랑하는 마음에 사로잡혀 세상의 상식과 가치를 뒤집는 결심과 행동을 할 때가 있다. 때로는 체면도 버리고 비용을 무시할 때도 있다. 예수님을 향한 지극한 사랑이 담보되어 있기 때문에 가능한 실천이다.

마리아의 이런 사랑이 얼마나 소중했던지, 주님은 복음이 전파되는 곳마다 이 일을 말하여 기념하라고 말씀하셨다(막 14:9).

이러한 '거룩한 사랑의 낭비'의 원형은 어디에서 찾을 수 있을까? 바로 하나님 아버지께서 당신의 아들을 우리에게 내어주신 사실 자체가 '거룩한 사랑의 낭비'가 아닌가! 하나님께서 독생자를 보내시겠다고 했을 때 어쩌면 사탄이 시니컬하고 냉소적인 어조로 이렇게 힐난했을지도 모른다.

"저 부패한 사람들을 위하여 왜 하나밖에 없는 아들을 희생합니까? 당신의 아들은 정말로 소중한 존재 아닙니까? 그런데 어떻게 저 어리석은 사람들을 위해 그렇게 내어줄 수 있습니까? 그건 낭비 아닙니까? 인간이 하나님 당신을 위해 할 수 있는 것이 뭐가 있길래 그런 낭비를 합니까? 그것은 너무나도 어리석은 결정이고 너무나도 터무니없는 선택 아닙니까?"

마귀의 그런 반문에 하나님 아버지는 어떻게 대답하셨을까? 아마도 이렇게 하지 않으셨을까?

"내가 참으로 사람들을 사랑하기 때문에 그렇다. 참으로 한 사람한 사람을 사랑하기 때문에, 그리고 사랑은 가장 좋은 것, 최고의 것을 아낌없이 주는 것이기 때문에 나는 내가 가진 최고의 것, 가장 귀한 것, 가장 좋은 것인 내 아들, 사랑하는 저 독생자 예수 그리스도를 이 세상 사람들을 위해 기쁨으로 내어놓는다. 그러므로 내게 가장 귀한 존재인 내 아들은 십자가에 못 박힐 수밖에 없다."

하나님이야말로 참으로 '거룩한 사랑의 낭비'의 원형이시다. 만일 이러한 사랑의 낭비가 없었다면 우리는 그분을 알 수도, 모여 예배를 드릴 수도 없었을 것이다. 이 주님의 처절하고도 간절하고 말로 할 수 없는 사랑은 우리 믿는 자들이 평생 붙잡고 가야 할 은혜요 선물임을 믿는다. 그래야 우리도 마리아처럼 주님을 향한 거룩한 사랑의 낭비로 주님을 사랑할 수 있을 것이다.

거룩한 낭비로 표현되는
성도의 사랑

교회 역사를 보면 거룩한 사랑의 낭비에 동참했던 인물들이 참으로 많다. 지금도 중동이나 중앙아시아의 이슬람 사회에서 복음을 전하는 사람들은 1년에 한 명 제대로 전도하는 게 쉽지 않다. 예수님을 믿지 않는 사람들이 볼 때 낭비도 이런 낭비가 없다. 이처럼 비합리적인 일도 없다. 그럼에도 불구하고 그들의 행위는 귀하다. 그래서 거룩한 낭비다.

우리가 비록 해외에 직접 나가 복음을 전하는 선교사는 아닐지라도 한 영혼 한 영혼을 위해 몇 년을 기도하면서 그들이 주님 앞에 돌아오도록 간절히 기도하는 일을 감당할 수 있다. 그런 일들도 믿지 않는 사람들 눈에는 낭비처럼 보일 것이다. 그러나 우리에게 그 일은 '거룩한 낭비'가 된다.

2014년 8월에 '로고스 호프'라는 선교선이 인천을 방문했다. 로고스 호프는 6,000톤이 넘는 거대한 배로, 오대양 육대주를 누비는 세계에서 가장 큰 북쉽(book ship), 즉 책이 있는 배다. 그 배에는 60여 개국에서 온 400여 명의 평신도 선교사들이 타고 있고, 다양한 나라에서 온 사람들이 함께 섬기고 있다. 전직 교사였던 호주인 데이비드는 3개월의 시한부 삶을 선고받은 뒤에도 로고스 호프에서 한 달 동안 용접 일을 했다. 어느 말레이시아 의사는 병원 문을 닫고 배에 올라 일을 하고 있다. 상식적으로 볼 때 비합리적인 사람들이 많다.

그런데 주님을 지극히 사랑하니까 이런 거룩한 낭비를 통하여 하나님의 기적이 일어나는 것을 본다. 로고스 호프에서 일하는 그 사람들이야말로 21세기판 향유 붓는 마리아인 것이다.

우리가 드리는 예배도 마찬가지다. 화창한 주일에 야외에 나가서 산도 오르고 쉬면서 놀기도 하면 얼마나 편하고 좋겠는가? 주일마다 예배드리고, 주님 앞에 예물을 올리며 헌신하는 것이야말로 예수님을 믿지 않는 사람들이 볼 때는 참으로 낭비가 아니겠는가?

마르바 던이라는 신학자는 예배야말로 예수 믿지 않는 사람들이 볼 때 거룩한 낭비의 표상이라고 했다. 하지만 이 거룩한 낭비가 있기 때문에 하나님의 역사가 일어나는 것이고, 그 역사가 집필되고, 그 역사가 펼쳐지는 것이다. 우리 역시 십자가의 지극한 사랑에 녹아지기 때문에, 거룩한 낭비의 원형인 예수 그리스도께서 십자가에 달려 돌아가신 그 사건이 있었기 때문에 그 은혜를 깨달은 사람으로서 거룩한 낭비에 반열에 동참하고 있지 않는가!

그 사랑에
눈을 감은 사람들

그런데 한편으로는 이 거룩한 낭비의 대열에서 이탈한 사람도 있다. "제자 중 하나로서 예수를 잡아 줄 가룻 유다가 말하되 이 향유를 어찌하여 삼백 데나리온에 팔아 가난한 자들에게 주지 아니하였느냐 하니"(4-5). 가룻 유다는 '왜 낭비하느냐'라고 삿대질을 한다.

이런 일이 우리 주위에 얼마나 많은가? 참 안타까운 일이다. 베다니의 마리아는 예수님을 자주 만날 수 있는 입장이 아니었다. 가끔씩 뵙는데도 불구하고 주님을 만나자 지극한 사랑으로 헌신한다. 하지만 가룻 유다는 예수님과 날마다 다니면서도 예수님의 심정을 깨닫지 못하고 예수님의 십자가 능력과 은혜에 대해 눈이 감겨 있었다.

십자가의 사랑에 늘 감격하고 그 사랑에 녹아지고 주님이 나를 위해 모든 것을 주셨다고 생각하는 사람들은 얼굴 표정이 항상 밝다. 어떻게 하면 주님을 기쁘시게 할까, 어떻게 하면 주님을 더 사랑할까를 생각하기 때문이다. 십자가의 사랑에서 터져 나오는 은혜의 빛이 심령에 비춰면 자연스럽게 표정도 밝아질 수밖에 없지 않겠는가!

반면 늘 얼굴이 어두운 부류가 있다. 이것은 그들의 신앙이 계산적이기 때문이다. 그래서 인색하다. 날마다 효율성만 따진다. "이렇게 말함은 가난한 자들을 생각함이 아니요 그는 도둑이라. 돈궤를 맡고 거기 넣는 것을 훔쳐감이러라"(6). 요한이 가룻 유다의 이야기를 들을 당시에는 그가 도둑인지 몰랐다. 그러나 수십 년 뒤에 복음서를 기록하면서 요한은 가룟 유다가 어떤 사람인지를 기억해냈다. 아마도 요한에게 가룟 유다는 미소보다는 그늘짐으로, 따뜻함보다는 차가움으로, 너그러움보다는 인색함으로 기억되었을 것이다. 이것은 예수님의 십자가 사랑에 젖은 사람의 모습이 아니다. 진정한 예수인이라면 마리아처럼 사랑의 거룩한 낭비를 통해 주님이 기뻐하시는 삶을 살아간다.

사랑은
아낌없이 주는 빈 마음

진짜 사랑하면 자기가 가진 가장 소중한 것, 가장 고귀한 것, 최고의 것을 드릴 수가 있다. 이게 진짜 사랑의 표현이다. 학자들에 의하면, 마리아가 향유를 사는 데 쓴 300데나리온은 그녀의 결혼 지참금이었다. 마리아는 자기의 가장 소중한 것을 주님께 드렸다. 진짜 사랑하면 가장 귀한 것을 주게 되어 있다.

오 헨리의 단편소설 가운데 우리에게도 잘 알려진 〈크리스마스 선물〉이 있다. 소설에 보면 서로를 너무나 아끼는 젊은 부부가 등장한다. 마침 성탄절이 되었는데 가진 돈이 없어서 무엇을 선물로 줄까 고민한다. 고민 끝에 남편은 아내의 머리카락이 아름다우니 잘 손질하라고 빗을 선물하면 좋겠다고 생각한다. 그래서 자기가 오랫동안 차고 다니던 시계를 팔아서 빗을 산다. 한편 아내는 남편이 시계를 아낀다는 걸 잘 아니까 시곗줄을 사주면 좋겠다 싶어서 자기의 아름다운 머리카락을 잘라서 시곗줄을 산다. 자신이 가장 아끼던 소중한 것을 팔다니, 세상에 이런 바보들이 어디 있을까? 하지만 사랑하니까 낭비할 수 있는 것이다. 사랑은 이처럼 아름다운 일이다.

우리도 거룩한 낭비를 하나씩 실천해 보자. 그것이 예배가 되어도 좋다. 주님과 나만이 아는 은밀한 결정이어도 좋다. 매달 하나만이라도 괜찮으니 어떻게 하면 주님을 더 기쁘시게 할 수 있을까 고민하고 실천해보자.

다윗에게는 물맷돌이 있었다. 모세에게는 지팡이가 있었고, 바울에게는 논리적으로 글을 쓰는 은사가 있었다. 실라에게는 섬기는 은사가 있었다. 빌리 그레이엄에게는 설교의 은사가 있었다. 사람마다 이런 재능과 은사가 있다. 사람들마다 주님께 받은 독특한 선물이 있다. 우리에게는 3T, 즉 재능(Talent), 시간(Time), 재물(Treasure)이 있다.

예수님의 십자가 사랑에 녹아져서 이 재능과 은사를 가지고 거룩한 사랑의 낭비를 할 때 하나님은 그 일들을 사용하셔서 갈등으로 고통받고 있는 이 사회를 치유하신다. 교회도 마찬가지다. 글로벌 인재를 양성하고 제자훈련의 국제화를 위하여, 또한 이 민족을 위하여, 열방을 향하여 옥합을 깨뜨리는 거룩한 사랑의 낭비가 있는 사람과 교회를 하나님은 축복하실 것이다.

사랑의 주님. 복잡하고 갈등이 많은 이 세상 가운데 지극한 십자가의 사랑을 깨닫고, 세상의 가치관을 뒤엎는 가치 전복의 헌신과 사랑과 희생이 우리 가운데 있을 때 주님은 우리를 통하여 일하실 줄로 믿습니다.

마르다, 나사로, 마리아가 주님을 섬기는 모습은 각기 달랐지만 이 모두가 주님을 향한 사랑의 표현이었습니다. 주님께 드리는 사랑의 모습이 우리 가운데 다르더라도 서로의 중심에 있는 것들을 인정하게 하시고, 섬기는 모습은 다양해도 모두 한 분을 경배하고 있음을 알게 해주십시오.

사람들 눈에는 낭비처럼 보일지라도 이 모두가 예수님의 십자가 사건을 준비하는 거룩한 사랑의 낭비였습니다. 저희도 다시 오실 주님을 기다리며 주님을 향한 사랑에 기초한 섬김과 사랑을 실천할 수 있기를 기도합니다.

주님께 드린 사랑은 그 어떤 것도 낭비되지 않음을 믿습니다. 예배드리는 주의 모든 백성들이 옥합을 깨뜨리는 마리아의 대열에 참여함으로써 주님을 향한 지극한 사랑을 적극 표현할 수 있게 도와주시옵소서. 할렐루야. 우리의 생명이요 소망이신 예수 그리스도의 이름으로 간절히 기도드립니다.

신앙의 역설:
죽으면 황금 밀밭이 됩니다

요한복음 12:12-26

주님은 고난 속에 성숙을 숨겨두셨고, 눈물 속에 기쁨을 넣어놓으셨다. 십자가 뒤에 면류관을 넣어두셨고, 섬김을 받는 자가 아니라 섬기는 자가 으뜸이 되게 하셨다. 바울은 이 역설을 깨닫고 세상에서는 미련한 것이 하나님 나라에서는 지혜로운 것이 되고, 주님의 종이 될 때에 진정 자유로워진다고 말했다. 또한 주님 안에서는 약할 때에 오히려 강해진다는 사실을 깨닫는다.

예수님은 이런 역설을 말씀하셨다. "나중 된 자로서 먼저 되고 먼저 된 자로서 나중 되리라"(마 20:16). 역설의 클라이맥스는 이것이다. "자기 목숨을 얻는 자는 잃을 것이요 나를 위하여 자기 목숨을 잃는 자는 얻으리라"(마 10:39). 이처럼 신앙의 역설은, 겉으로 볼 때는 미련하게 보이고 불합리하게 들리지만 사실 그 속에 이미 진리를 품고 있다.

본문을 따라가다 보면 크게 두 가지 방면에서 신앙의 역설을 살필 수 있다. 하나는 예수님의 예루살렘 입성이고, 또 하나는 헬라인들이 예수님께 찾아와 주님을 뵙기 원한다고 요청하자 주님께서 '한 알의 밀알' 비유를 말씀하신 사건이다. 이 말씀을 하신 때는 예수님이 십자가에 달려 돌아가시기 며칠 전이었다.

역설을 통한 완성

첫째는, 예수님의 예루살렘 입성을 통해 본 신앙의 역설이다.

예수님께서 예루살렘에 입성하시는 이 사건은 갑자기 이루어진 일이 아니다. 하나님의 시간표에 따라 아주 정교하고도 치밀하게 일어난 사건이다. 구약의 선지자 스가랴는 메시아가 어린 나귀를 타고 입성하실 것을 예언했다. "시온의 딸아 크게 기뻐할지어다. 예루살렘의 딸아 즐거이 부를지어다. 보라 네 왕이 네게 임하시나니 그는 공의로우시며 구원을 베푸시며 겸손하여서 나귀를 타시나니 나귀의 작은 것 곧 나귀 새끼니라"(슥 9:9).

베다니에서 잔치가 있었고 그 이튿날에는 명절을 맞아 찾아온 큰 무리가 예수님이 예루살렘에 오신다는 말을 듣고 종려나무 가지를 들고 "호산나 호산나! 찬송하리로다" 하며 영접하러 나간다. 그런데 이 입성에 대해서 정작 주님은 어떻게 말씀하시는가?

"예수께서 대답하여 이르시되 인자가 영광을 얻을 때가 왔도다"(23). 당시에 제자들은 이 말씀을 깨닫지 못했다. 주님께서 이런 식으로 말씀하신 적이 없었기 때문이었다. 요한복음 6장에서는 오병이어의 기적을 베푸신 예수님을 육신의 떡 문제를 해결하는 경제적 메시아로 삼으려 하니까 때가 아니라고 하시면서 다른 곳으로 피하기도 하셨다.

그랬던 주님의 말씀이 사뭇 달라진 것이다. "지금은 영광을 얻을 때가 되었다, 지금은 내 때가 되었다"라고 하신다. 중요한 대목이다. 물론 예수님이 예루살렘에 입성하심으로 얻는 영광은 세상에서 말하는 그런 영광이 아니다. 이 내용은 다른 복음서에도 병행 구절로 함께 나와 있는데, 예루살렘에 가까이 오셨을 때 예수님이 우셨다는 기록도 있고(눅 19장), 요한복음에서는 마음이 괴롭다고도 하셨다. 겉으로 볼 때는 영광의 개선문을 통과하는 것처럼 보이지만 목자의 심정을 지니신 주님은 눈물의 입성을 하고 계셨던 것이다.

이것은 주님이 보여주신 신앙의 핵심 가운데 하나다. 왕으로 오신다는 예언을 성취하려면 정복자로 당당하게 오는 것이 자연스러울 텐데 예수님은 크고 화려한 마차나 갑옷 두른 말을 탄 것이 아니라 역설적으로 나귀 새끼를 타셨다. 나중에 예수님이 십자가에 달려 돌아가실 때에도 면류관을 쓰신 것이 아니라 가시관을 쓰셨다. 예수님의 손에 들린 홀은 왕의 홀이 아니라 부러진 갈대였다. 예수님의 몸을 두른 것은 왕의 용포가 아니라 피의 십자가였다. 참으로 역설적인 일들이다.

예수님의 입성은 십자가를 지기 위한 입성이었다. 제자들은 예수님이 부활하신 후 성령이 강림하셔서 깨닫게 하신 뒤에야 그분이 이스라엘의 정치적인 왕이 아니라 온 인류를 구원하실 구원자요, 하나님 나라의 왕으로 오셨음을 알게 된다. 주님은 이스라엘만이 아니라 온 이방, 온 우주에 빛을 던지시는 분이기 때문에 십자가의 역설에는 놀라운 비밀과 진리가 숨어 있다.

세상은 왕관 쓰는 것을 좋아하고 황금마차 타는 것을 좋아하지만 신앙의 길은 이와 달라서 사람들에게 박수도 받지 못하고 시선도

끌지 못한 채 초라하게 어린 나귀를 타야 할 때가 있다. 주님의 예루살렘 입성은 신앙의 길을 걷는다는 것이 무엇을 의미하는지 우리에게 잘 보여준다.

둘째는, 한 알의 밀이 땅에 떨어져야 열매를 맺는다는 신앙의 역설이다.

유월절을 맞아 예배하러 올라온 사람 중에는 헬라인이 몇 명 있었는데(20) 이 헬라인들은 구약 말씀의 능력도 알고, 예수님이 전하신 복음도 들었던 사람들이었다. 그들은 갈릴리 벳새다 출신의 제자 빌립에게 이렇게 청한다. "선생이여 우리가 예수를 뵈옵고자 하나이다"(21). 아마도 예수님의 열두 제자 가운데 빌립과 안드레가 헬라식 이름이었기에 헬라인들은 그들에게 친근함을 느꼈을 것이다.

"우리가 예수님 뵙기를 원합니다." 참 의미 있는 말이다. 간결한 요청이지만 뜻이 깊다. 젊은 시절에는 이 구절을 여름수양회의 주제로 삼기도 했다. 예수님 뵙기를 원한다는 말에는 "복음 진리를 깨닫고 예수님의 실체를 체험하고, 예수님의 살과 피를 먹고 예수님의 은혜와 진리를 깨닫기를 원합니다"라는 뜻이 내포되어 있다. 이들은 예수님을 뵙고 그분이 전하시던 복음의 핵심을 깨닫기 원했다.

그들의 방문을 받으시고 예수님은 23절에서 비로소 인자가 영광을 얻을 때가 왔다고 선언하신다. 이전까지는 계속 자신의 때가 아직 이르지 않았다고 하시며 거절하고 기다리셨는데, 이제는 '때가 왔다'라고 말씀하신 것이다.

이러한 헬라인들의 면담 요청에 담긴 신학적 의미는 무엇일까? 예수님이 태어나실 때 페르시아 출신으로 보이는 동방박사들이 찾아와서 예수님의 탄생을 기념하고 축하한 일이 있었는데, 하나님은 오늘 찾아온 헬라의 이방인들을 통해서도 예수 그리스도의 십자가 사건을 준비하게 하신 것이다.

예수님은 복음의 핵심을 다음과 같이 말씀하신다. "내가 진실로 진실로 너희에게 이르노니 한 알의 밀이 땅에 떨어져 죽지 아니하면 한 알 그대로 있고 죽으면 많은 열매를 맺느니라"(24). 그리고 이 구절은 25절과 연결된다. "자기의 생명을 사랑하는 자는 잃어버릴 것이요 이 세상에서 자기의 생명을 미워하는 자는 영생하도록 보전하리라."

비유의 말씀에서 한 알의 밀과 썩는 밀알은 바로 예수님을 지칭한다. 또한 성경에서 예수님의 때는 십자가 사건과 연결된다. 이 말씀에는 복음의 핵심이 드러나 있고, 예수님의 영광이 나타나 있으며, "우리가 예수님을 뵙기 원합니다"라는 요청에 대한 예수님의 답변이 담겨 있다.

한 알의 밀,
예수님

한 알의 밀알은 바로 예수 그리스도이시다. 주님은 십자가에서 비참하게 돌아가셨다. 십자가 사건이야말로 한 알의 밀알이 땅에 떨어져 썩는 것이었다. 예수님의 십자가 사건은 사탄 입장에서는 완벽한 승리처럼 보인다. 그러나 사실 십자가의 죽음은 사탄의 완벽한 패배요, 하나님의 우주적인 기쁨과 승리였다.

썩어지는 한 알의 밀알에 복음의 정수가 담겨 있다. 주님께서는 십자가의 사역을 통하여 복음의 정수를 우리에게 보여주셨다. 오병이어의 역사도 마찬가지다. 보리떡 다섯 개와 물고기 두 마리로 오천 명을 먹이신 사건의 역사도 그 원리는 밀알의 역설과 연결된다.

예수님을 따르는 사람들은 이 길을 걸어야 한다. 이 은혜의 말씀을 깨달은 신앙의 선배들이 많았다. 신앙을 지키느라 투옥된 이후에《천로역정》을 완성한 존 버니언은 그 시대에 땅에 떨어져 썩은 밀알이었다. 인디안 선교를 하다가 스물아홉 살의 젊은 나이에 세상을 떠난 데이비드 브레이너드 역시 한 알의 밀알이었다. 주기철 목사님, 손양원 목사님도 그 시대에 떨어져 썩어지는 밀알이었다.

역설로 귀결되는 인생

조금 더 깊이 들어가보면 복음의 정수는 '내가 죽는 것'에 있다. 내 자아가 죽는 것이다. 자아가 깨어지는 것이다. 사탄은 지금 우리에게 '죽지 마라. 너를 주장하라. 네가 그렇게 고생한다고 누가 알아주느냐. 너만 바보 된다' 하고 온갖 유혹을 해댄다.

이 시대는 자기 사랑과 자기 신뢰를 많이 강조한다. 삶 자체가 너무 힘드니까 그렇게라도 힘을 내라는 뜻일 수 있다. 하지만 신앙은 역설을 통과하는 것이다. 예수님은 '너의 길을 가라'라고 외치는 세상 가치를 좇지 말고, 반대로 자기가 죽어야 한다고 말씀하신다. 이 진리를 깨닫지 못하면 마치 손가락 사이로 움켜쥔 모래알이 다 빠져나가 버리듯이 우리 인생의 종국에는 남는 것이 없을 것이다. 세상의 가치대로 살면 결국 다 잃어버리게 될 것이다. 하지만 한 알의 밀알이라는 역설의 진리를 체험한다면 세상 사람들이 알지 못하는 감격과 거룩한 능력 그리고 하나님의 권능이 우리에게 가득할 것이다.

한번 생각해보자. 여기 씨앗이 있다. 이 씨앗이 뿌려져 침침하고 어두운 땅속에 묻힌다. 겉으로는 보이지 않는다. 그런데 놀라운 일이 일어난다. 씨앗은 땅속에 묻혀 눈에는 안 보이지만 얼마 지나지 않아 싹이 나온다. 싹에 이어 줄기가 자란다. 파란 줄기가 올라오면 다음 에는 잎사귀가 나온다. 녹색 잎사귀가 나오면 그다음에 이삭이 맺힌 다. 푸른 이삭이 황금빛으로 변하면서 벌판은 황금빛으로 뒤덮인다.

일정한 시간이 흐르면 햇살과 바람이 만지고 지나가면서 그 작 은 밀알이 황금색으로 변하게 되는 것이다. 겉으로는 죽은 것 같았지 만 밀알 안에 숨겨진 에너지가 황금벌판이 되어 눈앞에 펼쳐진다. 아 무것도 아닌 작은 밀알이 죽어서 맺는 놀라운 열매를 보라.

여기에 오묘한 진리가 있다. 땅속에 묻혀 있을 때는 어둡고 춥고 내일에 대한 희망이 하나도 보이지 않지만, 이것은 십자가와 연결되 고 복음의 진수와 접목된다. 이런 신앙의 역설을 내 것으로 만들 수 만 있다면 여기에서 줄기가 자라고 잎사귀가 나고 이삭이 패어서 기 어이 황금빛 벌판이 넘실대며 놀라운 축복으로 나타난다.

하지만 그 밀알이 안 죽겠다고 딱딱하게 굳어 있으면 열매를 맺 을 수 없다. 지금도 이집트의 피라미드나 무덤 속의 항아리에서는 수 천 년 전에 함께 묻은 씨앗이 발견되곤 하는데 썩지 않고 그대로 있 다. 죽지 않고 그대로 있으니 어떤 열매도 맺을 수 없다.

근자에 방지일 목사님이 103세의 연세로 하나님의 부름을 받으 셨다. 그분이 우리 교회에 오셔서 여러 번 전하신 말씀이 지금도 기 억난다. "믿음이 뭡니까? 믿음은 투항하는 것입니다. 항복하는 것입 니다. 왜 이것이 중요합니까? 오늘 이 시대는 내가 다 주인이에요. 내 주관으로 내 경험으로 단단하게 꼭꼭 무장하고 있어요. 그렇지만 진 짜 믿음은 자기 주관을 내려놓고 무장해제되고 썩어지는 밀알이 되 는 거예요."

그렇다. 신앙 역설의 측면에서 보면 내 길을 가면 안 된다. 우리 인생은 예수님께서 피를 흘린 값으로 사신 것이기에 이제 그 인생으로 하나님께 영광을 돌려야 한다. 우리가 이 진리를 모르면 아무리 돈이 많아도, 아무리 높은 자리에 앉아 있어도 나중에는 땅을 치며 후회하면서 삶을 마감할 수밖에 없다.

역설을 경험한 사람들

조선에 와서 한 알의 밀알이 되었던 사람 중에 토마스 선교사가 있다. 스물네 살에 하노버 교회에서 안수를 받은 그는 런던 칼리지와 런던 대학을 졸업한 인재였다. 그들 부부는 중국에 도착해 한국 선교를 준비하다가 아내가 풍토병으로 먼저 하나님의 부르심을 받았다. 하지만 그는 낙심하지 않고 조선 땅으로 선교 활동을 떠난다.

1차 선교 활동 때는 서해안으로 와서 선교하다가 다시 북경으로 돌아가는데, 황해를 건너는 길에 폭풍을 만나 사경을 헤맸다. 우여곡절 끝에 목숨을 건지고 다시 2차로 서울로 왔다가 평양 대동강 근처로 가게 되었다. 그때가 1866년 9월 2일이었다. 그는 상선 제너럴 셔먼호를 타고 대동강으로 올라갔다가 관군에게 잡혀서 안타깝게도 참수형을 당하고 자신의 피를 그곳에 한 알의 밀알로 뿌렸다.

전도유망한 스물일곱 살 젊은이가 왜 귀한 자기 목숨을 버리면서까지 이런 일을 했을까? 세상 시선으로 보면 참으로 안타까운 일이다. 세상에 이런 낭비가 어디 있고, 이런 어리석은 일이 어디에 있단 말인가?

평양에 가보니 대동강가에 제너럴 셔먼호 침공 격퇴비가 있었다. 김일성 조부가 격퇴에 앞장섰다는 내용이 적혀 있었다. 북한은 그걸 자랑하고 있는데 나에게는 그게 토마스 선교사의 순교비로 보였다. 말하자면 토마스 선교사는 조선 땅에 떨어져 썩어졌다. 침침한 어둠 속으로 내려갔다. 땅 밑에 묻혀 빛이 보이지 않게 되었다.

남들이 볼 때는 허무하기 짝이 없는 일이겠지만 그렇게 죽은 것으로 끝이 아니었다. 참수 당시 토마스 선교사가 지참하고 있던 성경을 보고 관군이 은혜를 받은 것이다. 토마스 선교사가 뿌린 그 피에서, 그분을 통해 전달된 성경에서 잎사귀가 나고 봉오리가 맺히고 꽃이 피고 이삭이 맺혀 그것들이 모여 황금벌판이 되어서 이 땅에 놀라운 영적 추수가 일어나게 된 것이다.

하나님은 인간의 낮아짐 위에 교회를 세우시고 인간의 무력감을 사용하셔서 하나님 나라를 확장해가신다. 하나님은 우리에게 거룩한 낭비를 요청하시고 사람으로는 할 수 없다는 거룩한 무력감을 통하여 썩어지는 밀알의 역할을 감당하게 하신다. 거룩한 무력감은 하나님께서 전부 하셨다는 사실 앞에 서게 한다. 거룩한 무력감은 신앙의 역설을 몸으로 배우도록 만들어준다.

이러한 역설은 성경의 각 장마다 흐르고 있다. 모세는 이집트에서 사람을 죽이고 광야로 도망갔지만 하나님은 그 광야의 시간을 이스라엘 백성을 구출하기 위해 준비되는 시간으로 바꾸어주셨다. 이것도 역설이다. 아브라함은 "네 씨가 크게 번성하여 하늘의 별과 같고 바닷가의 모래와 같게"(창 22:17) 하겠다는 말씀을 듣는다. 하지만 이때는 사실 "네 사랑하는 독자 이삭을 … 번제로 드리라"(창 22:2)라는 명령에 순종하고 난 뒤였다. 아브라함도 그 역설의 순간을 알아차린 것이다.

개인의 삶도 마찬가지다. 때때로 하나님이 우리를 밟으시는 것 같은 때가 있다. 축축한 땅속으로 들어가 나는 이제 죽는구나 생각될 때가 있다. 그러나 이 복음의 진수를 깨닫고 나면 그것이 모두 '한 알의 밀알'로 땅에 떨어지는 과정임을 알게 된다. 그것이 우리의 생애와 교회의 장래, 한국교회의 장래를 황금벌판이 되게 하는 힘이다.

밀알이 '나는 안 죽겠다. 나는 안 썩겠다'라고 하면 자기 하나는 지킬 수 있을지 모른다. 그러나 내가 죽겠다고 결심하는 순간 생각지도 못했던 기막힌 일이 벌어진다.

이제 우리는 선택해야 한다. 썩는 밀알이 될 것인가? 아니면 한 알 그대로 남아 있을 것인가?

주님. 한 알의 썩어지는 밀알 비유를 통하여, 저희는 무력하지만 주님이 일하시는 것에 대해 기대하게 되었습니다. 우리의 헌신과 결심 위에 싹이 나고 꽃을 피우고 영적인 황금벌판을 경험할 수 있도록 한 사람 한 사람에게 꼭 맞춤하신 은혜를 허락하여 주시옵소서.

주님. 신앙은 역설임을 고백합니다. 우리의 이성과 머리로는 이 해되지 않지만 순종해보고 주님을 따를 수 있도록 은혜 주셔서 말씀 이 다 진리라는 사실을 깨닫게 하옵소서. 특별히 한 알의 밀알로 자신 을 드리신 사건 안에 신앙의 모든 것이 함축되어 있음을 봅니다. 저희 가 세상의 가치에 휘둘리며 이리저리 요동하며 살지 않고 역설의 진리 를 하나하나 체험해가면서 주님이 살아가신 삶을 조금이나마 따라갈 수 있도록 은혜를 더해주십시오. 주님의 거룩한 권능이 함께하시는 역설 인생을 살아 진정한 행복을 맛볼 수 있기를 원합니다.

저희들의 삶에 은혜가 아닌 것이 없듯이 주님의 삶에서 역설이 아닌 것도 없었습니다. 예수님의 제자들도 처음에는 이 말이 무슨 뜻 인지 모르다가 나중에야 알았습니다. 인생의 끝에 가서야 이 고귀한 진리를 깨닫고 인생을 허비하며 살았다고 후회하는 일 없게 하시고, 속히 깨우쳐 이 진리를 알고 이 역설을 날마다 경험하게 해주시옵소 서. 예수 그리스도의 이름으로 간절히 기도드립니다.

'끝까지 사랑'을 경험한 사람만이
발을 씻길 수 있습니다

요한복음 13:1-7, 15-17

본문은 예수님이 거행하신 세족식을 배경으로 한다. 이 사건은 공관 복음서인 마태, 마가, 누가복음에는 등장하지 않는다. 왜 요한복음에만 세족식이 나올까? 학자들의 여러 견해가 있지만 요한복음의 독특성을 보면 어렵지 않게 유추할 수 있다. 요한복음은 다른 세 복음서가 기록되고 난 뒤 최소한 25년, 길게 보면 30년 후에 집필되었다. 요한은 가능한 한 중복을 피하면서 복음의 깊은 신비, 예수님의 하나님 아들 되심을 선포하는 내용을 중심으로 담으려고 애썼다. 예수님께서 제자들의 발을 씻긴 이 사건을 통해서도 복음에 담긴 깊은 신비로 우리를 안내하려고 의도한 것이다. 충분한 시간이 지나고 나서야 이 세족식 안에 이렇게 헤아리기 힘든 은혜가 숨어 있었음을 알아냈는지도 모르겠다.

인생에
어두움이 찾아올 때

당시 예수님이 처한 상황을 보면 희망적인 구석이 한 군데도 없었다. 예수님은 그날이 지나면 십자가를 지셔야 했다. 예수님은 신성도 지니셨지만 동시에 인간이셨기 때문에 다가올 내일 일에 마음이 편하지 않으셨다. 인간적으로는 암울한 때였다. 호산나 하면서 주님을 맞이한 사람들은 돌변해 등을 돌리기 시작했고, 많은 표적을 행하셨으나 사람들은 여전히 믿지 않았다(12:37). 유대 지도자들은 예수님을 죽이려는 음모를 계획대로 진행하고 있었다.

제자들도 다를 바가 없었다. 지난 3년간 예수님을 따라다니며 많은 훈련을 받았지만 그들의 마음은 다른 곳에 가 있었다. 수제자 베드로마저도 얼마 안 있어 예수님을 저주하고 부인할 참이었고, 가룟 유다는 이미 예수님을 팔아넘길 마음으로 가득한 상태였다.

정말 기가 막힌 상황이다. 우리였다면 실망과 섭섭함이 가득한 마음으로 '3년이나 땀 흘려 훈련시킨 제자들이 어떻게 이렇게 말귀를 못 알아듣는가?' 하며 절망하며 화가 날 법한 상황이었지만 주님은 아무 말 없이 허리에 수건을 두르고 제자들의 발을 씻기기 시작하신다.

제자들은 다른 사람의 발을 씻겨준다는 것이 어떤 의미인지 잘 알고 있었다. 당시 유대인들은 먼지 풀풀 날리는 흙길을 샌들을 신고 다녔다. 이스라엘은 햇살도 따갑고 무덥기 때문에 땀이 많이 날 수밖에 없다. 그런 까닭에 이스라엘에서는 손님을 대접할 때 우선 발부터 씻도록 배려했다.

제자들 역시 발 씻는 문화를 잘 알고 있었다. 이런 때에는 사실

제자들이 서로의 발을 씻어주는 것이 옳았다. 하지만 지금 제자들은 서로 누가 큰지를 따지며 자존심 경쟁을 하는 상황이었다. '내가 왜 저 녀석의 냄새나는 발을 씻겨?', '당연히 저 어린 것이 내 발을 씻겨야지, 내가 왜?' 세족 문화에는 익숙했지만 실천하는 사람은 아무도 없었다.

주님은 아무 말 없이 일어나 겉옷을 벗고 수건을 허리에 두르시고 대야에 물을 떠서 한 사람 한 사람 제자들의 발을 씻기기 시작하셨다. 심지어 곧 있으면 자기를 팔아넘길 가룟 유다의 발까지도 씻어주셨다. 그리고 제자들에게 이렇게 말씀하신다.

"내가 너희에게 행한 것 같이 너희도 행하게 하려 하여 본을 보였노라. 내가 진실로 진실로 너희에게 이르노니 종이 주인보다 크지 못하고 보냄을 받은 자가 보낸 자보다 크지 못하나니 너희가 이것을 알고 행하면 복이 있으리라"(15-17).

여기서 말하는 '복'은 우리가 흔히 생각하는 복이 아니다. 이 복은 비장한 순간을 돌파하게 만들고 연약함을 극복하게 해주는 복이다. 이 복은 광야에서 길을, 사막에서 강을 내게 하시는 복이다. 광야에는 본래 길이 없고 사막에는 본래 강이 없다. 하지만 이 복을 받으면 사막 같은 인생, 메마른 인생이라도 주님께서 길을 열어 주신다. 에베소서 1장 말씀처럼 하늘의 신령한 복이다. 팔복 메시지에 구체적으로 나오는 바로 그 복이다. 그러므로 우리는 어찌하든지 이 복을 받아 누려야 한다.

어떻게 하면 이 복을 충만하게 받을 수 있을까? 어떻게 하면 이 신령한 복, 하늘의 복, 영광스러운 즐거움, 고통과 어려움을 극복하게 하는 복을 누리는 사람이 될 수 있을까?

'끝까지 사랑'에
눈뜨라

13장 1절을 보자. "유월절 전에 예수께서 자기가 세상을 떠나 아버지께로 돌아가실 때가 이른 줄 아시고 세상에 있는 자기 사람들을 사랑하시되 끝까지 사랑하시니라."

이 사랑은 자격 없는 자들을 사랑하시는 역설적인 사랑이다. 이 사랑은 공로는커녕 허물밖에 없는 자들을 사랑하시는, 이해하기 힘든 사랑이다. 그야말로 끝없는 사랑이요, 중단되지 않는 사랑이요, 필립 얀시의 말대로 "우리가 뭔가를 보탤 것이 하나도 없는 절대적인 사랑이요, 불변의 사랑"이다. 이 사랑은 이스라엘 백성들이 하나님을 배반하고 범죄를 저지르며 약속을 지키지 않는데도 불구하고 동일한 인애와 인자하심을 베푸시는 '헤세드' 사랑으로 드러났다. 신약에서는 십자가에서 자신의 생명까지 드리는 초월적인 아가페 사랑으로 끝없는 사랑을 보여주셨다.

우리는 세상에서 종종 야곱이 라헬을 사랑한 것과 같은 그런 극진한 사랑, 이방 여인 룻을 향한 보아스의 대단한 사랑, 고멜을 향한 호세아의 '그럼에도 불구하고' 사랑을 보면서 감동을 받는다. 하지만 주님이 보이신 그 사랑은, 세상의 아름답다는 사랑을 모두 뛰어넘는다. 마치 사랑하는 사람이 세상에 나밖에 없는 것처럼 사랑해주시는 것이 이 사랑의 특징이다.

또한 이것은 자격 없는 자를 사랑하시는 사랑이다. 예수님께서 그렇게 사랑하시고 훈련하고 애썼는데도 불구하고 제자들은 어떻게 했는가? 서로 자기가 잘났다고 자랑하고 냄새피우고 서로를 깔아뭉개기 바빴다. 그들에게는 최소한의 영적인 지각도, 염치도 찾아볼 수 없었다. 그런데도 주님은 사랑하셨다.

부부가 서로 티격태격하고, 상처 주고 싸우는 순간에도 주님은 그 둘을 끝까지 사랑하신다. 인생의 경주에서 기권하고 삶의 절벽 앞에서 몸을 던지고 싶은 그런 절망적인 시절을 지나는 사람들도 주님은 동일하게 사랑하신다.

우리는 이 '끝까지 사랑'에 눈이 확 열리도록 간절히 기도해야 한다. 우리 힘으로는 그 사랑을 깨달을 수 없다. 보혈의 능력이 우리에게 임하여 끝없는 사랑에 눈이 뜨여야 한다.

담대함의 원천

주님의 사랑은 끝까지 놓지 않는 사랑이다. 우리가 이 '끝까지 사랑'을 깨달으면 큰 능력을 덧입게 된다. 두려움을 몰아내는 사랑의 능력이 우리를 사로잡는다. 요한은 이 사실을 깊이 깨닫고, 이렇게 고백했다. "사랑 안에 두려움이 없고 온전한 사랑이 두려움을 내쫓나니 두려움에는 형벌이 있음이라. 두려워하는 자는 사랑 안에서 온전히 이루지 못하였느니라"(요일 4:18).

사람이 왜 약한가? 두려움이 있기 때문이다. 두렵기 때문에 마음이 답답하다. 두렵기 때문에 짐이 있다. 마음속에 조금이라도 두려움이 있다면 주님의 '끝까지 사랑'을 아직 체험하지 못했다는 뜻이다. 착한 사람은 대개 마음이 약하다. 성도들 중에도 마음이 약한 분들이 많다. 그래서 주님은 이런 우리들에게 "두려워 말라, 담대하라"라고 자주 말씀하신다.

두려움을 몰아내고 담대하려면 어떻게 해야 할까? 주님의 '끝까지 사랑'을 깨달으면 강해진다. 진짜 사랑이 우리를 강하게 한다. 사랑이 우리를 새로운 차원으로 끌어올린다. 성경은 지혜가 두려움을 내어쫓는다고 말하지 않는다. 지식도 두려움을 내어쫓지 못한다. 심지어 회개하고 주님 앞에 깨끗한 사람이 되었다고 해도 두려움이 모두 사라지는 게 아니다. 오직 예수님의 사랑 외에는 두려움을 내쫓을 것이 없다.

말씀을 통해 나 자신을 돌아보면, 사역자의 길을 가기 위해 목회자 교육도 받고 귀한 어른들도 만나고 다양한 사람들과 교제하면서 좋은 영향도 받았다. 하지만 나를 진정 변화시킨 것은 그런 코칭이나 교육이 아니라 주님의 끝까지 사랑에 대한 깨달음이었다. 이 사랑이 아니었다면 나는 강단에 설 수 없었을 것이다.

한번 돌이켜 보자. 진정 우리를 변화시킨 것이 무엇인가? 우리를 새롭게 빚어온 것은 무엇이었는가? 온전한 사랑이 두려움을 쫓아내고 우리를 변화시킨다. 심지어 고통과 징계와 채찍을 받는 상황이라 해도 이 사랑만 있으면 얼마든지 변화될 수 있다.

"주께서 그 사랑하시는 자를 징계하시고 그가 받아들이시는 아들마다 채찍질하심이라"(히 12:6). 주님은 때때로 우리를 징계하고 채찍질도 하신다. 하지만 성령님으로 말미암아 이 사랑 앞에 녹아진다면 채찍질도 감사의 차원으로 올라간다. 이러한 징계조차도 '끝까지 사랑' 안에 포함되어 있음을 알기 때문이다.

사랑의 크기와
인간의 가치

일사후퇴 때 이북에서 피난을 오신 분이 있다. 스무 살의 어린 나이에 혈혈단신으로 내려와서 공부도 하고, 가정도 이루고, 자녀도 키웠다. 혼자서 모든 걸 짊어지려다 보니 거센 세파에 찌들 대로 찌들었다. 살아온 인생 자체가 격랑이었다. 그런 이유에서인지 자녀에게도 엄하고, 본인의 성격도 굳은살 박인 손바닥처럼 딱딱했다. 부자 사이에는 당연히 긴장감이 감돌았다.

그런데 어느 날 그분의 아드님이 복음의 신비, 주님의 끝없는 사랑에 녹아지면서 은혜를 받게 되었다. 아들이 아버지를 덥석 안으면서 마음을 다하여 "아버지, 사랑합니다" 하고 고백했다. 그 순간 아버지가 은혜를 받았다. 아버지도 아들에게 말했다. "내가 사랑이 많이 부족했구나. 사랑을 받아봤어야 사랑을 하지."

'사랑을 받아봤어야 사랑을 하지.' 그렇다. 주님의 끝까지 놓지 않으시는 사랑을 체험해봐야 우리도 사랑을 할 수 있다. 오늘날 세상이 이렇게 힘든 이유는 이 '끝까지 사랑'을 경험한 사람이 적기 때문이다. 세상은 온통 사랑 결핍증을 보이고 있다.

우리의 가치, 교회의 미래는 무엇으로 결정될까? 바로 예수님의 끝까지 사랑에 달려 있다. 사랑의 크기가 우리의 가치를 결정한다. 사랑의 수준이 우리의 생애를 결정한다. 교회의 장래도 이 '끝까지 사랑'을 얼마나 잘 실천하느냐에 따라서, 그 사랑의 크기에 따라서 달라진다.

코카콜라의 고이주에타 회장은 자기 몸에는 피가 아니라 코카콜라가 흐른다고 하면서 코카콜라로 세상을 바꾸겠다고 선언했다. 실제로 공산주의 국가에 미국 대사관이 세워지기도 전에 코카콜라가 먼저 들어갈 정도였다. 공산주의자들은 프롤레타리아 혁명을 일으켜 세상을 바꾸고 싶어 했다. 톨스토이는 예술이 세상을 바꿀 수 있다고 생각했다. 스티브 잡스나 빌 게이츠 같은 사람들은 컴퓨터와 스마트폰으로 세상을 바꾸려고 했다.

우리는 무엇으로 세상을 바꿀 수 있을까? '끝까지 사랑'밖에 없다. 이 사랑을 가지고 있으면 세상을 바꿀 수 있다. '끝까지 사랑'으로 세상을 바꿔야 한다. 삶의 절벽 앞에 주저앉아서 신음하던 사람들이 이 '끝까지 사랑'을 경험하고 난 뒤 인생이 완전히 달라진 것을 우리는 잘 알고 있다. 무엇이 가장 아름다운 예술인가? 예수님 안에서 주님의 사랑으로 서로 사랑하는 공동체만큼 아름다운 것이 세상에 또 어디 있겠는가?

그리스도의 사랑을 깨달은 사람들이 모인 사랑의 공동체는 최고의 작품이다. 이 작품으로 세상을 바꿔야 한다. 지도자나 공동체에 실망하여 마음에 상처받은 분들이 있을지도 모른다. 하지만 주님의 끝까지 사랑을 경험한 공동체는 그런 실망과 상처마저도 이겨낸다. 우리 몸에는 예수 그리스도의 사랑의 피가 흐르고 있기 때문이다.

예수님은 세족식을 통하여 새 계명을 주신다. "새 계명을 너희에게 주노니 서로 사랑하라. 내가 너희를 사랑한 것 같이 너희도 서로 사랑하라. 너희가 서로 사랑하면 이로써 모든 사람이 너희가 내 제자인 줄 알리라"(34-35). 이 계명은 차원이 다른 새로운 계명이다. 예수님께서 몸소 본을 보이신 계명이었다. 새 계명을 실천하려면 예수님의 '끝까지 사랑'을 알아야 한다. 새 계명 실천은 우리의 열심이 아닌 예수님의 사랑으로 하는 것이기 때문이다. 우리가 이러한 '끝까지 사랑'의 주인공이 되어 주님의 뜻이 우리를 통해 펼쳐질 수 있기를 간절히 기도한다.

우리를 사랑하시되 끝까지 사랑하시는 하나님 아버지! 허물뿐인 인생들의 냄새나는 발을 씻기심으로 그 사랑을 알게 해주심을 감사드립니다. 주님께 받은 사랑 덕분에 저희가 지금 이 자리에 서 있을 수 있음을 고백합니다.

우리가 다른 것은 몰라도 주님께 사랑받는 것에는 실패하지 않도록 도와주시옵소서. 염치없고 자격 없음을 잘 알지만 날마다 사랑을 부어주시는 주님 앞에 나아갈 수 있도록 용기를 허락하옵소서.

저희 마음에 두려움이 있을 때에는 사람들을 사랑하는 것이 버겁고, 상처 입을까, 손해 볼까, 나를 어떻게 생각할까 눈치 보느라 제대로 사랑하지 못했습니다. 하지만 주님께서 저희를 영원부터 영원까지 동일한 사랑으로 사랑하시고 지금도 능력의 말씀으로 붙잡아주심을 깨닫고 조금씩 이 사랑을 실천할 용기를 내봅니다. 그래서 그렇게 받은 사랑만큼 세상을 사랑하며, 공동체를 사랑하며 살아갈 수 있도록 도와주시옵소서.

주님은 이렇게 행하는 자들에게 복이 있다고 하셨습니다. 팔복에서 말씀하셨던 그 복된 사람이 된다고 하셨습니다. 주여, 이 복을 사모합니다. 길이 없는 데서 길을 내시고, 소망 없는 자에게 소망이 되시는 하나님의 은혜를 갈망합니다. 예수님이 말씀하신 새 계명, 헤세드 사랑, 아가페 사랑을 실천할 힘을 허락하여 주시옵소서. 우리를 영원히 사랑하시는 예수 그리스도의 이름으로 간절히 기도드립니다.

'끝까지 사랑'을 경험한 사람은
진정한 섬김을 시작합니다

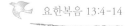 요한복음 13:4-14

지난 2007년에 태안반도에서 기름 유출 사건이 발생한 것을 기억할 것이다. 바다로 흘러나간 기름은 쉽게 수습을 할 수가 없다. 기름 제거에는 기계를 쓸 수도 없고, 화학적 방식으로도 제거가 불가능하기 때문이다. 사람이 직접 돌 하나, 자갈 하나를 붙잡고 손수 닦아야 겨우 가능한 일이다.

　1989년에 미국 알래스카에서도 똑같은 사건이 일어났다. 하지만 땅도 넓고 사람도 별로 없었기 때문에 사람이 직접 닦을 수 없었다. 지금도 그곳에는 당시 유출된 기름띠가 거의 그대로 남아 있다.

　하지만 그때 우리는 태안에 있는 어부들을 생각하며 '한번 섬겨보자' 하는 마음을 품고 달려갔다. 우리 교회만 해도 1년 동안 수만 명이 수건을 들고 가서 자갈에 묻은 기름때를 하나하나 닦아냈다. 한국인은 한번 불이 붙으면 실천력이 강하니까 6개월 만에 거의 다 닦았다. 지금은 당시 흔적을 찾기 어려울 정도로 깨끗해졌다.

태안반도의 기름을 닦을 때 우리에게는 구호가 하나 있었다. "신학도, 교단도 다를 수 있다. 하지만 섬김으로 하나가 되자." 교회를 사랑하는 방법은 서로 다를 수 있다. 교회에 대한 생각도 다를 수 있다. 그러나 예수님이 먼저 우리를 섬겨주신 그 사랑을 제대로 알게 되면 교회들도 하나가 될 수 있음을 알았다.

떠나시기 전, 결정적인 순간

"저녁 잡수시던 자리에서 일어나 겉옷을 벗고 수건을 가져다가 허리에 두르시고 이에 대야에 물을 떠서 제자들의 발을 씻으시고 그 두르신 수건으로 닦기를 시작하여"(4-5). 예수님은 저녁을 잡수시다가 문득 멈추시고, 겉옷을 벗고 수건을 가져다가 허리에 두르시고 대야에 물을 떠서 제자들의 발을 씻기기 시작하셨다.

예수님이 이처럼 종 된 모습으로 제자들의 발을 씻기신 이유가 무엇일까? 주님은 무엇 때문에 제자들의 발을 씻기셨을까? "유월절 전에 예수께서 자기가 세상을 떠나 아버지께로 돌아가실 때가 이른 줄 아시고"(1). "저녁 먹는 중 예수는 아버지께서 모든 것을 자기 손에 맡기신 것과 또 자기가 하나님께로부터 오셨다가 하나님께로 돌아가실 것을 아시고"(3).

이 두 절에서 공통적으로 등장하는 '아셨다'라는 단어에 주목해 보자. 예수님은 이제 떠나야 할 때가 가까이 왔다는 것을 아셨다. 주님은 십자가에 달리시기 전까지 얼마 남지 않은 시간을 앞두고 가장 중요한 일부터 하셔야만 했다. 그 일이 바로 제자들의 발을 씻기는 것이었다. 그 소중한 시간에 대야에 물을 떠서 제자들의 발을 씻기는 섬김을 실천하셨다.

제자들의 발을 씻기신 사건에는 단순한 세족식 이상의 의미가 담겨 있다. 영적으로 보면 예수님은 그 그릇에 당신의 보혈을 담아서 한 사람 한 사람을 씻어주심으로 죄에서 벗어나게 하시고, 또 누추하고 더러운 것들을 정결하게 하여 하나님 앞에 설 수 있도록 해주신 것이다.

하지만 제자들은 이 사건의 의미를 제대로 깨닫지 못했다. 훗날 요한은 A. D. 90년 이후에 이 복음서를 기록하면서 나중에야 이를 깨닫고 깜짝 놀란다. 제자들은 세족식에 대해서는 기억하고 있었지만 이것이 예수님의 지극한 섬김의 표현인 줄은 미처 몰랐다. 예수님이 섬기기 위해 이 땅에 오셨다는 말씀을 그토록 많이 하셨는데도 불구하고 제자들은 그 말뜻을 깨닫지 못했다.

정체성과 섬김

다음으로 예수님은 자신이 하나님께로부터 오셨다가 하나님께로 돌아가는 것을 아셨다(3). 이것은 예수님의 정체성에 관한 이야기다.

예수님은 자신이 누구인지 정확하게 아셨다. 정체성에 대해 확고했다. 자신이 누구이며, 어디에서 와서 어디로 가는지를 명확하게 아는 사람은 탈선하지 않는다. 예수님 역시 흔들리지 않으셨다. 그토록 모욕을 당하면서도 주님은 한 치의 흔들림도 없으셨다.

우리도 마찬가지다. 내가 누구인지 알면 혼란스럽지 않다. 우리가 가정이나 직장에서 어려움을 당하고 압박을 받고 상처를 입을 때마다 주님은 이렇게 말씀하신다. "네가 누구인지를 기억하라. 너는 하나님의 사람이다. 하나님의 사랑하는 가족의 일원이다. 너는 지금도 아버지께 큰 사랑을 받고 있다. 네 죄는 다 용서받았다. 너는 더이상 사탄의 유혹에 세상 사람들처럼 반응할 필요가 없다."

내가 누구인지를 명확하게 알면, 내 정체성이 분명하면 다른 사람의 발을 씻겨주는 것이 부끄럽지 않다. 내 정체성이 확고하면 다른 사람을 섬길 수 있다. 예수님은 선생님이요, 주인이셨다. 하지만 예수님은 자신이 누구인지 확실히 아셨기 때문에 종의 자리에 서서 제자들을 섬길 수 있었다. 섬기는 사람이 큰 자이기 때문이다.

매일 발을 씻어야 한다

제자들은 이제 곧 예수님의 왕국이 도래할 것이라고 철저하게 믿고 있었다. 로마를 물리치고 예수님이 모든 정치적인 권력을 장악하여 힘을 행사하시면 자기들은 장관 자리 하나씩은 맡을 것이라고 확신했다. 그런 높은 마음이 가득했기에 제자들은 서로 상대방이 자기 발을 씻겨야 한다고 생각했다.

그때 예수님은 어떻게 하셨는가? 대야에 물을 받아서 제자들의 발을 씻기셨다. 이 일은 분명 종이 하는 일이었기에, 제자들은 큰 충격을 받았다. 모두들 심히 부끄러워하면서 어떻게 해야 할지 몰라 안절부절했다. "주님께서 내 발을 씻기시다니, 이건 말도 안 됩니다."

베드로가 특히 그랬다. "내 발을 절대로 씻지 못하시리이다"(8). 베드로는 주님이 자신을 절대로 씻기실 수 없다고 말한다. 그러자 예수님은 "내가 너를 씻어주지 아니하면 네가 나와 상관이 없[다]"라고 말씀하신다. 그랬더니 베드로는 "주여 내 발뿐 아니라 손과 머리도 씻어 주옵소서"(9)라고 말한다.

예수님은 이런 베드로에게 말씀하신다. "이미 목욕한 자는 발밖에 씻을 필요가 없느니라. 온몸이 깨끗하니라"(10).

이 말씀은 무슨 뜻인가? 예수 그리스도를 구세주로 영접하면 "중생의 씻음과 성령의 새롭게 하심으로"(딛 3:5) 과거와 현재와 미래의 죄까지도 다 해결받는다는 뜻이다. 그것이 '목욕했다'라는 의미다. 하지만 문제는 일상이다. 우리는 매일 더러워진다. 매일 오염된다. 매일 누추해지고 매일 발이 더러워진다. 비록 온몸을 씻었더라도 거룩한 삶을 제대로 이어가려면 반드시 날마다 발을 씻어야 한다. 이것이 주님께서 우리에게 주시는 메시지다.

이 부분에 있어서는 오랫동안 신앙생활을 해온 사람이나 교회에 처음 온 사람들 간에 별 차이가 없다. 매일 발을 씻지 않으면 우리는 모두 누추한 존재가 될 수밖에 없다. 주님은 매일 발을 씻지 않으면 당신과 상관이 없다고까지 하셨다.

주님을 더 깊이 알아갈수록 우리는 더욱 자주 발을 씻어야 할 존재임을 깨닫는다. 발을 자주 씻으면 깨끗함에 대한 감각이 생긴다. 바울은 날마다 자기 발을 깨끗이 씻다가 비로소 하나님 앞에서 자신이 죄인 중에 괴수임을 알았다. 바울 같은 사도가 어떻게 죄인의 괴수일 수 있을까? 하지만 자기 삶을 자꾸 주님께 씻김받다 보니까 주님 앞에서 자신의 모습을 직면하게 된 것이다.

우리 마음에 떠오르는 생각을 말로 표현한다면 우리는 얼마나 누추한 존재로 드러나게 될지! 입 다물고 있으니 그나마 좀 나은 것이다. 우리가 다 주님 앞에 자신을 내어놓고 "주여, 우리의 발을 씻어 주시옵소서. 매일매일 발을 씻겨주시옵소서" 이렇게 기도하지 않는다면 무슨 낯으로 살겠는가? 혼자 있을 때의 모습이 영상으로 공개

된다면 우리는 도저히 살아갈 수 없을지도 모른다. 우리는 참으로 누추한 존재라서 매일 발을 씻지 않으면 금세 더러워진다. 그렇지 않으면 이 은혜를 유지할 수 없다.

권리 포기

하지만 나 혼자만 발을 씻는 것으로 끝이 아니다. "내가 주와 또는 선생이 되어 너희 발을 씻었으니 너희도 서로 발을 씻어주는 것이 옳으니라"(14). 예수님은 제자들에게 '서로' 발을 씻어주라고 하셨다. 서로 발을 씻긴다는 말은 섬김을 실천하라는 뜻이다.

기독교에는 독불장군이 설 자리가 없다. 힘들어도 서로의 발을 씻기는 사람들이 되어야 한다. 신약 말씀에 '서로'에 대한 말씀이 많은 것도 교회가 공동체이기 때문이다. 그중 몇 가지를 살펴보면, "서로 사랑하라, 서로 발을 씻어주라, 서로 불쌍히 여기라, 서로 용서하라, 서로 덕을 세우라, 서로 섬기고 봉사하라, 서로 낮게 여기라, 서로 겸손으로 허리를 동이라, 사랑으로 서로 종노릇하라, 짐을 서로 지라" 등등이 있다.

이러한 섬김을 실천하는 일은 자기 권리를 포기하는 것에서 시작된다. 세상은 자기 권리에 대한 주장으로 가득하지만 우리는 당연한 권리마저도 포기해야 할 때가 있다. 예수님이 십자가를 지실 때 사람들은 침 뱉고 가시관을 씌우며 모욕을 주었다. 그러나 예수님은 자신을 지킬 정당한 권리를 포기하시고 묵묵히 십자가를 지셨다.

자기 권리를 포기한다는 것은 구체적으로 말해 자기가 원하는 시간에 자기가 원하는 것을 마땅히 할 수 있는 권리를 행사하지 않는다는 말이다. 예를 들어, 녹초가 된 몸을 이끌고 하루 일을 마치고 들어온 남편이 저녁 시간에 자유롭게 텔레비전을 볼 수도 있지만 아내에게 채널 선택권을 넘겨준다면 그것은 비록 작지만 자기 권리를 포기하는 것이 된다. 휴일을 맞아 등산을 가거나 집에서 실컷 잠을 잘 수도 있지만 그 권리를 포기하고 가족들과 함께 시간을 보내면 그것이 곧 섬김의 실천이다. 작은 일부터 그렇게 시작하면 된다.

자기 권리를 포기하지 않으면 우리는 서로를 섬길 수 없다. 오늘날 가정이 어려운 이유는 남편은 남편의 권리를 주장하고, 아내는 아내의 권리를 주장하기 때문이다. 아빠 엄마가 지나치게 자기 권리에 민감하다 보니 아이들도 그것을 배워 일찍부터 자기 권리를 주장한다. 요즘은 초등학생들도 그렇다.

계속 권리만 주장하다 보면 분노가 쌓인다. 특히 요즘 한국 사회를 보면 분노가 가득한 것 같다. 물론 분노에도 긍정적인 부분이 있기는 하다. 우리는 지금까지 분노의 에너지를 좋은 방향으로 잘 활용해서 이만큼 성장했다. 하지만 이제는 우리도 새로워져야 한다. 분노가 아무리 힘이 세다고 해도 사랑을 이길 수는 없기 때문이다. 분노가 섬김을 넘어설 수는 없다. 이제는 분노 에너지를 섬김 에너지로, 사랑 에너지로 승화시켜야 한다. 우리가 섬김의 마음을 가지고 자기 권리를 포기하고, 분노 에너지를 섬김 에너지로 승화시킬 때 하나님은 우리에게 새 길을 열어주실 것이다.

자연스러운 섬김의 실천

얼마 전에 가천대 길병원 박재형 교수의 부인이 60세의 나이로 소천하셨다. 아내 분은 뇌종양이 생겨 지난 15년 동안 뇌사 상태에 빠져 있었다. 보통 뇌종양으로 인한 뇌사일 경우 1년 이상 살기가 어렵다고 한다. 하지만 박재형 장로는 15년 전 뇌사에 빠진 아내를 앞에 두고 이런 기도를 올렸다.

"하나님, 히스기야가 기도했을 때 15년을 연장시켜주신 것처럼 제 아내의 목숨도 연장시켜주십시오. 그동안 아내를 제대로 섬기지 못했는데 이제라도 기회를 주십시오."

그렇게 15년 동안 아내를 돌보면서 상한 갈대도 꺾지 않으시고 꺼져가는 등불도 끄지 않으시는 주님의 은혜를 새롭게 깨닫게 되었음을 고백한다. 아내를 섬기면서 생명의 귀중함을 더 깊이 마음에 새겼다. 잠자듯이 누워 있는 아내의 모습을 매일 보면서 소유했던 것들을 하나하나 내려놓을 수 있었다.

박재형 교수는 섬김으로 이 사랑을 평생 실천하겠다는 각오를 밝혔다. 그리고 이제는 더 큰 섬김의 기회를 찾았다. 아내가 15년간 목숨을 연장할 수 있었던 것에 감사하는 마음으로 치매 노인을 돌보는 '사랑의 집' 건립을 위하여 자신의 소유를 드리면서 섬김을 실천하고 있다. 그는 이렇게 말한다. "나와 자식들을 위해 헌신했던 아내에게 보답할 기회를 주신 주님을 찬양합니다."

우리는 앞서 예수님의 '끝까지 사랑'에 대해 들었다. 그렇다면 이 끝까지 사랑은 어떻게 표현되어야 할까? 끝까지 사랑은 '섬김'을 통하여 실천되어야 한다.

"내가 온 것은 양으로 생명을 얻게 하고 더 풍성히 얻게 하려는 것이라"(요 10:10). 우리 안에 있는 예수님의 생명이 나타나는 것에도 수준이 있다. 겨우 생명을 얻은 수준이 있고, 그것을 더 풍성하게 누리는 수준이 있다. 우리가 예수님의 생명을 선물로 받았다면 이제는 그 생명을 더욱 풍성히 누리는 은혜를 사모해야 한다. 그리고 이 풍성한 생명은 주님의 마음으로 서로를 섬길 때에 충만해진다.

우리는 섬기더라도 자신에게 맞는 사람만, 혹은 자기 마음에 원하는 때만 겨우 섬긴다. 그런데 주님은 차별 없이 다 섬기라고 말씀하신다. 진정한 섬김은 그 자체로 하나의 큰 보상이 된다. 진정한 섬김은 보상을 요구하지 않으며, 차별함도 없다. 예수님은 가룟 유다의 발까지도 정성껏 씻기셨다.

하나님의 음성에 귀를 기울이는 사람이라면 이러한 섬김의 은혜를 사모하여 기도하기 시작할 것이다. 예수님의 '끝까지 사랑'을 경험한 사람만이 진정으로 섬길 수 있다. 교회 공동체가 이 시대에 우리 앞에 남겨진 진정한 섬김을 자신의 것으로 받아들여 주님의 마음을 흡족하게 해드릴 수 있기를 기도한다.

존귀하신 주님! 주님은 떠나실 때가 얼마 남지 않았을 때 제자들의 발을 씻기셨습니다. 앞으로도 그들 한 사람 한 사람을 그렇게 사랑하시며 감당해주시겠다는 사랑의 표현이었습니다. 우리도 그 엄청난 사랑을 받은 자들입니다. 이 사랑 안에서 흔들림 없이, 아버지의 사랑에 대한 의심 없이 주님과 이웃들을 사랑할 수 있도록 도와주시옵소서.

매일매일 우리의 더러운 발을 주님께 씻김받음으로 날마다 변화되는 감격을 경험할 수 있게 해주시옵소서. 또한 그 은혜를 간직하고 서로의 발을 씻기는 섬김을 통하여 우리 자신과 교회가 새 시대를 체험하게 해주시고, 분노와 상처가 많은 세상에서 사랑과 섬김의 능력으로 분노의 에너지를 사랑 에너지로 바꾸는 사랑의 실천자가 되도록 은혜를 주옵소서.

저희는 날마다 씻어도 씻을 데가 나오는 사람들입니다. 날마다 회개해도 다음날에는 참회할 것이 생기고 부끄러운 일들을 많이 행하는 연약한 자들입니다. 주님, 저희가 이런 모습에 실망하지 않고 매 순간 주님께 발을 내밀어 정결함을 입음으로써 영적 순결을 유지하는 자들이 되게 해주십시오.

내가 먼저 실천할 수 있는 것들이 있다면 작은 것이라도 시작할 수 있도록 용기를 주옵소서. 삶에 많은 좌절이 있지만 그것을 섬김으로 극복할 수 있는 사랑과 은혜를 주시기 원하옵나이다. 섬김의 본을 보여주시는 예수 그리스도의 이름으로 간절히 기도드립니다.

유일한 구원자,
예수 그리스도

 요한복음 14:6

목회 사역에는 두 종류가 있다. 첫째는 제사장적 사역이다. 성도가 찾아오면 교회는 영적인 어머니가 되어서 양육하고 성숙할 수 있도록 도우며, 또 아프고 힘들면 위로하고 치유하고 상처를 꿰매주는 역할을 하는 것이 제사장적 사역이다. 둘째는 선지자적 사역이다. 교회가 언제까지나 양육하고 먹여주고 상처만 치유할 수는 없다. 교회는 불의에 도전하여 하나님의 공의도 이야기해야 되고, 잘못한 부분에 대해서는 책망도 해야 한다.

그런데 선지자적 사역을 하는 목회자들이 때로는 벽에 부딪칠 때가 있다. 사회가 바람직하지 못한 방향으로 흘러가고, 또한 교회도 사람이 모인 곳이라 때로는 마음에 안 드는 부분이 눈에 들어온다. 그래서 자기도 모르게 '선지자적 비관론'에 빠지는 것이다.

고신대의 전광식 총장은 한국의 기독교인 가운데 많은 사람들이 선지자적 사역을 하다가 갑자기 선지자적 비관론으로 돌아서는 경우가 많다고 지적한다. 이 사회가 너무 안타깝고 힘들어서 더 이상은 어찌할 수 없는 것처럼 보이기 시작한다는 말이다. 그럴수록 더 헌신하고 주님을 사모해야 하는데 도리어 선지자적 비관론을 거쳐 '선지자적 비판론'으로 넘어가는 경우가 많다.

이렇게 선지자적 비판론이 찾아올 때 우리는 어떻게 해야 하는가? 우리는 '제사장적 책임론'으로 가야 한다. 어떻게 하면 양들을 더 잘 먹일까? 어떻게 하면 성도들이 더 새로워질까? 어떻게 하면 교회에 아름다운 변화를 가져올 수 있을까? 어떻게 하면 시대적 사명을 더 잘 감당할 수 있을까? 이런 것을 생각해야 한다. 똑같은 현상을 만나더라고 선지자적 비판론에 빠지지 않고 제사장적 책임론으로 가야 한다.

이러한 선지자적인 책임을 짊어지려면 무엇보다도 '생명의 역사'라는 토대 위에 견고하게 서 있는 것이 중요하다. 복음 진리가 훼손되고 복음의 생명력이 약화되면 자신도 모르는 사이에 선지자적 비판론에 빠지게 되고, 그러면 나와 이웃 모두 손해를 볼 뿐만 아니라 공동체도 고통을 당한다. 하지만 인생과 공동체가 처한 어두운 길목에 주님이 주시는 진리의 빛, 하나님의 빛이 밝게 비추면 우리는 제사장적인 사명감으로 다시 일어설 수 있다.

그 길, 그 진리, 그 생명!

예수님께서 하늘 나라에 하나님의 자녀가 거할 처소를 예비하겠다고 말씀하시니 도마가 반문한다. "주여 주께서 어디로 가시는지 우리가 알지 못하거늘 그 길을 어찌 알겠사옵나이까"(5). 그물과 배를 버리고 멀쩡한 직업마저 팽개치며 주님을 따랐는데 이제 주님께서 그들이 모르는 곳으로 가신다고 하시니 제자들은 고아와 같은 심정이 되었다. 그러자 예수님은 말씀하신다. "내가 곧 길이요 진리요 생명이니 나로 말미암지 않고는 아버지께로 올 자가 없느니라."

이 말씀은 예수님이 우리에게 길과 진리와 생명을 '소개한다'는 뜻이 아니다. 예수님 자체가 길이요, 진리요, 생명이라는 말이다. 그래서 여기에는 정관사가 붙는다. 그냥 길, 한 조각의 진리, 즉 'a way'나 'a truth'나 'a life'가 아니다. 'The way', 즉 예수님이 바로 '그' 길이고, 예수님이 바로 '그' 생명이며, 타협할 수 없는 바로 '그' 진리라는 말씀이다. 예수님이 길과 진리와 생명이 되시기 때문에 예수님이 아니고서는 천국 입성 자체가 불가능하다는 뜻이다. 이 밖에는 구원의 길이 없다는 의미다.

첫째, 예수님은 그 길이시다. 주님이 길이 되신다는 말은 '구원의 길'이 되신다는 뜻이다. 우리가 찾던 바로 그 길이라는 뜻이다. 예수님 외에는 구원에 이르는 다른 길이 없다. 이것은 타협할 수 없는 부분이다. 서울에서 부산을 가는 데는 여러 길이 있다. 교통수단도 비행기나, 버스, 기차, 자가용 등 여러 종류가 있다. 백두산 가는 길도 그렇다. 북한에서 들어가는 길도 있고 중국에서 오르는 길도 있다. 이처럼 부산이나 백두산 가는 길도 많고 방법도 다양한데, 왜 예수님만이 구원의 길이라고 하는 것인가?

천국 가는 길은 부산 가는 길이 아니기 때문이다. 천국 가는 길은 세상길이 아니다. 이건 하나밖에 없는 길이다. 대체가능한 길이 아니다. 예수님만이 천국 가는 유일한 길이기 때문에 'the way'라고 말씀하셨다.

둘째, 예수님은 그 진리이시다. 진리란 언제 어느 때나 변함없이 올바른 것을 말한다. 예수님이 '진리'라는 말은 창세기 3장의 소위 '원시 복음'부터 시작해서 요한계시록까지 성경 66권 전체가 지난 수천 년 동안 한결같이 증거하고 있는 내용이다. 그래서 구약성경을 신약의 관점에서 새롭게 해석한 히브리서는 "예수 그리스도는 어제나 오늘이나 영원토록 동일하시느니라"(13:8)라고 말씀한다.

셋째, 예수님은 그 생명이시다. 많은 사람들이 삶에서 재미도, 기쁨도 누리지 못한다. 삶에는 권태가 가득하다. 그 속에 진정한 생명의 역사가 없기 때문이다. 또한 모든 사람은 다 죽는다. 세상 종교를 이끌었던 모든 창시자나 교주들도 다 죽었다. 그런데 예수님만은 죽음을 극복하시고 죽음에서 부활하셨다. 주님이 생명이시라는 말은 그분이 죽음을 극복했다는 뜻이다. 따라서 예수님이 그 생명이심을 확인하는 순간부터 우리는 죽음을 극복하는 능력을 받아 누리며 살아가게 된다.

다원주의 시대의 그리스도인

오늘날 우리가 살아가는 사회는 예수 그리스도의 길과 진리, 생명 되심을 있는 그대로 받아들이지 않는다. 종교 다원주의의 영향력이 커졌기 때문이다.

이 사회가 다양한 것은 좋다. 하나님께서 우리를 창조하실 때는 정해진 틀 하나로 모판 찍듯이 그렇게 만드신 것이 아니었다. 사람은 모두 다르다. 은사도 모두 다르다. 우리를 창조하실 때 다양하게 창조하신 것은 참 좋은데, 이 다양성이 진리의 문제와 연결되면 난관에 부딪힌다. 종교 다원주의가 된다는 말이다.

오늘날은 종교 다원주의 시대라고 말할 수 있다. 폴 니터는 대표적인 종교 다원주의자이다. 현재 우리가 처한 환경오염이나 핵전쟁으로 인한 위협과 같은 문제는 특정한 종교 하나가 해결책을 제시할 수 없다고 하면서 기독교가 유일한 해답을 가지고 있다는 주장은 터무니없는 것이라고 말한다. 근래에는 이런 종교 다원주의의 영향이 더욱 커지다 보니 예수 그리스도의 유일성이 자꾸 공격을 받고 있다.

사람들이 이런 종교 다원주의를 어떻게 받아들이는지를 나도 직접 경험한 적이 있다. 2002년에 보스턴에 있는 하버드 대학교 광장에서 9·11테러 1주년 기념 추모 예배가 열렸다. 추모 '예배'라고 해서 나도 참석했다. 수천 명이 광장에 모였다. 이제 말씀을 듣고 함께 예배를 드리겠다 싶었는데 깜짝 놀랄 일이 벌어졌다.

예배가 시작되자 어떤 유대인 랍비들이 나오더니 소뿔로 된 나팔을 불었다. 잠시 후에는 이슬람 회교 사제인 이맘이 나와 환영 인사를 했다. 그다음에는 티베트 라마승이 나오고, 또 힌두교 사제가 나와서 알아듣지도 못하는 주문을 외웠다. 말로만 들어본 조로아스터교 신자들도 그들의 신인 아후라 마즈다(Ahura Mazda)를 부르고 경전을 읽었다. 조금 있다가 한 동양계 학생이 나오더니 불교 경전을 낭독했고, 또 어떤 이는 힌두교의 《우파니샤드》를 읽었다. '기독교는 언제 나오나?' 생각하며 한참을 기다리는데 추모식을 거의 마칠 때쯤 기독교 서클의 어떤 학생이 나오더니 로마서 8장 35절부터 39절까지를 3-4분 낭독하고 들어갔다.

미국의 주류 종교가 기독교인데도 이런 자리에서는 어떤 주도권도 발휘하지 못했다. 기독교는 침묵하고 다른 종교는 힘껏 목청을 높이고 있었다. 원래 하버드 대학교를 세운 사람은 존 하버드라는 목사였다. 하버드는 기독교 신앙을 기반으로 설립된 학교이며, 학교의 배지에는 'Veritas', 즉 '진리'라는 단어가 새겨져 있다. 하지만 이제는 종교 다원주의자들이 다원주의를 강력한 무기로 삼아 진리를 왜곡시키고 물 타기를 하고 있다.

오늘날 한국에 있는 서른 살 미만의 젊은 그리스도인들 상당수가 하나님께로 가는 길이 여러 가지라고 믿는다고 한다. "왜 예수님만 유일한 길이냐? 왜 기독교만 유일한 길이냐?" 이렇게 생각하는 사람들이 교회 안에도 있다는 말이다. 하지만 빌리 그레이엄 목사의 아들인 프랭클린 그레이엄은 이렇게 선언했다.

"나는 불교나 힌두교를 통해 천국에 갈 수 있다고 믿지 않는다. 나는 기독교 외에 다른 종교, 예컨대 이슬람의 모하메드는 천국이 아니라 그저 무덤으로 가는 길이라고 생각한다. 사람들이 나의 이런 확실한 주장을 싫어하고 공격한다고 하더라도 나는 사과하지 않을 것이다. 이것으로 분열이 생겼다면 그 점에 대해서는 사과하겠다."

이러한 그의 담대한 주장 때문에 많은 사람의 공격을 받고 있지만 프랭클린 그레이엄은 빌리 그레이엄의 아들답게 유일한 복음을 지켜나가고 있다.

예수님만이
유일한 진리

기독교는 종교가 아니라 진리이다. 성경이 말하는 진리는 단순한 정보를 아는 차원이 아니라 예수님과 인격적인 관계를 맺는 것을 의미한다. 이 관계는 생명의 관계이며, 이 진리를 경험한 사람들은 평생을 통해 점점 더 성숙해간다. 진리는 인격이기 때문에 이것을 받은 사람이 영적으로 성장하지 않는다면 그는 자신을 돌아보아야 한다.

타종교를 믿는 분들 중에도 진정성을 가지고 헌신하는 사람이 많다. 그러나 진지하다고 해서 진리는 아니다. 신실하다고 다 진리가 되는 것은 아니다. 진정성이 있다고 다 진리는 아니다. 이슬람이나 불교나 힌두교를 믿는 분들 가운데 신실하고 진실한 사람들은 많다. 그들의 헌신도, 인격도 인정한다. 그러나 신실함이나 헌신만으로 구원의 길에 이를 수는 없다. 독약을 마실 때도 얼마든지 진지하고 신실할 수 있다. 하지만 아무리 진지해도 독약은 독약인 것이다.

바리새인들도 진지하게 하나님을 믿었다. 그러나 길이요 진리요 생명이 되시는 예수님과 인격적인 관계를 형성하지 못했기 때문에 대부분의 바리새인들은 구원받지 못했다. 반면 십자가에 달린 강도는 평생을 수치스럽게 살았지만 예수님이 진리인 것을 깨닫고 주님을 받아들이니 그 순간 구원을 받았다. 진지하다고 해서 진리는 아니다. 진짜 진리에 접붙여져 생명의 관계가 형성되어야 진리가 된다.

예수님만이 유일한 구원의 길이 되시는 이유가 무엇일까? 그분만이 우리의 죄 문제를 해결해주시기 때문이다. "그리스도께서 하나님 곧 우리 아버지의 뜻을 따라 이 악한 세대에서 우리를 건지시려고 우리 죄를 대속하기 위하여 자기 몸을 주셨으니"(갈 1:4). 다른 길을 통해 죄 문제를 해결할 수 있었다면 하나님은 그 방법을 택하셨겠지만, 예수님을 이 땅에 보내셔서 죄 문제를 해결하는 방법 외에는 다른 길이 없음을 아셨다.

신학교 재학 시절에 기독교 변증에 큰 도움을 주었던 R. C. 스프라울 교수는 이런 유명한 말을 남겼다. "모세는 율법을 해석했고 모하메드는 칼을 휘둘렀으며 석가모니는 우리가 성찰할 수 있게 하고 유대교는 지혜를 주었다. 그러나 어느 누구도 이 세상 죄를 해결해주지는 못했다. 오직 예수님만이 우리 죄에 대한 숭고한 희생제물이 되셨다."

예수님만이 우리의 죄 문제를 해결해주셨다. "사랑은 여기 있으니 우리가 하나님을 사랑한 것이 아니요 하나님이 우리를 사랑하사 우리 죄를 속하기 위하여 화목제물로 그 아들을 보내셨음이라"(요일 4:10).

다른 종교에서는 진리를 가지고 '이렇다 저렇다' 자세히 설명하고 정보도 주지만 예수님은 그렇게 빙빙 돌려 말씀하지 않으셨다. 가령 사람이 물에 빠져 허우적거리면서 죽어가는데 그 자리에서 수영하는 방법을 가르쳐줄 참인가? 하지만 예수님은 직접 뛰어드셔서 물에 빠진 사람을 건져내신다. 그것이 차이다. 그래서 예수님이 유일한 구원자이시다. 예수님이 유일한 생명이다. 이것이 우리가 주님을 유일한 진리로 고백하는 이유이다.

예수님만이
유일한 길

왜 예수님만이 유일한 길인가? 조금 더 깊이 들어가보면 예수님의 신성 때문이다. 예수님은 참 하나님이시기 때문에 유일한 분이시다. 예수님은 단지 특별한 인간이 아니라, 하나님의 아들, 즉 신성을 지닌 분이다. 그래서 C. S. 루이스는 당신께서 하나님과 하나시라는 예수님의 주장을 액면 그대로 평가한다면 두 가지 결론만 가능하다고 했다. 사기꾼 혹은 미치광이, 거짓말쟁이 가운데 하나이거나 아니면 하나님이거나, 둘 중 하나라는 것이다. 그런 주장을 듣고도 그분을 단지 스승이나 성인으로만 생각하는 것은 불가능하다는 말이다. 이처럼 예수님의 신성 때문에 예수님은 유일한 길이다.

또한 예수님의 성품 때문에 예수님은 유일한 길이 되신다. 예수님은 온유와 겸손의 사람이셨다. 얼마든지 높아질 수 있는 능력과 실력을 가지셨지만 한없는 겸손과 온유로 죄인들을 섬기셨다.

예수님의 독특한 탄생 때문에 예수님은 유일한 길이시다. 예수님은 성령으로 잉태되셔서 동정녀 마리아를 통해 태어나셨다.

예수님의 독특한 삶으로 인해 유일한 길이 되신다. 주님은 사랑과 긍휼과 초자연적인 표적과 능력을 드러내시며 독특한 삶을 사셨다.

예수님의 대속적 고난과 죽음 때문에 유일한 길이 되신다. 죄 없으셨던 주님이 죄인을 대신해 십자가에 매달렸기 때문에 예수님은 유일한 분이다.

무엇보다도 예수님의 부활과 재림 때문에 예수님은 우리의 유일한 길이 되신다. 세상 어떤 인간도, 어떤 종교 지도자들도 죽음을 이기지 못했다. 모든 인간에 대한 최후의 승자는 죽음이다. 그러나 예수님은 죽음의 권세를 깨뜨리셨고 마귀를 격파하셨으며 지옥의 문을 여셨다. 누구든지 예수님을 믿고 유일한 길 되시는 예수님을 구세주로 모시면 죽음을 극복하고 지옥 권세를 깨뜨릴 수 있다.

이러한 예수님의 유일성 때문에 우리는 진리에 관한 한 타협하거나 관용을 베풀 수 없고, 배타적이 될 수밖에 없다. 타협하는 순간, 그것은 더 이상 진리가 아니기 때문이다.

하나님의 능력을 담은 복음

우리가 중국을 가려면 중국에서 인정하는 비자를 받아야 북경공항에서 추방당하지 않는다. 마찬가지로 하늘나라에 들어가려면 하늘나라에서 발급한 비자가 있어야 한다. 생명의 길, 구원의 길은 내가 원한다고 내 방식대로 갈 수 있는 것이 아니다. 하나님 나라에 들어가려면 그 나라의 법칙과 조약을 지켜야 한다. 예수님은 말씀하신다. "내가 곧 길이요 진리요 생명이니 나로 말미암지 않고는 아버지께로 올 자가 없느니라." 예수님은 하늘나라에서 인정하시는 유일한 길이고 진리이고 생명이시다. 예수님의 이러한 유일성을 사람들에게 어떻게 전해야 할까? 예수님의 유일한 구원자 되심을 어떻게 전해야 할까?

나는 오랫동안 새생명전도축제나 대각성전도집회를 하면서 복음 진리를 선포해왔다. 대학부 시절부터 신입반을 맡아 예수 믿지 않는 분들에게 복음을 전하고, 구원의 진리를 선포했다. 똑똑하고 많이 공부한 분들에게 복음을 전할 때는 참 쉽지 않았다. 가령 고(故) 이민아 변호사가 미국에 있을 때 나와 함께 10여 년 동안 신앙생활을 한 적이 있었다. 당시 민아 자매는 자신의 아버지 이어령 박사가 미국에 올 때마다 나에게 복음을 전해달라고 부탁했다. 겨우 30대 중후반인 목사가 대한민국 최고의 지성인 중 한 명에게 복음을 전하는 일은 큰 부담이 되었다. 또한 아직 믿음이 없는 수천 명을 상대로 복음을 전할 때도 영적 부담감이 컸다. 하지만 그럴 때마다 하나님께서 적절한 말씀을 주셨다.

복음 진리를 선포하려고 하면 많은 사람들이 머뭇거린다. 새생명축제 같은 날에 가족을 모시고 오라고 하면 '아이고, 내가 뭐 자격도 없고 부족한데… 이거 참 부담이 되어서 어떻게 하나?' 이렇게 생각하는 분들이 많다. 이런 방식이 복음 전도에 큰 효과가 있을까 의구심을 갖기도 한다. 그럴 때마다 마음속에 간직해야 할 성경 구절이 있다. "내 말과 내 전도함이 설득력 있는 지혜의 말로 하지 아니하고 다만 성령의 나타나심과 능력으로 하여 너희 믿음이 사람의 지혜에 있지 아니하고 다만 하나님의 능력에 있게 하려 하였노라"(고전 2:4-5).

우리의 전도는 사람의 설득력 있는 말이 아니라 오직 성령의 나타나심과 능력으로 하는 것이다. 때로는 예수님의 유일성을 말하는 것이 좀 배타적으로, 독선적으로 보이고 투박하다 해도 성령이 역사하실 것을 기대하면 된다. 그렇게 복음을 전할 때 성령께서는 신기하게도 사랑하는 가족과 믿지 않는 분들에게 복음 진리를 깨닫게 하신다.

앞뒤 가리지 않고 예수님의 유일성을 일방적으로 주입하는 것은 지혜롭지 못한 일이다. 그러나 이 진실을 알면서도 생명의 역사를 선포하는 일에 게으름을 피워서도 안 된다. 많은 사람들이 인생의 낭떠러지를 향하여 가고 있다. 우리는 그 길이 낭떠러지임을 너무나 잘 알고 있다. 먼저 눈 뜬 사람에게는 "그리로 가면 안 됩니다. 이리로 오셔야 합니다" 하고 그들의 손을 붙잡고 안전한 길로 데리고 가야 할 책임이 있다. 어떤 사람이 암에 걸려서 죽기 직전에 특효약을 먹고 기적적으로 나았다고 하자. 그런 사람이 자기와 동일한 암에 걸린 사람에게 그 약을 소개하지 않는다면, 참 나쁜 사람일 것이다.

유일성을 선포하는 일도 똑같다. 마음과 뜻과 정성을 다하여 예수님의 유일성을 선포하도록 하자. 아직 믿지 못하는 분들이 자연스럽게 깨닫고 영적인 눈을 뜰 수 있도록 하나님께서 역사하시기를 간절히 기도하자. 그럴 때 선지자적 비관론과 선지자적 비판론이 팽배한 이 시대 가운데 제사장적 책임론을 감당할 만한 은혜를 베풀어주실 것을 믿는다.

자비로우신 하나님 아버지. 어떤 길과 방법을 통해서도 하나님께로 가까이 갈 수 없었던 저희들을 친히 찾아와주셔서 이 예수님으로 인생을 충만하게 채워주셔서 참 감사합니다.

때때로 주님을 따르다가도 눈에 보이는 열매가 없을 때 내가 제대로 가고 있는지, 왜 이렇게 사는 게 힘든지 주저앉아 원망하고 절망하기도 했습니다. 하지만 그럴 때마다 주님은 주님이 바로 그 길이심을 보여주셨습니다. 또한 세상에서 온갖 절망적인 소식들을 접하면서 복음 진리가 자꾸만 흐려질 때마다 말씀을 보내셔서 복음 그 자체이신 예수님을 바라볼 수 있도록 도우셨습니다. 무엇보다 생명이신 예수님께서 지금도 부활의 영으로 내 안에 계셔서 천국에 대한 소망과 기쁨으로 살도록 하셨습니다.

주여! 저희가 사랑하는 이웃들에게 이 생명 있는 복음을 전할 수 있도록 담대함과 성령의 권능을 덧입혀 주시옵소서. 이 복음은 사람의 지혜가 아니라 하나님의 권능의 손에 달려 있음을 믿사오니 우리의 입술과 말과 삶을 사용하셔서 이 유일한 구원자 예수님을 기쁨으로 전할 수 있도록 은혜를 베풀어주옵소서.

하나님께로 가는 유일한 길과 방법을 우리에게 알려주셨사오니 날마다 기쁨으로 예수님을 통해 하나님을 만날 수 있도록 도와주시옵소서. 우리의 유일한 길과 진리와 생명이 되시는 예수 그리스도의 이름으로 간절히 기도드립니다.

모든 진리 가운데로
인도하시는 성령님

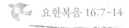 요한복음 16:7-14

초대교회 성도들 중에는 학벌 좋은 자나 재주 많은 자, 문벌 좋은 자가 드물었다. "형제들아 너희를 부르심을 보라. 육체를 따라 지혜로운 자가 많지 아니하며 능한 자가 많지 아니하며 문벌 좋은 자가 많지 아니하도다"(고전 1:26). 그런데 그 미약한 성도들이 복음을 전하면서 세상은 뒤집어졌다. 사도행전을 보면 "천하를 어지럽게 하던 자"(행 17:6)라는 표현이 등장한다. 초대교회는 이처럼 거룩한 영향력이 있는 교회였다.

우리나라의 국가적 사기가 한풀 꺾이고 역동성은 많이 약해진 것은 아닌지 걱정하는 목소리가 늘었다. 하지만 이런 혼돈의 시대라 할지라도 성령님이 인도하시고 새롭게 하시면 새로운 차원으로 비상할 수 있다. 성령의 인도를 받으면 비록 갈등이 있더라도 좋은 방향으로 그 에너지를 사용할 수 있다.

어떻게 하면 우리가 성령의 인도를 받아 도약할 수 있을까? 예수님이 승천하신 후에 보내시는 보혜사 성령께서 우리를 모든 진리 가운데로 인도하셔야 한다. "그러나 내가 너희에게 실상을 말하노니 내가 떠나가는 것이 너희에게 유익이라. 내가 떠나가지 아니하면 보혜사가 너희에게로 오시지 아니할 것이요 가면 내가 그를 너희에게로 보내리니 … 그러나 진리의 성령이 오시면 그가 너희를 모든 진리 가운데로 인도하시리니"(요 16:7, 13).

성령은 오셔서 어떤 일을 하시는가? "그가 와서 죄에 대하여, 의에 대하여, 심판에 대하여 세상을 책망하시리라"(8). 성령님은 죄에 대하여, 의에 대하여, 심판에 대하여 세상을 책망하신다. 이 책망은 벌을 주려는 책망이 아니라 거룩한 책망이다. 이 책망은 일종의 거룩한 도전이다. 주님이 도전하실 때 우리 내면에는 변화가 따른다. 초대교회 성도들이 세상에 영향을 끼칠 수 있었던 것도 내면에 찾아온 변화 덕분이었다. 문벌도 빈약하고, 학벌도 보잘것없고, 개인적인 능력도 크지 않았던 초대교회 성도들이 복음을 전하자 에베소가 문을 열고 갈라디아가 항복하고 로마제국이 백기를 들었다. 이 말씀은 그 능력의 근원, 그러한 교회 됨의 비밀에 대한 말씀이다.

그렇다면 성령께서는 우리를 어떠한 진리로 인도해가시는가?

하나님의 자리에서
내려오라

첫째, 죄에 대해 책망하신다.

"죄에 대하여라 함은 그들이 나를 믿지 아니함이요"(9). 죄란 무엇인가? 이 말씀에서 '죄'는 복수가 아니라 단수로 쓰였다. 사람들이 짓는 여러 가지 죄가 아니라 '바로 그 죄', 즉 본질적인 죄를 말한다. 여기서 말하는 본질적인 죄란 바로 하나님을 믿지 않는 것이다.

이것은 하나님을 하나님 자리에 두지 아니하고 거기에 내 주장, 내 뜻, 나 자신을 올려두는 것으로, 여기에서 모든 잘못이 파생된다. 예수 그리스도를 믿지 않는 것이 본질적인 죄라는 말이다. 그래서 우리 모두는 이 죄에 대해 성령의 책망을 받아야 한다.

이 시대에 갈등과 아픔과 상처, 고통과 외로움이 왜 생기는가? 하나님이 있어야 할 자리에 내가 올라가 있기 때문이다. 하나님이 주인 되셔야 할 자리에 내가 주인 되어 있기 때문이다. 예수님을 믿는다고 고백한 뒤에도 '내가 주인'이라는 생각이 남아 있어서 우주가 나를 중심으로 돌아가야 한다고 생각한다. 우리가 상처받고 자존심 상하고 힘들어 하는 이유를 따져보면 결국은 세상이 자기를 중심으로 돌아가지 않아서 화가 났기 때문이다. 피조물이 하나님의 자리에 있으려고 하는 데서 모든 문제가 생긴다. 이것이 죄의 본질이다.

인간은 때때로 삶에서 여러 한계를 느낀다. 나이가 들수록 건강 문제로 진지하게 고민한다. 또 자기가 참 아는 것이 없다는 생각에 지식의 한계를 느낀다. 하지만 그런 각성의 시간은 아주 잠깐에 불과하다. 가끔씩 그런 한계를 느끼지만 근본적인 죄성에 대한 책망을 받아들이지 못한 채 대개는 환경이나 다른 사람 탓을 한다.

하지만 성령은 예수님의 주님 되심을 끊임없이 확인하도록 우리를 도우신다. 이것이 바로 성령님이 오셔서 우리를 진리 가운데로 인도하신다는 말씀이다. "그[성령]가 내 영광을 나타내리니 내 것을 가지고 너희에게 알리시겠음이라. 무릇 아버지께 있는 것은 다 내 것이라. 그러므로 내가 말하기를 그가 내 것을 가지고 너희에게 알리시리라 하였노라"(14-15).

성령이 오셔서 진리 가운데로 우리를 인도하시면 성령님은 우리에게 예수님을 더 깊이 깨닫게 해주신다. 주님이 주인 되심을 더 확증시켜 주신다. 따라서 개인과 교회가 부흥할 때는 항상 주님이 높임을 받으셨다. 사람이나 개인이나 단체가 드러나는 것이 아니라 주님이 높아지셨다. 개인과 단체가 부흥하고 교회사의 맥박이 뛰고 역동하던 시기는 언제였는가? 바로 예수님의 주인 되심이 더욱 선명히 드러나고 주님을 주인으로 모시며, 예수님이 유일한 소망이라고 외칠 때였다.

성경은 죄에 대한 해부학 교재다. 사람이 하나님 자리에 올라갈 때 나타나는 현상이 성경 전체에 자세히 나와 있다. 하나님 자리에 우리의 생각이나 주장을 올려놓고, 예수님이 주인이 아니라 내가 주인이 되어 있으면 그 순간부터 모든 문제가 발생한다. 그것을 성령님께 책망받아야 하는 것이다. 이 문제를 해결하지 못하면 사람은 곧 파멸이고 하나님의 저주를 피할 수 없다.

온전함을
추구하라

둘째, 의에 대해 책망하신다.

의란 무엇인가? "의에 대하여라 함은 내가 아버지께로 가니 너희가 다시 나를 보지 못함이요"(10). 신구약 전체를 통해서 드러나는 하나님의 의를 한 마디로 하면 '하나님의 거룩'이라고 할 수 있다. 이 '거룩'이라는 단어에는 세상과 구별된다는 의미만 있는 것이 아니다. 거룩과 일치하는 단어가 바로 온전함이다. 구약의 거룩함이 신약에서는 온전함으로 나온다. 그러므로 주님은 이렇게 말씀하셨다. "그러므로 하늘에 계신 너희 아버지의 온전하심과 같이 너희도 온전하라"(마 5:48).

우리가 어떻게 온전할 수 있는가? "하나님이 죄를 알지도 못하신 이를 우리를 대신하여 죄로 삼으신 것은 우리로 하여금 그 안에서 하나님의 의가 되게 하려 하심이라"(고후 5:21). 다른 말로 하면 예수님만이 완전한 의라는 뜻이다. 예수님만이 의의 실체라는 말이다. 우리가 그분 안에 머무를 때 우리를 하나님의 의로움, 하나님의 완전한 자로 삼아주신다는 말이다.

그러므로 이 거룩은 우리가 주님의 온전함을 닮아가는 것과 연관이 깊다. 주님의 온전함을 닮아갈수록, 즉 거룩해질수록 우리는 자신의 부족함을 깨닫고 주님 앞에 납작 엎드리게 된다. 하나님의 온전함을 깨닫는 사람일수록, 신적인 은혜를 깨달은 사람일수록 바울처럼 내가 얼마나 부족한 존재인지 알게 된다. 온전함을 추구하고 거룩함을 추구할수록 자신이 죄인 가운데 괴수이며 부족한 자라는 사실을 발견한다.

하나님의 온전함을 추구할수록 자신의 죄인 됨을 더 강렬하게 느낀다. 반대로 온전함을 추구하지 않을수록 자기 죄에 대해 무뎌진다. 적당히 나쁜 사람은 자기의 악함을 조금은 알지만 아주 악질인 사람은 선과 악에 대한 개념 자체가 없다.

자신의 약함과 누추함과 죄악 됨을 주님 앞에 아뢰면서 점점 온전해져야 한다. 인생의 집을 잘 지어 주님께서 마음껏 머무시고 축복하시는 하나님의 신실한 종이 되기를 사모하자. 이것을 위해 필요한 것이 성령의 거룩한 책망이다.

하나님이 판단하신 대로
살아가라

셋째, 심판에 대해 책망하신다.

"심판에 대하여라 함은 이 세상 임금이 심판을 받았음이라"(11). 이 세상 임금은 사탄의 앞잡이를 말한다. 그는 하나님의 백성들을 유혹하고 조종하고 미혹해 인생을 낭비하게 만들고 잘못된 방향으로 끌고 간다. 그런데 성령님이 오셔서 우리를 진리 가운데로 인도하시면 이 모든 사탄의 궤계와 굴레를 심판하신다는 말이다. 그런 후에 우리에게는 참 자유가 임한다. 주님은 이미 마귀를 심판하셨다. 너무나 확실하니까 완료시제를 썼다. 우리가 심판에 대하여 책망을 받으면 사탄의 압박과 속박과 미혹과 유혹으로부터 벗어나 참 자유인이 된다.

참 자유인이 되면 무엇이 달라지는가? "너희에게나 다른 사람에게나 판단받는 것이 내게는 매우 작은 일이라. 나도 나를 판단하지 아니하노니"(고전 4:3). 사람들이 나를 어떻게 생각하는지는 더 이상 중요하지 않게 된다는 말씀이다. 또한 내가 나를 어떻게 생각하는지도 그다지 중요하지 않다.

바울은 대단한 업적을 남겼다. 그가 가는 곳마다 병이 낫고 하나님의 역사가 일어나고 세상이 뒤집어졌다. 그런데 바울은 자신도 스스로를 판단하지 않는다고 한다. 진짜 중요한 것은 하나님이 나를 어떻게 심판하시는가이기 때문이다. "내가 자책할 아무것도 깨닫지 못하나 이로 말미암아 의롭다 함을 얻지 못하노라. 다만 심판하실 이는 주시니라"(고전 4:4). 오로지 하나님이 심판하는 인생이라는 말이다. 우리는 더 이상 스스로를 심판할 수 없고, 사람들도 우리를 심판할 수 없다. 이게 심판의 의미다.

사람들은 선하게 살기를 원한다. 물론 이것도 귀한 일이다. 실제로 다른 사람에게 피해주지 않고 착하게 살려는 분들이 많다. 하지만 그런 삶의 종착역은 어디인가? 자신이 선하게 살았던 그 선행, 즉 행위가 인생의 평가 기준이 된다. 반면 복음 안에 들어오면 더 이상 나의 행위가 평가 기준이 되지 않는다. 주님이 내 인생에 대해 이미 판결을 내리셨다. 우리는 거기에 따라 살아가면 되는 것이다.

그렇다면 예수 믿는 인생에 대한 하나님의 판결은 무엇인가? "그러므로 이제 그리스도 예수 안에 있는 자에게는 결코 정죄함이 없나니"(롬 8:1). 이미 판단이 끝났다는 말씀이다. 세상 사람들은 선행을 통하여 사람을 평가하지만 예수 믿는 사람들은 이미 판결을 받았다. 우리에게는 더 이상 정죄함이 없다. 성령의 인도를 통하여 정죄받지 않는다는 사실을 깨닫는다. "이는 그리스도 예수 안에 있는 생명의 성령의 법이 죄와 사망의 법에서 너를 해방하였음이라"(롬 8:2).

성령의 법이 이미 우리에 대한 정죄가 끝났다고 선언했으므로 우리는 이에 걸맞게 살아가야 한다. 이 은혜를 진정 깨달은 사람은 '나는 얼마나 귀한 존재인지! 내가 받은 하나님의 은혜는 참으로 놀라운 것이구나! 어떻게 하면 주님 앞에서 한 차원 더 높은 삶을 살아갈 수 있을까? 갈등과 혼란의 구조를 넘어 새로운 차원으로 이동할 수 있을까?' 이런 생각들을 하기 시작한다.

이처럼 진리의 성령이 오시면 죄와 의와 심판에 대해서 우리를 책망하시는데 그 결과 나를 심판하실 분은 주님밖에 없음을 알게 된다. 세상에서는 행위가 판결로 이어지지만 기독교에서는 판결이 행위로 이어진다. 그 판결이 성령의 인도를 받기 때문이다.

책망을 받은 자들의
놀라운 변화

초대교회는 주님의 온전함을 추구하는 수직적 전략을 추구했다. 즉 죄와 심판과 의에 대한 책망에 따른 수직적 변화를 경험하면서 자연스럽게 내면의 변화도 이끌어냈다. 그리고 이러한 수직적 변화로 수평적 온전함을 추구할 수 있게 되었다. 초대교회의 수평적 전략이란 당시 고통받는 자들에게 도움을 베푼 일을 말한다. 초대교회는 유무상통의 나눔 정신에 따라 진정한 나눔을 실천했다.

교회 역사가이자 종교 사회학자인 로드니 스파크에 의하면, 로마 제국 치하에서 핍박받는 그리스도인들이 행한 최고의 봉사 가운데 하나는 그 당시 여력이 없어서 매장하지 못하고 두었던 불신자들의 장례를 대신 치러준 일이었다고 한다. 교회가 적극적으로 그들의 장례를 치러주었더니 로마인들이 감동하여 교회를 존중하게 되었다는 것이다. 초대교회의 희생적 봉사는 당시의 불신 사회에서 그토록 큰 반향을 일으켰다.

지금 이 시대에도 교회는 성령의 책망을 통해 우리를 온전하게 세우시는 수직적 은혜를 체험한 후에 사회를 향하여는 수평적 온전함, 즉 초대교회가 실천했던 그런 봉사를 해나가야 한다. 오늘날, 마음이 죽은 것 같고 기댈 데가 없는 사람들이 얼마나 많은가! 수평적 온전함을 추구하는 차원에서 우리는 앞으로 북한의 고통받는 아이들을 돕는 사역을 할 것이다. 이 사역을 통하여 북한의 죽어가는 사람들을 향한 아버지의 사랑을 전달할 수 있도록 하나님께서 은혜 베풀어주시기를 바란다.

근심하는 자 같으나
오히려 기뻐하는 자

"내가 진실로 진실로 너희에게 이르노니 너희는 곡하고 애통하겠으나 세상은 기뻐하리라. 너희는 근심하겠으나 너희 근심이 도리어 기쁨이 되리라"(요 16:20). 예수님은 놀라운 말씀을 하신다. 우리의 근심이 도리어 기쁨이 되리라는 말씀이다. 성령의 인도가 있으면 우리의 근심이 도리어 기쁨이 된다.

예수님은 이에 대한 좋은 예를 들어주셨다. "여자가 해산하게 되면 그때가 이르렀으므로 근심하나 아기를 낳으면 세상에 사람 난 기쁨으로 말미암아 그 고통을 다시 기억하지 아니하느니라"(21). 유아 세례를 받는 아이의 부모를 보면 그 눈빛에서 감격과 안정감을 읽을 수 있다. 아이를 잉태하고 해산한 모든 고통을 다 잊을 정도로 큰 기쁨이 된다. 아이가 감기에 걸려 열이 나고 힘들어 하면 엄마는 밤새 잠도 못 자고 대신 아팠으면 하며 고통스러워하지만 아이가 예쁘게 자라는 모습을 보면 금세 고생한 것을 잊고 얼굴에는 기쁨이 넘친다. 그렇게 근심이 곧 기쁨으로 변하니까 고통이 있어도 둘째도 낳고 셋째도 낳는다.

오순절 성령 강림 이후에 성령이 오셔서 제일 먼저 한 일은 베드로를 통해 말씀을 들려주시고 그 말씀을 들은 사람들을 회개하도록 도우신 것이었다. 그때 베드로는 시편에 있는 말씀을 전했고 초대 교회에는 근심이 변하여 기쁨이 되는 역사가 일어났다. "주께서 생명의 길을 내게 보이셨으니 주 앞에서 내게 기쁨이 충만하게 하시리로다"(행 2:28; 시 16:11 참조). 이 영원한 즐거움은 근심이 변하여 된 기쁨이었다.

마귀는 우리가 근심 중에 기뻐하는 것을 제일 싫어한다. 마귀는 우리가 근심하는 것이 당연한데도 기뻐할 때에 제일 고통스러워한다. 사람들은 환경이 바뀌면 자신의 어려움이 해결될 것이라고 생각하지만 단순히 환경만 달라지는 것으로는 성공할 수 없다. 사회의 부조리를 바로잡기 위해 환경을 바꾸려고 저항하고 시위하며 때로는 위협해보지만 상황은 더 악화되기도 한다.

하나님의 방법은 무엇인가? 성령의 인도를 따라 의와 심판과 죄에 대해서 깨닫게 되면 우리는 근심 중에도 기뻐할 수 있다. 견고한 진을 파하는 강력한 힘은 성령으로부터 나온다. 오늘날 이 성령의 능력을 의지함으로써 혼돈의 시대를 새롭게 하는 일에 우리 모두 하나님의 신실한 도구로 쓰임받기를 바란다.

하나님 아버지, 감사합니다. 저희가 성령의 인도함을 받는 성령인 되게 하여 주옵시고, 하나님의 영으로 인도함받는 사람들이 되게 해주십시오.

성령님께서 저희를 죄에 대하여 책망하실 때에 하나님 자리에 올라갔던 모든 자기주장에서 내려오게 하시고, 의에 대해서 책망하실 때에는 주님의 온전하심을 추구하도록 도와주시며, 심판에 대해 책망하실 때에는 그리스도 안에서 모든 유죄판결이 끝나 새로운 인생을 살게 해주셨음을 감사하면서 그 은혜에 걸맞게 살아가도록 힘주시기를 기도합니다.

우리를 미혹케 하던 모든 세상 권세를 이미 심판하셨다는 사실에 눈을 떠서, 마귀의 미혹과 궤계로부터 자유로운 사람들이 되기를 원합니다. 근심하는 자 같으나 성령으로 기뻐하고, 주께서 생명의 길을 보이셨으니 우리 역시 그 안에서 주님을 찬송하며 이 길을 가도록 도와주시옵소서.

이 말씀이 이론으로 끝나지 않고 결단으로 이어지게 하시고, 매일 기쁘게 순례의 길 행할 때 성령의 인도를 받아 기뻐하고 춤을 추는 저희들이 되게 해주시옵소서. 예수 그리스도의 이름으로 간절히 기도드립니다.

part 4

하나님 나라 건설의 영광 Glory

영원한
나라에서
살아갈 준비

중보기도의
은혜와 영광

🕊 요한복음 17:9-26

찰스 스펄전 목사는 19세기 말에서 20세기 초에 걸쳐 활동했던 당
대 최고의 설교가였다. 그는 '설교의 황태자'라고 불릴 정도로 말씀을
잘 전했는데 당시 기독교 교회 가운데 가장 규모가 컸던 영국 런던의
메트로폴리탄 태버너클 교회를 섬겼다. 마이크 시스템도 갖추어지
지 않았던 시절에 매주 6천 명 이상 몰려드는 사람들을 향해 말씀을
전했다. 사람들은 그 부흥의 이유를 무척 궁금해했다. 그러자 스펄전
목사는 질문하는 사람들을 데리고 교회 지하로 내려갔다. 그곳에서
는 400여 명의 사람이 모여서 중보기도를 올리고 있었다.

우리는 스펄전 목사의 놀라운 사역의 비밀이 설교에 있다고 생
각한다. 그러나 나는 그것이 강력한 중보기도 덕분이라고 믿는다. 우
리 교회 역시 보이지 않는 무명의 중보기도자들이 뒤에서 기도로 후
원하고 있기에 오늘 여기까지 왔다고 나는 확신한다.

우리를 위하여 간구하시는
예수 그리스도

요한복음 17장은 '기도의 지성소'라고 불리는 장이다. 신약에서 예수님의 기도가 가장 길게 나와 있는 곳이기도 하다. 여기서 예수님은 전 우주적인 중보기도를 드리신다. 대제사장이신 예수님께서 하나님 우편에 계셔서 우리를 위하여 친히 중보기도를 올리신다. 이 기도는 시대를 초월한다. 그 당시뿐 아니라 지금 우리 시대에도 동일하게 적용되는 기도다.

성도들끼리 서로 기도하며 은혜를 체험하는 것도 감사한 일이지만 더욱 놀라운 것은 이처럼 주님이 직접 우리를 위하여 기도해주신다는 사실에 있다. "누가 정죄하리요 죽으실 뿐 아니라 다시 살아나신 이는 그리스도 예수시니 그는 하나님 우편에 계신 자요 우리를 위하여 간구하시는 자시니라"(롬 8:34).

주님이 우리를 위하여 중보해주시는 이유가 무엇일까? "내가 그들을 위하여 비옵나니 내가 비옵는 것은 세상을 위함이 아니요 내게 주신 자들을 위함이니이다. 그들은 아버지의 것이로소이다. 내 것은 다 아버지의 것이요 아버지의 것은 내 것이온데 내가 그들로 말미암아 영광을 받았나이다"(9-10).

우리가 주님의 것이기 때문이다. 주님은 우리를 보고 '내 것'이라고 말씀하신다. 주님의 것이니까 함부로 건드리지 말라는 이야기다. "내 양이므로 내가 지키겠다"라고 말씀하신다. "내 양들에게 함부로 손대지 말라. 한 마리라도 놓치지 않겠다. 100마리의 양 중에서 99마리는 안전하고 한 마리가 길을 잃었다 할지라도 그 양을 위하여 전력투구하겠다." 이런 뜻이 들어 있다.

중보기도자가 받는 은혜

중보기도가 무엇인가? 사실 엄밀히 따지면 중보기도는 예수님만이 드릴 수 있는 기도다. 하지만 주님을 중보자로 모시고 이웃을 위하여 우리가 드리는 기도에 대해서도 나는 '중보기도'라고 부르고 싶다. 하나님 나라와 주님의 이름으로 모인 공동체 그리고 이웃을 위해 주님을 의지해 드리는 기도에 대해서도 '중보기도'라고 부르고 싶다.

우리가 삶의 무게에 짓눌려서 힘들어 할 때 다시 용기를 내고 일어날 수 있는 힘은 어디에서 나오는가? 누군가가 우리를 위해서 기도하고 있기 때문이다. 사람이 인생의 전쟁터에서 싸우다 보면 시야가 좁아져서 판단력이 흐려진다. 그런데 누군가 중보기도를 해주면 그 상황에서 전체를 바라보는 큰 시각을 갖게 된다. 이전에는 볼 수 없었던 관점을 갖고, 이전보다 객관적인 입장에서 하나님께 기도를 올려드릴 수 있도록 그분이 이끌어주신다. 하나님께서 마음을 넓혀주시는 것이다.

특별히 하나님은 예수 믿는 사람들에게 새 마음을 주셨다. 새로 일굴 믿음의 텃밭을 주신 것이다. 하나님은 그들을 향하여 기도로 마음의 지경을 넓히라고 하셨다. 고린도교회를 향해서도 그런 말씀을 하셨다(고후 6:13). 그러므로 중보기도는 우리의 좁디좁은 마음의 용량을 크게 해서 믿음의 터전이 확장되는 은혜로 돌아온다. 하나님은 우리의 마음을 넓혀주시고 그 자리에 귀한 것들을 부어주신다.

욥에게는 세 명의 친구가 있었다. 그들은 모두 똑똑하고 바르게 사는 사람들이었다. 욥이 곤경에 처하자 친구들이 찾아와서 그를 위로했지만 욥에게는 별 위로가 되지 못했다. 친구들이 너무 책망만 했기 때문이었다. 그래서 위로도 안 되고 마음이 불편했다.

하나님께서 욥에게 은혜를 주시자 이제 욥은 친구들을 위하여 기도할 수 있게 되었다. 그리고 하나님은 욥의 곤경을 돌이키셨다. "욥이 그의 친구들을 위하여 기도할 때 여호와께서 욥의 곤경을 돌이키시고 여호와께서 욥에게 이전 모든 소유보다 갑절이나 주신지라"(욥 42:10).

이처럼 중보기도는 남을 살릴 뿐 아니라 나도 살린다. 사실 주님도 요한복음 17장에서 드린 대제사장적인 기도로 힘을 얻으신 후 가룟 유다의 배신도 감당할 수 있었다. 이 기도의 능력으로 겟세마네에서 피땀 흘려 기도하셨다. 이 기도의 능력을 가지고 가야바의 뜰에서 종교지도자들에게 뺨을 맞는 모욕과 수치도 감당하셨다. 이 기도의 능력으로 십자가를 지는 사역을 완성할 수 있었다.

내게 닥친 문제도 아직 해결되지 않은 상황일지라도 주님의 발자취를 따라 중보 후원자가 되면 주님은 내 문제도 기적적으로 해결해주신다. 사실 우리가 자신을 위해 기도할 때보다 다른 이들을 위해 기도할 때 하나님은 더 많이 응답하신다.

하나 됨을 이루는 기도

그러면 우리는 무엇을 중보기도의 제목으로 삼으면 좋을까? 두 가지를 마음에 담아보자.

첫째, 하나 되는 기도가 중보기도의 우선순위다.

"나는 세상에 더 있지 아니하오나 그들은 세상에 있사옵고 나는 아버지께로 가옵나니 거룩하신 아버지여 내게 주신 아버지의 이름으로 그들을 보전하사 우리와 같이 그들도 하나가 되게 하옵소서"(11).
21-22절에도 같은 말씀이 나온다. "아버지여, 아버지께서 내 안에, 내가 아버지 안에 있는 것 같이 그들도 다 하나가 되어 우리 안에 있게 하사 세상으로 아버지께서 나를 보내신 것을 믿게 하옵소서. 내게 주신 영광을 내가 그들에게 주었사오니 이는 우리가 하나가 된 것 같이 그들도 하나가 되게 하려 함이니이다"(21-22).

이 '하나 됨'을 위한 기도는 아무리 강조해도 지나치지 않는다. 이 하나 됨은 예수님 안에서의 하나 됨이다. 우리가 기도하는데도 하나가 되지 못한다면 그것은 진짜 기도가 아니다. 하나 됨을 해치는 것은 기도가 아니라 자기주장일 뿐이다. 많은 사람들이 자기주장을 기도로 착각한다. 하지만 그것은 기도가 아니다. 늘 겸손한 마음으로 하나 됨을 위하여 기도하는 것이 진짜 기도다. 그것이 주님께서 우리에게 요구하시는 중보기도의 본 모습이다.

그렇다면 주님은 어떤 수준의 하나 됨을 원하시는가? "내게 주신 영광을 내가 그들에게 주었사오니 이는 우리가 하나가 된 것 같이 그들도 하나가 되게 하려 함이니이다"(22). 주님이 말씀하시는 하나 됨은 삼위일체 하나님과 같은 수준이다.

23절도 보자. "곧 내가 그들 안에 있고 아버지께서 내 안에 계시어 그들로 온전함을 이루어 하나가 되게 하려 함은 아버지께서 나를 보내신 것과 또 나를 사랑하심 같이 그들도 사랑하신 것을 세상으로 알게 하려 함이로소이다." 아버지께서 예수님 안에 계시고 예수님이 아버지 안에 계시는 것처럼, 삼위일체 하나님이 보이신 강력한 응집력과 같은 수준으로 하나 되라는 말씀이다.

신앙생활을 하다 보면 나와 맞지 않는 사람이 있게 마련이다. 손사래를 치고 싶은 사람이 있다. 함께하기 정말 거북한 사람이 있다.

이들을 위해 어떻게 중보기도를 할 수 있겠는가? 사실 그러고 싶은 생각이 별로 들지 않는다.

그래서 주님은 방법을 하나 가르쳐주신다. "아버지께서 내 안에 내가 아버지 안에 있는 것 같이 그들도 다 하나가 되어"(21)라는 말씀을 보면 힌트를 얻을 수 있다. 이해가 안 되고 싫은 마음이 들더라도 중보기도를 통하여 그들을 마음에 넣어보라고 하신다. 이것이 핵심이다.

김 집사의 마음속에 이 집사가 있고, 이 집사의 마음속에 김 집사가 들어가게 하고, 박 장로의 마음속에 최 장로가 들어가게 하고 최 장로의 마음속에 박 장로가 들어가게 하는 것이다. 안 맞아도 한번 넣어보자. 그렇게 마음에 넣어놓고 그들을 위해서 기도하자. 그것이 바로 중보기도의 높은 수준이다. 그렇게 할 때 무슨 일이 벌어지는가? 믿음의 용량이 커진다. 믿음의 터전이 확장된다. 성격이 맞지 않는 사람도 한번 넣어보고 기도하면 하나님께서 더 큰 은혜의 장으로 우리를 인도하신다.

순교자 본 회퍼는 이렇게 말했다. "분열되고 힘을 잃은 독일 교회가 다시 살아날 길은 중보기도밖에 없다. 성도들과 지체들 간에 서로를 위한 중보기도의 맥박이 뛰는 한 교회나 공동체는 살아 움직일 것이고, 이 맥박이 끊어지면 교회는 죽고 말 것이다." 중보기도에 답이 있다는 말이다.

누군가가 나를 괴롭히더라도 그를 위해 중보기도를 하면서 마음에 넣으면 놀라운 일이 벌어진다. 마음에 떠올리기도 싫은 그 얼굴이 피 흘려 돌아가신 예수님의 얼굴로 변화되어 나타난다. 그를 마음에 안고 기도하는 순간, 보기 싫은 얼굴이 사라지고 '저 사람도 예수님이 피 흘려주신 하나님의 사람이다'라는 생각이 들면서 자기도 살고 그 사람도 살리는 은혜를 받는다.

본 회퍼의 말처럼, 중보기도의 맥박이 뛰는 한 교회는 살아 움직일 것이다. 한국교회가 이 시대를 위해 쓰임받는 비결은 교회 곳곳마다 이런 중보기도의 맥박이 뛰도록 만드는 데에 있다.

이렇게 중보기도를 할 때 무슨 일이 벌어지는가? "내가 비옵는 것은 이 사람들만 위함이 아니요 또 그들의 말로 말미암아 나를 믿는 사람들도 위함이니"(20). 한 세대뿐 아니라 다음 세대까지 복음이 전수되고 전파되어 영적 재생산이 일어난다. 한 세대뿐 아니라 다음 세대에도 하나님께서 복을 주신다는 말씀이다. 하나님은 중보기도의 능력을 통하여 믿음의 용량을 넓히셔서 영적 재생산이 가능하도록 해주신다.

거룩과 영적 전쟁을 위한 기도

둘째, 진리로 거룩하게 해달라는 기도가 중보기도의 다음 우선순위다.

"내가 비옵는 것은 그들을 세상에서 데려가시기를 위함이 아니요 다만 악에 빠지지 않게 보전하시기를 위함이니이다. 내가 세상에 속하지 아니함 같이 그들도 세상에 속하지 아니하였사옵나이다"(15-16). 그들을 진리로 거룩하게 지켜달라는 말씀이다. 한마디로 진리를 통하여 악한 세상으로부터 보호받게 하시고, 영적 전투에서 승리하게 해달라는 내용이다. 지금도 악한 세력은 여전히 건재하고 마귀는 끊임없이 우리를 공격한다. 마귀는 오늘도 우는 사자와 같이 삼킬 자를 찾고 있다.

주기도문에는 크게 7가지의 요청이 나와 있는데, 앞부분이 하나님 나라를 위한 기도라면, 뒷부분은 용서와 시험에서 구원받는 것과 악에서부터 보호해달라는 것이 주된 내용이다. "우리가 우리에게 죄 지은 자를 사하여 준 것 같이 우리 죄를 사하여 주시옵고 우리를 시험에 들게 하지 마시옵고 다만 악에서 구하시옵소서. 나라와 권세와 영광이 아버지께 영원히 있사옵나이다." 만일 일용할 양식에 영적인 양식도 포함시킨다면 주기도문의 반 이상이 악한 세력으로부터 보호받게 해달라는 내용으로 되어 있다. 주님께서 요한복음 17장에서 말씀하시는 내용과 비슷하다.

그러므로 우리가 서로를 위해서 기도할 때는 '승진하게 해달라, 사업이 잘 되게 해달라'라는 내용보다는 악한 세력으로부터 보호해주시고, 영적 전투에서 승리하게 해달라고 간구하는 것이 옳다. 이것이 우리가 드려야 할 중요한 중보기도 제목에 해당된다.

이 세상은 영적 전투가 벌어지는 전장이다. 전장에 나가려면 무전기가 필요한데, 이 무전기 역할을 하는 것이 바로 중보기도라고 할 수 있다. 이 중보기도를 통하여 우리는 하나님 앞에 보호를 의뢰할 수 있고 추가로 화력을 요청할 수 있다. 또 이 중보기도를 통하여 부상병들을 치유할 수 있다(약 5:14-15 참고). 또한 중보기도로 물품 보급을 요청할 수도 있다. 일용할 양식을 위해 기도할 때 하나님이 보급품을 보내주신다. 또한 추가 병력도 요청할 수 있다. "추수하는 주인에게 청하여 추수할 일꾼들을 보내주소서 하라"(마 9:38). 이 모든 일들이 중보기도의 역할이다.

그런데 이런 중보기도가 잘 되지 않을 때가 있다. 그가 전쟁의 포로가 되었거나 내전을 벌이고 있기 때문이다. 적전(敵前) 분열을 하고 있기 때문이다. 서로 내적으로 상처를 주고받아 마음이 좁아진 탓도 있다. 중보기도로 영적인 폭을 넓히지 않으니까 화력을 요청해도 응답이 없고 추가 보급을 요청해도 빠른 답을 얻지 못한다. 추가 병력이나 치유를 요청해도 마찬가지다.

이제 가정에서나 교회에서나 적전 분열을 멈추고 포로 된 상태를 종식시키며 마음의 통을 넓혀서 하나님 앞에 합심의 기도를 올려드림으로써 중보기도의 능력과 응답을 체험하기를 바란다.

중보기도에
주어지는 영광

존 맥스웰 목사가 젊은 시절 샌디에이고에 있는 스카이라인 교회에 부임했을 때였다. 부임 후 여러 사역을 하느라 정신이 없었다. 그러던 어느 날, 빌 클라센이라는 연세 지긋한 분이 사무실에 찾아왔다. 맥스웰 목사는 교인의 방문이므로 그분이 상담이나 기도를 받으러 온 줄 알았다. 그런데 클라센은 이렇게 말한다. "저는 앞으로 목사님을 위하여 기도하겠습니다. 목사님을 위해 기도하는 삶을 살겠습니다." 그러면서 맥스웰을 위해 중보기도를 올렸다. 그 기도가 출발점이 되어 '인조이'(INJOY)라는 사역이 탄생했고 나중에 맥스 루케이도 목사와도 연결되어 중보기도 사역은 힘차게 뻗어나갔다.

2013년에 유니세프는 북한에 1천 명의 의사를 파송하여 북한 전역을 돌며 아이들의 건강 실태를 조사했다. 결과는 참혹했다. 5세 미만의 아이들 가운데 80% 이상이 영양실조에 걸려 있었다. 영유아기에 영양 결핍이 2-3개월 이상 지속되면 장기와 뇌가 정상적인 활동을 하기 어렵다고 한다.

급성 영양실조에 걸린 아이들을 위해서는 'RUTF'(Ready-to-use

therapeutic foods)라고 부르는, 바로 먹는 영양실조 치료식이 있다. 만성 영양실조 상태에 있는 아이들을 위해서는 '영양 시리얼'이 있다. 이런 구호품을 지원하는 사업을 앞으로 많이 할 것이고, 또 북한뿐 아니라 해외 여러 나라도 도울 예정이다.

우리가 이렇게 물심양면으로 중보사역을 한다면 어떤 일이 벌어질까? "내가 아버지의 이름을 그들에게 알게 하였고 또 알게 하리니 이는 나를 사랑하신 사랑이 그들 안에 있고 나도 그들 안에 있게 하려 함이니이다"(26). 주님의 사랑과 친밀감 그리고 그리스도 안에 있는 평강이 우리 안에서 불일 듯 일어나기 시작한다. 교회가 새로워지고 사람이 새로워지고 하나님의 나라가 확장된다.

우주에서 가장 높은 곳은 어떤 특정한 공간이 아니다. 바로 인간의 마음이다. 우리는 하나님의 형상대로 지어졌기 때문에 우리의 마음은 무한대로 펼쳐질 수 있다. 중보기도 사역을 통하여 우리의 마음의 영역은 한없이 넓어진다. 주님이 우리를 위해 기도하신다는 벅찬 은혜를 잊지 말자. 서로가 중보기도 후원자들을 확보할 수 있도록 하나님께서 복주시기를 바란다. 그리하여 우리 모두의 영적인 지경이 넓어지는 축복을 받기 바란다.

살아계신 주님. 지금 이 시간도 하나님 보좌 우편에서 허물 많은 저희를 위해 하나님의 뜻에 따라 간구하시는 예수 그리스도를 의지합니다. 주님의 기도가 있기에 제가 이렇게 서 있을 수 있고, 주님의 기도 덕분에 아버지께 기도할 수 있다는 것도 감사합니다.

믿지 않는 자들이 예수 믿는 사람들을 볼 때 마음이 좁다고 여기는 경우가 있습니다. 주님, 저희는 그렇게 살아서는 안되겠습니다. 참 중보자이신 주님을 본받아 우리 믿음의 용량을 크게 넓혀주시고, 이 넓어진 마음속에 어떤 사람이라도 담아 하나님 앞에 올려드리는 멋진 중보기도자로 살아갈 수 있도록 은혜를 베풀어주시옵소서. 예수님께서도 이 대제사장적인 기도를 드리신 후에 크게 힘을 얻으신 것처럼 우리도 서로를 위해 기도할 때에 더 크고 놀라운 하늘의 은혜를 허락하여 주시옵소서.

우리가 기도할 때, 먼저는 하나 됨의 기도를 드리게 하사, 예수 그리스도께서 흘리신 피 아래 하나 되지 못할 것이 없도록 하여주시옵소서. 또한 하나님의 진리로 지켜주셔서 우리가 영적 전쟁에서 보호받고 승리할 수 있도록 도와주시옵소서.

우리가 서로서로 중보하고 기도할 때에 수많은 어려움들에서 지켜주시고 영적으로 하나 되어 하나님 나라를 위하여 새로운 차원으로 올라가게 해주소서. 우리의 중보자 되시는 예수 그리스도의 이름으로 기도드립니다.

복음의 심장,
십자가의 영광

 요한복음 19:16-30

십자가는 복음의 심장이다. 예수님은 금요일 오전 9시부터 오후 3시
까지 6시간 동안 십자가에 매달려 모진 수모를 당하셨다. 거기에 가
시관까지 쓰셨다. 예수님은 침 뱉음 당하는 모욕과 처절함의 길, 그
야말로 '비아 돌로로사'(Via Dolorosa, 십자가의 길)를 걸으셨다.

　십자가는 로마에서도 가장 극악한 죄인이 당하는 형틀이었다.
로마인들에게는 십자가형을 집행하지 않았다. 역사적으로 보면 베드
로는 십자가에 거꾸로 못 박혔지만 바울은 참수형을 당했다고 전해
진다. 바울은 로마 시민권자였기 때문에 십자가에 달릴 수 없었던 것
이다. 예수님은 이처럼 악한 죄인 취급을 받으셨다. 참으로 처참하게
고통과 모욕을 당하셨다. 그래서 나무에 달린 자마다 저주를 받았다
고 한 것이다. 한 점의 죄도 없으신 분이 최악의 죄인이나 받을 법한
취급을 당하신 것이다. 그토록 완벽하고 순수한 분이, 과거에 인간이

범했고 지금도 범하고 있으며 앞으로도 범할 모든 죄를 한꺼번에 대신 짊어지셨다. 그러니 예수님의 아픔이 얼마나 컸겠는가? 순결하고 무고하신 분이 극악무도한 죄인으로 취급을 받으실 때에 얼마나 힘드셨겠는가?

바로 나 때문

주님의 그 고통은 말로는 어떻게 표현할 수가 없다. 죄를 알지도 못하신 분이, 죄와 일절 관계가 없던 분이 우리 때문에 완전한 죄인이 되셨다. 주님께서 이렇게 짐승처럼 모욕당하신 이유가 무엇인가? 악을 알지도 못하시는 분이 이렇게 되신 이유가 무엇인가?

바로 나 때문이다. 그래서 나는 십자가 사건 앞에서 입이 열 개가 있어도 한 마디 할 수 없다. 유구무언이다. 십자가의 의미를 온몸으로 깨달은 사람은 달리 할 말이 없다. 원수질 일이 없고, 억울할 일이 없고, 섭섭할 일이 없다. 죄를 알지도 못하시는 분이 나 때문에 극악무도한 죄인으로 취급당하셨다는 사실을 깊이 알수록 우리는 아무 말도 할 수 없게 된다.

누가 나를 모욕하고 모함하면 비록 억울하기는 하지만 좀 더 따지고 들어가 보면 그 사람이나 나나 비슷한 사람 아닌가? 사람들이 나를 오해하고 비난의 화살을 던질 때 비록 억울하고 답답한 부분이 있겠지만 깊이 들어가 보면 우리는 그보다 잘났다고 떳떳하게 주장할 수 있는가? 내 모습이 있는 그대로 다 드러난다면 우리는 정말 부끄럽지 않을까? 그 모든 것을 주님이 나 대신 지고 가셨다고 생각하면 우리는 유구무언이 된다.

사람은 죄를 지으면 지을수록 죄에 대해 무감각해진다. 죄가 깊어질수록 뻔뻔해진다. 반대로, 순결할수록 죄에 대해 예민하다. 반도체 회사의 클린룸에서는 먼지 하나도 위협이 되지만 돼지우리에서는 오물 천지여도 아무도 신경 쓰지 않는 것처럼 말이다.

우리가 십자가 사건의 깊은 의미를 조금이나마 깨닫는다면, 또한 그 은혜의 빛이 한 줄기만이라도 우리를 비춘다면 놀라운 일이 일어날 것이다. 돌처럼 굳은 마음이라도 그 한 줄기 빛으로 깨어질 수 있다고 믿는다.

내 안에 있는
제사장과 빌라도

그리스도의 십자가 사건 앞에서 우리는 두 가지를 알 수 있다.

첫째, 나도 그 현장에서 예수님을 죽이는 데 가담했다.

먼저 요한복음 19장 18절을 보자. "그들이 거기서 예수를 십자가에 못 박을 새 다른 두 사람도 그와 함께 좌우편에 못 박으니 예수는 가운데 있더라." 요한은 당시 상황을 무척 담담하고 간결하게 표현하고 있다. 더 이상 간결할 수 없을 정도로 표현하면서 인간의 잔혹함과 예수님의 고통을 대비하여 드러낸다.

예수님을 못 박은 자는 누구였는가? 거기에는 빌라도도 있고, 군병도 있고, 대제사장들과 하속들도 있다. 대제사장은 시기와 증오심 때문에 예수님을 십자가에 못 박도록 넘겨주었다. 그들은 얼마나 악한가? "대답하여 이르되 이 사람이 행악자가 아니었더라면 우리가 당신에게 넘기지 아니하였겠나이다"(18:30). 안나스와 가야바와 모든 제사장 일족들은 예수님을 행악자로 몰았다. 한 치의 양심도 없는 자들이었다. 그들은 아마 예수님 때문에 종교지도자로서 존경도 받지 못하고 무시당한다고 느꼈을 것이다. 그분의 존재로 인해 내내 영적 열등감에 시달렸을 것이다. 빌라도는 예수님이 무죄인 줄 뻔히 알면서도 민란이 날까 봐 두려워 비겁하게 손을 씻었다. "이 사람의 피에 대해서 나는 무죄하니 너희가 당하라"(마 27:24).

우리는 여기서 자신 안에도 빌라도와 제사장과 같은 속성이 있다는 사실을 깨닫는다. 십자가 은혜가 우리를 깊이 만나주지 않는다면 누구에게나 다 있는 빌라도의 비겁함과 가야바의 악랄함이 마음에서 깨어날 것이다. 알면서도 막을 수 없는 것이다.

대제사장처럼 부패한 속성 때문에 우리 마음에는 증오가 들끓는다. 그래서 괜히 싫은 사람이 있다. 말끔히 차려 입고, 선한 얼굴을 하고 살아가는 것 같지만 주님이 우리 손을 잠시라도 놓으신다면 마음에 숨은 빌라도와 제사장이 살아난다는 사실을 잊지 말아야 한다. 선한 데라곤 조금도 찾아보기 힘든 악한 모습이 우리를 통해 얼마든지 나타난다는 말이다.

우리는 이러한 증오와 잔인함 그리고 비겁함을 벗어버릴 수 있도록 하나님께 도움을 청해야 한다. 나는 그렇지 않다, 나 정도면 괜찮다고 생각하고 있다면 주님이 지신 십자가가 별로 와닿지 않을 것이다. 하지만 생각해보라. 우리가 꽤 괜찮은 사람들이라면 주님이 그처럼 저주스런 십자가를 지실 이유가 없었다.

인간의 탐심과 무감각을 폭로한 십자가 사건

둘째, 나의 탐심과 무감각 때문에 내 힘으로는 예수님을 만날 수 없다.

"군인들이 예수를 십자가에 못 박고 그의 옷을 취하여 네 깃에 나눠 각각 한 깃씩 얻고 속옷도 취하니 이 속옷은 호지 아니하고 위에서부터 통으로 짠 것이라. 군인들이 서로 말하되 이것을 찢지 말고 누가 얻나 제비 뽑자 하니 이는 성경에 그들이 내 옷을 나누고 내 옷을 제비 뽑나이다 한 것을 응하게 하려 함이러라"(23-24).

예수님의 소유는 옷 한 벌이 전부였다. 당시에는 옷이 중요한 재산 목록이었다. 그래서 그들은 속옷도 제비뽑기하여 주인을 가리고자 했다. 보통 성인들이 입던 옷이라고 해봐야 겉옷 하나에 속옷, 그 다음으로 허리띠와 신발 그리고 사막의 뜨거운 열기를 막아주는 머릿수건 정도였을 것이다.

십자가형을 집행하던 군인은 네 명이 한 조를 이루었는데, 그들의 관심사는 사형 집행보다는 이 옷가지를 누가 차지하느냐에 있었다. 아마 계급이 높은 사람부터 하나씩 가져갔던 것 같다. 고대 전쟁사를 보면 승리자들은 죽은 자의 시체에서 옷을 싹 벗겼고, 전장은 발가벗겨진 시체로 즐비했다. 그만큼 이 겉옷은 중요했다.

지금 상황이 어떠한지 생각해보자. 방금 십자가에 못 박히신 예수님은 계속 피를 흘리고 계셨다. 하지만 그 십자가 바로 아래에 있는 네 명의 군인은 누가 속옷을 가질 것인가를 두고 제비뽑기를 하는 중이었다. 참혹한 십자가 현장에서 로마 군인들은 옷가지를 두고 서로 자기 것이라고 다투고 있다. 참으로 기가 막힌 이야기다.

그들은 예수 그리스도에게 전혀 관심이 없다. 예수님이 피를 흘리시는 그 십자가 밑에서 겉옷과 속옷을 두고 서로 다투는 모습은 인간의 탐심과 무감각의 끝이 과연 어디인지를 묻게 한다.

이 로마 군인들 속에서 우리는 자신의 모습을 본다. 우리도 예수님을 몰랐을 때는 그분을 앞에 놓고도 더 경쟁하고 더 앞서려는 무감각이 있었다. 우리가 이처럼 소망 없는 존재이기 때문에 예수님이 돌아가신 것이다. 무감각하고 본능적으로 부패한 인생들이기 때문에 그 저주를 짊어지신 것이다.

예수 믿고 구원받아도 우리의 부패한 본성 안에는 이러한 탐심과 무감각한 마음이 언제나 꿈틀댄다. 하나님의 은혜가 임하지 않으면 우리는 모두 영적으로 다 무감각하여 멸망의 길을 갈 자들이다. 심지어 십자가 앞에서도 그렇다.

내가 당할 고통

"그 후에 예수께서 모든 일이 이미 이루어진 줄 아시고 성경을 응하게 하려 하사 이르시되 내가 목마르다 하시니"(19:28).

예수님은 고통스런 상황에서 "내가 목마르다"라고 말씀하신다. 그러나 실은 더욱 극심한 고통을 받고 계셨다. 시편에 보면 주님이 겪게 될 목마름에 대해 다윗은 이렇게 예언한다. "내 힘이 말라 질그릇 조각 같고 내 혀가 잇틀에 붙었나이다"(시 22:15). 목이 타 들어가는 느낌을 이것 이상으로 표현하기는 어렵다. "나는 벌레요 사람이 아니라 사람의 훼방거리요 백성의 조롱거리니"(시 20:6). 주님께서 당하신 고통이 바로 이런 것이었다. 사실 우리가 당해야 할 고통인데 예수님께서 친히 체험하신 것이다.

바울은 십자가 사건의 영적 의미를 이렇게 설명한다. "하나님이 죄를 알지도 못하신 이를 우리를 대신하여 죄로 삼으신 것은 우리로 하여금 그 안에서 하나님의 의가 되게 하려 하심이라"(고후 5:21). 예수님은 죄를 알지도 못하시는 분이다. 그야말로 순결하며 정결하신 분이다. 그렇게 완전한 분께서 우리를 대신하여 '죄'가 되셨다. 하나님께서 예수님에게 모든 죄를 다 지고 가게 하신 것이다. 죄의 모든 덤터기를 그분에게 다 씌웠다. 죄와 무관한 분을 완전히 죄인으로 매도하셨다. 그것도 가장 극악한 죄인의 자리에 서도록 만드셨다.

우리 중에는 해결되지 않는 인생의 밤을 지나며 잠을 이루지 못할 정도로 고통하는 사람들이 있다. 사는 게 너무 힘든 사람이 있다. 억울함과 한에 사무쳐서 가슴이 미어지는 사람도 있다. 웅덩이에 빠져 헤어날 길이 없는 사람도 있다.

그런데 그 모든 고통을 주님도 당하셨다. "내가 목마르다"라고 하실 때 이미 벌레 취급을 당하셨다. 입이 말라 질그릇 조각 같고 혀가 잇몸에 달라붙어 떨어지지 않을 만큼 고통을 당하셨다. 그러므로 주님은 우리의 고통과 어려움을 세세하게 다 아신다.

"주님, 내가 가진 짐 다 아시지요? 나의 이 고통 다 아시지요?" 그렇게 우리의 고통을 주님 앞에, 십자가 앞에 다 내려놓기 바란다. 주님의 십자가 밑에서 편히 쉬기를 원한다면 다 내려놓아야 한다.

"다 이루었다"

30절을 보자. 예수님은 신 포도주를 받으신 후에 어떻게 하셨는가?

"다 이루었다 하시고 머리를 숙이니 영혼이 떠나가시니라."

"다 이루었다." 헬라어로는 '테텔레스타이'(Τετέλεσται) 한 단어로 되어 있다. 창세기부터 요한계시록까지 진행되는 장엄한 구원 계획은 이 한 단어 안에서 완성된다. 예수님이 이 땅에 오신 목적이 완성되었다는 말이다. 예수님이 십자가에 달려 돌아가신 이 순간 "하나님이 세상을 이처럼 사랑하사 독생자를 주셨다"라는 복음 진리가 온전히 다 이루어졌다. 이 말씀 안에는 주께서 비아 돌로로사, 즉 십자가의 길을 모두 거치셨다는 복된 선포가 포함되어 있다.

그래서 "다 이루었다"라는 말씀은 승리의 외침이다. 삼위 하나님만이 아시는 영적 성취감이 여기에 포함되어 있다. 이 안에는 하늘의 모든 부요가 담겨 있다. "다 이루었다"라는 말씀은 이처럼 복음의 큰 능력을 선포하시는 외침이다. 오늘날 고통 속에서 육체의 한계를 안고 살아가는 모든 분들의 마음속에도 이 복음의 선포가 선명하게 들려지기를 바란다.

고린도후서 8장 9절은 "다 이루었다"라는 말씀의 의미에 대해 이렇게 설명한다. "우리 주 예수 그리스도의 은혜를 너희가 알거니와 부요하신 이로서 너희를 위하여 가난하게 되심은 그의 가난함으로 말미암아 너희를 부요하게 하려 하심이라."

본래 부요하셨던 분이 가난하게 되셨다. 이때의 '가난'은 곧 십자가를 말한다. 그의 십자가를 통하여 우리가 부요함을 얻었다. 주님의 부요를 아는가? 성만찬을 통한 주님의 부요를 아는가? 모든 고통과 상처를 극복하신 주님의 부요를 아는가?

옛날에 어떤 목사님은 십자가만 들고 서 있어도 성도들이 다 울었다고 한다. 그 십자가의 은혜가 고스란히 전달되었기 때문이다. 오늘날 이 은혜가 여러분에게도 전달되기를 바란다.

십자가의 은혜에 대한 메시지는 한 번만 들어도 누구나 알 수 있다. 그래서 여러 번 듣다 보면 나중에는 익숙해진다. 이제 이러한 익숙함과는 결별하자. 지금 십자가를 경험하자. 지금 내 것으로 삼자. 이 은혜에 눈뜬 것만으로도 우리 인생은 충분히 성공한 것이다.

살아계신 하나님 아버지. 오늘 십자가의 깊은 은혜가 우리의 영혼에 쏟아져 들어오도록 은혜를 베풀어주옵소서. 다른 누구의 잘못 때문이 아닌 바로 나의 죄 때문에 주님이 그토록 능욕 당하시고 벌레 취급을 받으심으로, 벌레와 같은 제 인생이 주님 품에 안길 수 있게 되었습니다. 돌처럼 굳어 있는 마음을 은혜의 망치로 깨뜨려주시고, 우리가 처음 복음 진리 앞에서 깨뜨려졌던 때로 돌아가 새롭게 예수님의 십자가를 만날 수 있도록 도와주시옵소서.

우리 안에도 가야바와 같은 야비함과 빌라도와 같은 비겁함이 있습니다. 성령께서 깨닫게 하지 않으셨다면 우리는 여전히 간사한 마음을 품은 채 주님의 십자가를 거부하며 살아갈지도 모릅니다. 이런 우리를 정결하게 하시고 군병과 같은 이기심을 털어낼 수 있도록 도우시며, 십자가를 통해 다 이루신 주님이 우리에게 주시는 참된 부요를 경험하는 복된 성도들로 살아가게 하옵소서.

주님이 돌아가시면서 말씀하신 "다 이루었다" 이 한 마디가 저희들에게 얼마나 큰 위안과 힘이 되는지 모릅니다. 끊임없이 도를 구하지만 찾지 못하는 그런 사람들이 아니라, 구속 사역을 완성하신 주님을 항상 찬송하며 하나님의 부요하심에 동참하는 자들로 살게 하소서. 우리의 승리요 죄인들의 구세주 되시는 예수 그리스도의 이름으로 기도드립니다.

부활의 능력을
경험하는 길

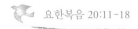
요한복음 20:11-18

1885년 4월 5일 봄비가 내리던 부활절 아침, 한국의 새날은 복음을 싣고 인천 제물포항에 첫발을 내디딘 두 명의 선교사로부터 시작되었다. 언더우드와 아펜젤러 선교사가 이날 뱃전에서 드린 기도문을 통해 어둠의 땅 한국에 복음의 여명이 밝아오기 시작했다. 은둔의 나라에 새 하늘과 새 땅의 역사가 찾아온 것이다.

먼저 아펜젤러 선교사는 기도의 포문을 이렇게 열었다. "하나님 아버지. 이 부활절 아침에 우리는 조선에 도착했습니다. 사망의 권세를 이기신 주님께서 조선의 백성을 얽어맨 결박을 끊어주시사 이들에게 하나님의 자녀로서의 자유와 빛을 주시옵소서."

이어서 언더우드 선교사가 기도했다. "오, 주여! 지금은 아무것도 보이지 않습니다. 메마르고 가난한 땅, 나무 한 그루 시원하게 자라지 못하는 이 땅에 주님께서 저희들을 옮겨와 심으셨습니다. … 그러나 주님, 순종하겠습니다. 저희가 겸손하게 순종할 때 주께서 일을 시작하시고 그 하시는 일을 우리들의 영적인 눈으로 볼 수 있는 날이 올 줄 믿습니다. '믿음은 바라는 것들의 실상이요 보이지 않는 것들의 증거'라고 하신 말씀을 따라 조선에서 믿음의 앞날을 볼 수 있게 될 것을 믿습니다!"

식민지 시대를 마감하고 제국주의 열강으로부터 해방된 나라 중에 지난 70년 동안 우리나라만큼 성장하여 세계 10위권을 넘나드는 경제대국으로 우뚝 선 나라가 또 어디 있는가? 하나님께서 부활의 능력으로 이 민족에게 빛을 비춰주셨기 때문에 대한민국이 오늘날 이 자리에까지 이를 수 있었다고 믿는다.

주께서 21세기에도 우리 민족의 역사와 진운(進運)을 복음의 영광 가운데 다시금 새롭게 펼쳐주시길 기도한다.

사랑하면
눈이 열린다

본문은 예수님을 극진히 사랑했던 막달라 마리아를 주인공으로 하여 이야기가 펼쳐진다. 초대교회 전승에 따르면 이 여인은 몸을 팔았던 여자요, 누가복음 8장에서는 일곱 귀신이 들린 사람으로 나온다. 한마디로 마리아는 인생의 막다른 골목에 내몰린 여인이었다.

그럼에도 예수님은 그녀를 만나주시고, 용서를 통해 새로운 삶으로 인도하셨다. 많이 탕감받은 자, 많이 용서받은 자가 주님을 더욱 사랑하듯(눅 7:42-43, 47) 주님을 향한 마리아의 감사와 사랑은 이루 더 표현할 수 없었다. 마리아는 진실로 주님을 사랑했다.

마리아는 날이 새기 전에 주님의 무덤으로 달려갔다. "안식 후

첫날 일찍이 아직 어두울 때에 막달라 마리아가 무덤에 와서 돌이 무덤에서 옮겨진 것을 보고"(20:1).

마리아는 지난 며칠간의 비극과 아픔에서 온전히 헤어나지 못한 상태였다. 아직도 그날의 참상이 가슴을 짓눌러 마음은 극심한 슬픔으로 가득 차 있었다. 예수님을 처형하라는 종교 지도자들의 외침 소리, 로마 군병의 채찍에 예수님의 등가죽이 찢겨나가는 장면이 눈과 귀에 선연히 맺혀 있었다. 날카로운 가시관이 예수님의 이마를 찢고, 예수님의 손발에는 못이 박히고 창이 허리를 뚫어 피를 쏟을 때마다 마리아의 마음은 무너져 내렸다.

예수님이 십자가에 못 박히시던 때는 안식일 전날이었다. 해가 지기 전에 시체를 내려 장사를 치러야 했다. 사람들은 황급히 예수님의 시체를 싸서 무덤으로 옮겼다. 이 모습을 지켜보는 마리아의 가슴은 찢어지는 듯 아파 도저히 잠을 이룰 수 없었다. 예수님을 사랑하는 마음이 그렇게 컸기에 마리아는 안식일이 지난 후 이른 아침에 향료를 들고 무덤을 찾아갔다. 무덤 앞에 놓인 큰 돌도, 로마 병사들도 마리아의 걸음을 막을 수는 없었다. 고증에 의하면 예수님의 무덤을 가로막고 있던 돌은 장정 20명이 힘을 합쳐도 움직이기 힘들 만큼 큰 돌이었다고 전해진다. 이처럼 지극한 사랑은 이성도, 지성도, 환경도 초월한다.

사랑은 이익을 구하지 않는다. 사람들이 보기에는 그녀의 행동이 무모하게 보일 수도 있었지만 어느 누구도 그녀의 순전한 사랑을 이길 수는 없었다.

하지만 마리아가 무덤 안에서 발견한 것은 마치 매미가 허물을 벗은 것처럼 주인 잃은 수의였다. 수의는 잘 개어져 있었다. 텅 빈 무덤을 발견한 마리아는 무덤 밖에 서서 눈물을 흘렸다. 베드로와 요한

마저 발길을 돌린 무덤 앞에 마리아는 멍하니 서서 슬피 울었다. 그런다고 문제가 해결되는 것도 아닌데 눈물은 멈출 줄 몰랐다. 그만큼 예수님을 향한 마리아의 사랑은 컸다. 하지만 마리아는 아직 예수님이 부활하신 사실을 모르고 있었다.

주님은 진실한 사랑을 눈물로 토해낸 마리아에게 두 가지 은혜를 베푸신다.

사랑하는 자,
부활의 첫 증인이 되다

첫째, 부활하신 주님은 마리아를 가장 먼저 만나주셨다.

"막달라 마리아가 가서 제자들에게 내가 주를 보았다 하고 또 주께서 자기에게 이렇게 말씀하셨다 이르니라"(18). 마리아도 처음에는 주님을 알아보지 못했다(15). 하지만 "마리아야!" 하고 자기 이름을 부르시는 음성을 듣는 순간, 그분이 예수님인 줄 금방 알았다.

이 장면에는 큰 뜻이 담겨 있다. 예수님이 십자가에 못 박히시기 전에는 사람의 몸을 입고 계셨기 때문에 육신의 눈이 있는 사람이라면 모두 주님을 볼 수 있었다. 심지어 예수님을 비난하고 반대하던 유대 종교지도자들도 예수님을 보았다.

그러나 새 몸을 입고 부활하신 예수님의 모습은 아무나 볼 수 없었다. 예수님이 자신을 나타내실 때만, 예수님이 허락하시는 사람에게만 보이는 영적인 몸이었다. 베드로, 요한, 열두 제자, 오백여 형제, 스데반, 사도 바울, 엠마오로 가는 두 명의 제자 등 예수님께서 눈을 열어주시는 자들만 그 몸을 볼 수 있었다.

주님은 예수님을 사랑했던 마리아에게 친히 자신을 드러내시고 그녀를 부활의 첫 증인으로 삼으셨다. 그녀는 부활의 기쁨과 진리를 가장 먼저 깨닫는 제자가 되었다. 이처럼 사랑을 품은 자는 진리를 깨닫는 은혜를 받는다. 사랑은 기적을 보는 눈을, 이해할 수 없는 것을 받아들이게 하는 믿음을 준다. 사랑만큼 위대한 주석가도 없으며, 사랑만큼 기적을 일으키는 능력도 없다.

오늘날도 주님은 마리아의 이름을 부르신 것처럼 우리의 이름을 부르신다. 인간의 제한된 시력으로는, 사람의 눈으로는 주님을 볼 수 없다. 하지만 사랑하면 주님을 만날 수 있다. 사랑하면 영혼의 눈이 열린다. 오직 믿음의 눈, 사랑의 눈이 열릴 때 우리 앞에 서 계신 주님을 볼 수 있다.

사랑의 크기,
기쁨의 크기

주님을 뵐 때 우리 마음에는 기쁨이 샘솟는다. "이 말씀을 하시고 손과 옆구리를 보이시니 제자들이 주를 보고 기뻐하더라"(20). 이 기쁨은 이론적인 기쁨이 아니다. 사랑하는 주님이 다시 살아나셨다는데 어찌 기쁘지 않을 수 있겠는가? 암 선고를 받은 사람이 기적적으로 병을 이겨내면 우리도 기쁘지 않겠는가?

성 버나드(St. Bernard)는 찬송가 85장에서 이 기쁨을 이렇게 표현하고 있다. "예수의 넓은 사랑을 어찌 다 말하랴 그 사랑 받은 사람만 그 사랑 알도다(3절). 사랑의 구주 예수여 내 기쁨 되시고 이제와 또한 영원히 영광이 되소서(4절)."

주님을 사랑하면 주님이 나의 기쁨이 되신다. 사랑과 기쁨은 비례한다. 사랑이 없으면 기쁨도 없다. 사랑이 부족하면 기쁨도 부족하다. 주님을 진실로 사랑하면 자연스럽게 기쁨도 생겨난다. 사랑하는가? 그러면 기쁠 것이다. 사랑하지 않는가? 그러면 기쁨도 없다. 사랑이 큰가? 기쁨이 클 것이요, 사랑이 적은가? 그렇다면 기쁨도 적을 것이다. 이처럼 사랑의 크기가 기쁨의 크기를 결정한다. 주님을 사랑하는 마음이 큰 만큼 그들은 기쁨으로 충만해졌다.

빌라도나 종교 지도자들 역시 예수님이 부활했다는 소식을 들었지만 그들은 기뻐하지 않았다. 그러나 일곱 귀신 들렸던 막달라 마리아와 갈릴리 출신의 미천한 제자들은 기쁨을 억누르지 못하여 예수님의 부활을 큰소리로 외칠 수밖에 없었다. 그들의 마음에 주님을 향한 뜨거운 사랑이 있었기 때문이다.

이 기쁨이 있었기에 두려움에 눌려 있었던 베드로와 요한이 용맹스런 복음전도자가 되었고, 의심 많은 도마가 확신의 사람으로 바뀌었다. 누구든지 예수 그리스도의 부활과 그분의 인격을 믿으면 이런 감격스런 기쁨을 경험한다. 이것은 추측이나 이론이 아니다. 말 그대로 기쁨으로 가슴이 벅차오르는 경험이다.

그래서 베드로는 이렇게 고백한다. "예수를 너희가 보지 못하였으나 사랑하는도다. 이제도 보지 못하나 믿고 말할 수 없는 영광스러운 즐거움으로 기뻐하니"(벧전 1:8). 비록 예수를 육신의 눈으로 보지는 못했지만 정말 사랑하고 있다고, 영의 눈이 열려 믿고 말할 수 없는 영광스러운 즐거움으로 기뻐하고 있다고 말한다. 이것이야말로 생명의 환희, 부활의 환희이다. 이처럼 주님을 사랑하면 영안이 열린다. 영안이 열리면 기쁨이 따라온다.

주님께서 마리아에게 베푸신 두 번째 선물은 무엇인가?

아바 아버지 계시의 특권

둘째, 주님은 부활의 첫 증인 마리아에게 부활을 선포하는 사명을 주셨다.

"예수께서 이르시되 나를 붙들지 말라. 내가 아직 아버지께로 올라가지 아니하였노라. 너는 내 형제들에게 가서 이르되 내가 내 아버지 곧 너희 아버지, 내 하나님 곧 너희 하나님께로 올라간다 하라 하시니"(17).

이 대목으로부터 본격적으로 예수님의 '아버지 사상'이 시작된다. 세상의 다른 어떤 종교도 하나님을 '아바 아버지'라고 부르지 못한다. '아바 아버지'는 기독교만이 가지고 있는 유일한 단어이자 중요한 특권이다. '아바'는 아람어로 '아버지'를 뜻하며, 탈무드에 의하면 아기가 태어나서 제일 먼저 배우는 말이기도 하다. 우리말로는 '아빠'라고 하는 친근한 단어다.

예수님의 아버지가 우리의 아버지가 되고, 예수님의 하나님이 우리의 하나님이 되는, 다시 말해서 하나님을 아버지라 부를 수 있는 놀라운 특권을 부여받을 뿐 아니라 이것을 다른 사람에게 전하는 증인의 특권까지 마리아에게 주신 것이다.

구약에서는 이런 친밀한 언어를 사용하여 하나님을 부를 수 없었다. 그러나 예수님이 부활하신 후 주께서 보내주신 성령님을 통해서 비로소 하나님을 '아바 아버지'로 부를 수 있는 특권을 누리게 된다. 즉, 양자의 영을 받은 신약성도들은 하나님과 부자 관계를 맺고 그분을 '아바 아버지'라고 부를 수 있게 되었다.

성경에서도 여러 번 '아바 아버지'를 언급하고 있다(개역개정 성경에서는 '아빠 아버지'로 번역했다—편집자).

"아빠 아버지여 아버지께는 모든 것이 가능하오니 이 잔을 내게서 옮기시옵소서. 그러나 나의 원대로 마시옵고 아버지의 원대로 하옵소서"(막 14:36).

"너희는 다시 무서워하는 종의 영을 받지 아니하고 양자의 영을 받았으므로 우리가 아빠 아버지라고 부르짖느니라"(롬 8:15).

"너희가 아들이므로 하나님이 그 아들의 영을 우리 마음 가운데 보내사 아빠 아버지라 부르게 하셨느니라"(갈 4:6).

경건한 불교인이나 무슬림, 힌두교 사람들은 고결하고 진지한 자세로 그들의 신을 찾는다. 그리고 그들 중 많은 사람들이 종교적 열반의 경지, 심오한 신비, 종교적 엑스터시(Ecstasy)를 경험하기도 한다. 심지어 무슬림은 나름의 방언도 가지고 있다. 그러나 그들의 영적인 깊이가 아무리 깊다 해도 하나님을 '아바 아버지'라고 부르지는 못한다.

따라서 17절의 "내 아버지 곧 너희 아버지, 내 하나님 곧 너희 하나님"이라는 말씀은 우리가 주님과 친밀해지고 하나님을 인격적인 차원에서 체험하게 될 것임을 선포하는 구절이다.

유명한 신약신학자 요하킴 예레미아스(Joachim Jeremias)는 '아바 아버지' 사상은 심지어 히브리 문학에서도 그 유례를 찾을 수 없고, 오직 예수 그리스도만이 하나님을 '아빠'로 아셨다고 이야기한다.

실제로 구약시대에는 하나님을 '야훼의 하나님', '여호와 하나님'으로 불렀다. 심지어 서기관들은 '야훼'라는 성호를 쓸 일이 생기면 먼저 몸을 깨끗이 씻을 정도로 그들에게 있어서 하나님의 존재는 두렵고도 엄위하신 분이셨다. 그러므로 우리가 하나님을 '아바 아버지'라 부를 수 있게 된 것은 실로 엄청나고도 영광스러운 축복인 것이다.

사명자는
낙심하지 않는다

우리는 이 하나님의 무한하신 능력을 내 것으로 삼을 수 있게 되었다. 하나님을 아바 아버지라 부르는, 진실한 의존과 순종의 관계를 통해 하나님의 무한하신 자원에 참여하게 된 것이다. 그래서 하나님을 아바 아버지라 부르고 부활의 능력을 깨닫게 되면 영적으로 차원이 달라진다. '내 능력이 얼마나 되는가?'보다는 '아버지 하나님이 얼마나 능력이 있는 분인가?'에 더 관심을 두게 된다. 나아가 '내가 어떻게 위대한 일을 할 수 있는가?'가 중요한 것이 아니라 '내가 누구의 힘으로 일하는가?'를 더 중요하게 생각한다.

그러므로 주님은 사람을 택하실 때도 '네가 얼마나 잘할 수 있느냐?'를 따지지 않으셨다. 이스라엘 백성들을 애굽에서 구해내시고자 모세를 광야의 떨기나무 앞으로 부르실 때도 하나님은 모세의 이력이나 재능, 은사를 고려하지 않으셨다. 대신 하나님이 어떤 분이신지 그에게 분명히 가르쳐주셨다. 바울도 '자신을 죄인 중의 괴수'라고 인정하며 깨어질 때까지 놓아두셨다. 진정 중요한 것은 모세의 힘이 아니라 하나님의 능력이요, 바울의 능력이 아니라 아바 아버지의 권능이기 때문이었다.

하나님은 사명자가 자기 재능으로 일하는 것이 아니라 하나님의 능력으로 일하길 원하신다. 그러므로 진정한 부르심을 받은 사명자는 자기 능력을 보며 낙심하지 않는다. 우리는 하나님의 능력이 드러나는 통로일 뿐이다. 이것이 막달라 마리아가 예수님께 받은 큰 축복이요 은혜의 계시였다.

사랑으로 여는
새날

우리 중에는 답답하고 고통스런 인생의 터널을 지나는 사람도 있고, 도저히 자기 힘으로는 해결할 수 없는 상황 앞에서 한숨 짓는 사람도 있을 것이다. 하지만 아무리 고되고 어려워도 잠시 마음을 추스르고 하나님을 '아바 아버지'라고 불러보자. 숨을 깊이 들이마시고 그분의 이름을 속삭여보자. 그러면 다시 한 번 시작할 수 있는 힘을 얻을 수 있다.

절망에 처한 마리아에게 부활하신 주님이 새 희망을 주셨듯이, 우리도 십자가와 부활의 능력을 믿고 하나님을 아바 아버지로 부르면 누구도 예외 없이 새로 인생을 시작할 수 있다. 주님에 대한 사랑을 회복하기만 하면 우리는 언제든지 다시 시작할 수 있다.

부활 정신은 우리 민족의 장래와도 직결되어 있다. 사실 주님을 뜨겁게 사랑하는 사람들은 하나같이 나라와 민족을 사랑하는 사람들이었다. 하나님의 사람들이 그렇게 민족을 사랑하며 기도할 때마다 새날이 찾아왔다.

하나님을 아바 아버지로 부르는 세대여, 일어나자. 주님을 사랑하는 은혜의 세대여, 다시 한 번 일어나 빛을 발하자. 진정 주님을 사랑하면 새날이 열린다. 이 기쁨의 새날이 개인과 민족 위에 열리면 우리 모두가 주님의 부활의 증인으로 살아갈 수 있게 될 것이다.

오, 주님. 하나님을 사랑하여 십자가와 부활의 복음을 들고 이 땅을 찾아온 주님의 사람들로 인해 130여 년이 지난 오늘날까지 수많은 주님의 자녀들이 주께로 돌아왔습니다. 이 모두가 부활하신 예수님께서 이루신 놀라운 역사입니다.

주님의 부활을 목격한 증인으로 살아가게 하시고, 마리아가 주님을 만났을 때의 기쁨과 사랑을 저희 안에도 가득 채워주시옵소서. 예수님을 육신의 눈으로 보지 못했더라도, 믿고 말할 수 없는 즐거움으로 기뻐하는 자들이 있다면 모두가 부활의 주님이 함께하시는 사람들이라고 믿습니다. 저희가 비록 지금까지 보잘것없는 인생을 살았을지라도 이제 부활하신 주님을 만나 놀라운 삶으로 변화되길 원합니다.

사명자가 낙심하지 않는 이유는 자기에게 있는 능력이 크기 때문이 아니라 우리를 부르신 하나님이 어떠한 분인지 분명히 깨달았기 때문임을 알았습니다. 때때로 우리가 감당해야 할 일들을 생각할 때 절로 한숨이 나오기도 하지만 우리가 눈을 들어 아바 아버지를 바라봅니다. 이제 낙심하지 않겠습니다. 아버지의 권능으로 저희에게 맡기신 일들을 모두 이루실 줄로 믿습니다. 이 시대에 우리가 한마음으로 일어나 부활의 증인으로 살아가도록 은혜를 베풀어주시옵소서. 지금도 살아계셔서 하나님 보좌 우편에서 중보하시고 인도하시는 예수 그리스도의 이름으로 기도드립니다.

예수님이 주시는
평강을 누리십시오

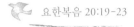 요한복음 20:19-23

지금도 많은 사람들이 두려움의 바다에서 불안에 떨며 힘겹게 노를 젓고 있다. 그리스도인도 예외는 아니다. 크리스천 상담가들에게 물어보면 "수많은 그리스도인이 두려움에 떨고 있다"라고 이구동성으로 말한다. 창창한 나이의 꽃다운 젊은이들에게 "가장 큰 어려움이 무엇이냐?"라고 물으면 다들 "미래가 보이지 않는 것"이라고 말한다. 장년들은 예외일까? 그들의 불안감도 결코 덜하지 않다.

바울은 "우리의 겉 사람은 낡아지나 우리의 속사람은 날로 새로워지도다"(고후 4:16)라고 외쳤다. 그런데 요즘은 시대가 달라졌는지 40-50대도 겉 사람은 젊어 보이지만 속사람은 점점 더 괴로워하는 것 같다.

스코틀랜드의 설교자 조지 모리슨은 주님께서 말씀하신 평강은 "넉넉한 자원을 소유한 것"이라고 말했다. 경제적인 곤란 앞에서도 통장에 예금이 넉넉하다면 걱정할 필요가 없을 것이다. 누군가가 폭력을 행사하더라도 태권도 9단의 유단자에게는 별로 두렵지 않을 것이다. 누군가 나를 오해하여 비난의 화살을 쏘아대더라도 우리 마음에 넉넉한 기쁨과 평안이 있다면 요동함이 적을 것이다. 이처럼 가진 자원이 넉넉하다면 우리는 평강을 유지할 수 있다.

부활 후
가장 먼저 들려주신 말씀

예수님이 십자가에 못 박혀 돌아가신 뒤, 제자들은 문을 꼭꼭 닫고 두문불출했다. 유대인들의 핍박이 두려웠기 때문이다. 불과 며칠 전 예수님께서 예루살렘 성에 입성하실 때만 해도 군중은 종려나무 가지를 들고 예수님을 환영하고 찬양했다. 그랬던 사람들이 돌변하여 예수님을 십자가에 못 박으라고 외치자 제자들은 배신감에 치를 떨었다. 한편으로는 자기들도 잡혀가지 않을까 두려운 나머지 뿔뿔이 흩어져 숨어 있던 상황이었다.

허물 많은 베드로를 용서하시고, 제자들 한 명 한 명을 따뜻하게 품으시며 끝까지 사랑하시던 주님이 더 이상 계시지 않는다는 현실 앞에서 그들은 두려워 벌벌 떨었다. 숨 쉬기도 힘들 만큼 힘겨운 세월이었다.

예수님은 평강이라는 자원이 바닥난 제자들을 찾아오셔서 두 번씩이나 말씀하신다. "너희에게 평강이 있을지어다." 십자가에 달려 돌아가신 예수님께서 부활하신 뒤 가장 먼저 들려주신 말씀이 "너희에게 평강이 있을지어다"라는 말씀이었다. 주님은 우리에게 어떠한 평강을 주시는가?

함께하는 자들에게
주어지는 평강

첫째, 예수님으로부터 오는 평강이다.

이 평강은 예수님과 함께 찾아온 평강이다. 예수님이 함께하셔서 얻는 평강이다. 예수님의 현현을 통한 평강이요, 예수님의 임재로 인한 평강이다. 주님은 근본적으로 평강의 주님이시다.

주님이 그들 가운데 오셨을 때 두려움에 떨던 제자들에게 평강이 임한 것은 주님이 곧 평강이시기 때문이다. 우리 시선을 주님이 아니라 다른 곳, 즉 주변의 사건이나 환경이나 사람에게 두면 평강을 얻을 수 없다. 그러나 평강의 본체이신 주님을 향한 시선이 흐려지지 않고 초점이 약해지지 않으면 하나님이 주시는 평강을 누릴 수 있다.

우리가 이 평강의 복을 누리는 것은 주님을 신뢰할 때에 생각과 마음이 주께 고정되면서 심지가 견고해지기 때문이다. 이사야 26장 3절은 이렇게 선포한다. "주께서 심지가 견고한 자를 평강하고 평강하도록 지키시리니 이는 그가 주를 신뢰함이니이다." 우리가 즐겨 부르는 찬송가에도 같은 내용이 나온다.

주 없이 살 수 없네 세월이 흐르고
이 깊은 고독 속에 내 생명 끝나도
사나운 풍랑일 때 날 지켜주시니
내 곁에 계신 주님 늘 힘이 됩니다

20절을 보니 주님은 평강을 말씀하신 후 손과 옆구리를 보이셨다. 아직도 얼떨떨하여 예수님이 부활하신 것을 사실로 받아들이지 못하는 제자들에게 그 강력한 증거를 보이신다. 마치 이렇게 말씀하시는 것 같다. "이것이 못 자국이고, 이것은 창 자국이란다." 손바닥과 허리를 보이시면서 십자가에 달려 돌아가시던 때를 상기시킨다.

예수님이 주시는 평강의 효력은 그저 한 개인이 마음의 평안을 얻는 데에서 그치지 않는다. 그때부터 예수 그리스도를 본받는 일에 영의 눈이 열리기 시작한다. 주님이 평강의 원천임을 알게 되면 내 삶의 이유가 그리스도를 본받는 데 있음을 깨닫게 되기 때문이다.

세상이 주는 평강은 일시적이고 인위적이며 중독적이다. 사람들은 잠깐의 평안을 누리기 위해 쾌락을 쫓는다. 돈을 쫓다가 돈의 노예가 되기도 한다. 그러나 하나님이 주시는 평강이 있는 사람 안에는 그리스도 예수님의 마음이 있기 때문에 그리스도의 형상에 이르기까지 성령이 역사하신다.

또한 이 평강은 "때마다 일마다" 주어진다. 바울은 데살로니가 성도들을 축복하면서 "평강의 주께서 친히 때마다 일마다 너희에게 평강을 주시고 주께서 너희 모든 사람과 함께하시기를 원하노라"(살후 3:16) 하고 기도했다. "일마다 때마다"의 본래 의미는 "사건의 고비마다"라는 뜻이다. 사건의 고비마다 평강을 주시기를 원한다는 말씀이다. 우리가 당하는 그 어떤 사건에서도 평강이 따를 것이라는 말이다.

형들에게 팔려서 고난을 당한 요셉이나 골리앗 앞에 선 다윗, 전신에 병이 생겨 생사의 문턱을 헤매는 욥이나 풍랑 이는 바다에 빠진 베드로와 다를 바 없는 상황에 처했을지라도, 우리에게 닥친 사건에 관계없이 일마다 때마다 고비마다 평강을 주신다. "안심하라. 내니 두려워하지 말라"(막 6:50). 주님께서 지금 우리 곁에 있다는 확실한 증거를 마음속에 확실하게 보여주시기를 소망한다.

성령받은 자들에게 주어지는 평강

둘째, 성령님으로부터 오는 평강이다.

예수님은 제자들을 다시 보내시면서 성령을 함께 허락하신다. "아버지께서 나를 보내신 것 같이 나도 너희를 보내노라. 이 말씀을 하시고 그들을 향하사 숨을 내쉬며 이르시되 성령을 받으라"(21-22).

성령께서는 우리의 연약함을 도우심으로써 평강을 주신다. 본래의 보혜사인 예수님은 이 땅에 오셔서 사람들과 함께 살을 부대끼며 거니셨지만 시공간의 제한을 받으셔야만 했다. 그런데 예수의 영이신 또 다른 보혜사 성령이 오시면 주님이 가지셨던 능력, 은혜, 축복, 사랑이 성령님을 통하여 우리에게 그대로 전달된다.

사람은 5분 뒤에 무슨 일이 일어날지도 모르는 연약한 존재다. 그러므로 어떤 것이 자신에게 최선인지도 알지 못한다. 그런 우리에게 성령님이 오셔서 연약함을 도우신다고 약속하셨다. 그러한 성령의 도우심 덕분에 우리에게 평강이 있는 것이다.

또한 성령께서는 우리를 새롭게 하심으로 평강을 주신다. 성령이 역사할 때는 마음속에 신선함이 넘친다. 이사야나 요엘 선지자의 예언을 보더라도 알 수 있다. 성령이 주시는 평안을 힘입어 우리는 언제든지 다시 시작할 수 있다.

용서하는 자들에게 주어지는 평강

셋째, 용서의 복음을 통한 평강이다.

다음 23절은 정말 중요한 구절이다. "너희가 누구의 죄든지 사하면 사하여질 것이요 누구의 죄든지 그대로 두면 그대로 있으리라 하시니라." 이 말씀은 제자들이 용서의 복음을 외치면 그 복음을 받아들이는 자들이 용서를 받을 것이요, 그 용서의 복음을 외치지 아니하면 영원히 용서받지 못할 것이라는 의미다.

주님께서 평강을 선포하시면서 이 말씀을 주신 이유가 무엇일까? 한마디로 평강은 용서의 복음을 전할 때에 마무리되고, 용서의 복음으로 말미암아 유지된다는 뜻이다.

용서가 우리 삶 속에서 체화되면 그동안 우리를 고문하고 괴롭히고 고통스럽게 하던 두려움과 공포가 사라지고 참된 평안의 강수가 마음속에 넘실거린다. 용서의 복음을 깨달은 자는 자기가 받은 용서를 실천할 때에야 참된 평강이 찾아오는 법이다. 반면 용서를 실천하지 않으면 평강도 없다. 그래서 용서는 평강으로 가는 지름길이다.

마이클 샌들은 《정의란 무엇인가》에서 공동선을 추구하는 것이 정의라고 했다. 교회 공동체가 추구해야 할 최고의 공동선은 바로 용서의 공동체가 되는 일이라고 생각한다. 용서란 죄를 덮자는 말도 아니요, 정의를 희석시키자는 말도 아니다. 원수 갚는 일은 하나님께서 하실 때 가장 확실함을 믿고 의탁해야 한다는 뜻이다. 그렇게 믿을 때 우리는 용서할 수 있다. 그렇게 각자의 과거에 대해 용서하는 것 외에는 우리가 달리 할 수 있는 것이 없다. 그래서 용서는 인간적인 차원을 뛰어넘는 일이다.

C. S. 루이스는 용서에 대해 이렇게 말했다. "성경이 말하는 용서는 인간적인 정의(human justice)를 넘어선다. 절대로 그냥 봐줄 수 없는 문제를 너그럽게 용서하는 것이다." 하나님이 우리에게 베푸신 용서가 그랬다. 우리가 아직 죄인이었을 때 주님은 눈감아주셨다.

그리스도인의 삶에서 이 용서만큼 신비로운 것도 없다. 용서를 베풀면 그에 대한 연쇄반응으로 평강이 뒤따르고 나아가 그 평강을 평생 유지할 수 있게 된다. 이러한 용서의 신비를 누구나 쉽게 발견하는 것은 아니다. 하지만 우리가 용서의 도를 실천하지 않으면 용서의 신비도 깨달을 수 없으며 평강도 유지할 수 없다.

사회 정의는 중요하다. 사회적 책임도 소중하다. 이 시대를 살아가는 그리스도인들은 정의와 책임의 문제에 민감하게 반응해야 한다. 그러나 우리가 평강과 용서라는 넉넉한 자원을 확보하지 못한 채 날마다 피켓 들고 데모하면서 비판의 화살을 쏘아대기만 한다면 얻는 것이 없을 것이다. 사회 정의를 위해 목소리를 높이다가 자칫 내면적으로는 평강을 놓친 채 살아가게 될지도 모른다.

요셉은 형들에게 고난을 당했다. 요셉도 그런 시절이 너무 힘들었다고 고백한다. 그런데 요셉은 형들을 용서했다. 너무나 큰 용서였기 때문에 처음에 형들은 요셉의 용서를 받아들이지 못했다. 나중에 아버지 야곱이 죽을 때가 임박하자 형들은 요셉이 복수하지 않을까 겁을 먹었다. 그러자 요셉이 이렇게 말한다. "형들은 내 용서를 믿으셔야 합니다. 나는 형들을 용서했습니다. 내가 어떻게 하나님을 대신하겠습니까?"(창 50:19 참조).

"내가 어떻게 하나님을 대신하겠습니까?" 우리에게도 그러한 원수 갚을 일과 고통과 억울함과 같은 문제가 있다면 하나님께 맡기자. 그래야 평강을 유지할 수 있다. 그래야 영적 전쟁에서 승리할 수 있다. 에베소서 6장에는 영적 전쟁을 위해 준비해야 할 것들이 나오는데 마지막으로는 "평안의 복음이 준비한 것으로 신을 신[으라]"(엡 6:15)라고 하신다. '평강의 신발'이 없으면 이 험악한 세상에서 어떻게 살아가겠는가?

이사야서를 보다가 큰 감동을 받은 말씀이 있었다. "겁내는 자들에게 이르기를 굳세어라, 두려워하지 말라. 보라, 너희 하나님이 오사 보복하시며 갚아주실 것이라. 하나님이 오사 너희를 구하시리라 하라"(사 35:4). 하나님이 대신 보복하고 대신 갚아주시겠다는 말씀이다. 이것이 신앙이요, 이것이 신비다.

신앙생활이 깊어질수록 사소한 일에 신경 쓰는 일이 줄어든다. 사소한 번민과 갈등이 사라진다. 모든 것을 하나님께 맡겼기 때문이다. 실오라기 하나까지 다 맡길 때 더 큰 평강이 찾아온다.

엄마의 젖을 먹고 난 후에 세상에서 가장 만족스런 얼굴로 잠들어 있는 아이의 모습을 떠올려보라. 젖먹이들은 어찌 보면 세상에서 가장 무력한 존재다. 스스로를 보호할 힘이 하나도 없는 이 아이를 부모는 커다란 품으로 감싸고 보호한다. 마찬가지로 우리가 하나님께 온몸과 마음을 의탁할 때 하나님은 우리에게 젖 뗀 아이가 누리는 평강을 주신다.

영적인 강국

1910년도에 스코틀랜드에서 열린 에든버러 세계선교사대회는 세계 선교에 뚜렷한 흔적을 남겼다. 빌리 그레이엄 전도협회나 로잔언약(1974년)도 이 선교대회의 정신을 토대로 파생되었다. 세계적으로 중요한 선교와 전도에 대한 여러 운동들이 이 대회를 근거로 하고 있다.

2010년에 에든버러 대학교에서는 에든버러 세계선교사대회 100주년 기념으로 세계개혁주의협의회(WRF) 3차 총회가 있었다. 그때 내가 개회설교를 맡게 되었다. 세계 여러 나라에서 오신 대표단들과 첫날 첫 시간에 나누는 말씀이라 임팩트 있는 내용을 달라고 기도

했다. 마침 하나님께서 좋은 예화를 하나 주셨다.

1910년도 선교대회 당시, 우리나라 기독교를 대표해서 한 분이 참석했다. '마포 삼열'로 잘 알려진 사무엘 마펫(Samuel A. Moffett) 박사였다. 그분은 당시 평양신학교 교장이었는데 우리나라 대표로 선교대회에 참석해서, 조선이라는 나라는 러시아와 중국과 일본이라는 강대국 사이에 끼어서 정치적으로 경제적으로 희망이 없는 나라이지만 하나님께서 이 민족을 영적인 강국으로 삼아주실 것이라고 보고한 기록이 지금도 남아 있다.

그 기록을 읽고는 깜짝 놀랐다. 아마도 마포 삼열은 1907년도에 평양대부흥을 경험한 뒤에 그런 확신을 가졌던 것 같다.

오늘날 우리가 이러한 축복을 누리는 이유도 영적인 강국이 되었기 때문이다. 주님이 주시는 평강으로 힘들고 어려운 상황 속에서 자신과 관계가 깨뜨려진 사람들을 용서하고 용서를 빈다면 하나님께서 계속해서 우리를 통해 평강을 확대 재생산할 수 있도록 복 주실 것을 믿는다.

우리는 그동안 엉뚱한 것을 의지하면서 평강을 구했다. "경제 사정이 좀 나아지면 마음이 평안해지겠지. 자식이 잘되면 평안하겠지. 이 고통이 사라지면 평안하겠지." 하지만 그렇게 환경의 변화를 통해 오는 평강은 잠시뿐이다.

여러분을 오직 주님만이 주실 수 있는 귀한 평강의 잔치에 초대하고 싶다. 주님의 임재를 통한 평강, 우리의 연약함과 부족함에도 불구하고 새 일을 행하시는 데서 오는 평강, 또한 세상 사람들이 말하는 정의의 차원을 뛰어넘어 참된 용서를 경험한 자들이 그 용서의 복음을 전하며 살아갈 때 주어지는 진정한 평강을 통하여 우리 모두가 이 평강의 주인공이 되기를 축복한다.

살아계시고 영화로우신 하나님 아버지. 부활하신 후에 가장 먼저 들려주신 말씀이 바로 이 말씀임을 마음에 새깁니다. 우리가 모두 이 평강의 비밀, 평강의 신비를 아는 자들이 되게 해주십시오. 겉모습은 낡고 초라해질지라도 우리의 속사람만은 예수님이 주시는 평강으로 날마다 새로워지기를 구합니다. 인생의 고비를 만나 마음 문을 닫아걸고 힘들어 포기하고 싶은 그런 때라도 합력하여 선을 이루시는 것을 알기에 믿음으로 주님을 바라봅니다.

먼저는 저희가 예수님으로부터 오는 평강을 덧입을 수 있도록 도와주시옵소서. 둔한 마음이 신선해져 말씀을 깨닫게 하시고 흐린 시야를 맑아지게 하셔서 부활하신 예수님을 날마다 모시고 사는 기쁨을 경험하게 해주소서. 무엇보다 용서의 복음을 전할 때에 우리를 묶고 있던 모든 무기력과 두려움의 영을 풀어지게 하시고 자유롭게 주님을 섬길 수 있도록 도와주시옵소서. 지금도 내 마음을 답답하게 하고 나를 어렵게 하고 심지어 복수를 생각할 만큼 힘든 사람이나 관계가 있다 할지라도, 주여 주님께 맡기게 하여 주십시오. 제가 어찌 하나님을 대신하겠습니까?

아버지 하나님, 우리 주위에 고통을 겪는 모든 분들에게 회복의 영이 임하게 하여주소서. 개인과 가정과 교회와 사회에 하나님의 평강이 임하게 해주시옵소서. 우리의 생명 되시고 평강의 원천 되시는 예수 그리스도의 이름 받들어 간절히 기도드립니다.

예수님의 영광에 눈을 뜰 때
달라지는 것들

🕊 요한복음 1:1-4, 14

남강 이승훈 선생은 해방 시기에 활동한 분으로 우리 민족의 선구자이자 사표와 같은 분이었다. 특히 교육 분야에서 큰 역할을 담당했다. 평안도 정주에 오산학교를 설립한 분이 바로 이승훈 선생이었다.

안이숙 사모님의 부군 되시는 김동명 목사님에게 인상 깊게 들었던 일화가 있다.

이승훈은 머슴 출신이었다. 배경만 보면 솔직히 민족학교의 교장이 될 만한 출신이 아니었다. 하지만 어느 날 인생 전체를 송두리째 바꾸어놓은 깨달음이 그에게 왔다. 남의 집에서 종살이를 하고 있던 시절, 하루는 우연한 기회에 요한복음 1장 12절을 접했다.

"영접하는 자 곧 그 이름을 믿는 자에게는 하나님의 자녀가 되는 권세를 주셨으니."

이 대목을 읽다가 선생에게 퍼뜩 깨달음이 왔다.

'그렇구나. 내가 하나님의 자녀가 되면 좋겠구나.'

예수님이 죄 문제의 해결자임을 깨닫고 예수님을 구세주로 영접했다. 그분을 영접하는 순간 머슴이었던 이승훈은 '그래, 내가 하나님의 영광을 위해 살아야 되겠다. 하나님 영광을 위해 살아갈 수 있도록 제 인생을 펼쳐주십시오' 하고 마음에 소원을 품었다.

하지만 현실은 남의 집에서 머슴살이를 하는 처지에 불과했다. 그는 나이 어린 머슴일 뿐이었다. 머슴들은 아침 일찍 일어나서 제일 먼저 주인의 요강부터 깨끗이 닦는다. 하지만 냄새도 나고 겨울에는 따뜻한 물도 없으니까 가장 하기 싫은 일 중에 하나가 이 요강 청소였다. 선생은 마음에 이런 소원이 생겼다. '제 마음에 하나님의 영광위해 일하겠다는 소원을 주셨으니, 제가 하나님의 영광을 위하여 요강을 잘 치우게 하여주십시오.' 이런 마음으로 아침마다 일찍 일어나서 요강을 깨끗하게 씻었다.

어느 날 주인이 보니까 요강이 날마다 깨끗한 것이 아닌가? 이유가 뭔가 일찍 일어나서 살펴보니 어린 머슴 하나가 요강을 부지런히 치우고 있었다. 그 모습을 보고 주인은 '너는 요강만 치울 인생이 아니구나' 하고 이승훈을 눈여겨보았다. 주인은 이런 이승훈을 데려다 공부를 시키고 일본으로 유학을 보냈다. 선생은 일본 유학을 마치고 돌아와서 정주에 오산학교를 세운다. 우리가 잘 아는 주기철 목사님 같은 분들이 이 오산학교 출신이다.

이승훈은 교장 훈시 시간에 이렇게 말했다. "여러분, 나는 머슴 출신이었어요. 그런데 하나님의 영광을 위하여 요강을 잘 치워서 교장이 되었습니다. 나는 요강 때문에 교장이 된 사람입니다. 여러분도 하나님의 영광을 위해 사시기 바랍니다." 하나님의 영광을 위해 살기로 다짐하자 하찮은 요강도 새 차원으로 올라갔다.

요섭의
하나님 영광 체험

하나님의 영광을 사모하면 희한한 일이 참 많이 생긴다. 죄를 이기지 못하여 날마다 자책감에 들고, 패배의식으로 고통을 받고 있다면 하나님의 영광을 사모하는 방법 외에는 다른 길이 없다. 하나님의 영광을 제대로 바라보면 힘을 얻고 정결해진다. 그분의 영광에 눈을 뜨면 사는 세계가 달라진다.

구약에서 하나님의 영광을 체험한 대표적인 사람이 요섭이었다. 요섭에게는 아무런 잘못이 없었다. 그런데 형들에 의해 애굽으로 팔려가서 노예가 되었다. 생각할수록 치가 떨리고 기가 막히는 일이었다. 하지만 요섭은 형들을 원망하거나 복수심에 불타지 않았다. 도리어 하나님은 요섭으로 하여금 '내가 어떻게 하면 하나님의 영광을 위해 살 수 있을까?'를 생각하도록 도우셨다. 그래서 요섭은 하나님의 영광을 위하여 최선을 다해 노예의 삶을 살았다. 그의 삶을 지켜보던 주인은 그를 택해 노예 가운데서 최고의 자리에 앉힌다.

그러다가 보디발 아내의 모함으로 인해 노예에서 죄수의 신분으로 한 단계 더 내려간다. 하지만 요섭은 그때에도 하나님의 영광이 무엇인지를 깨달았다. '내가 처한 이 형편에서도 어떻게 하면 하나님께 영광을 돌리고 하나님을 기쁘시게 할까?' 이런 마음으로 옥살이를 했다. 요섭은 그렇게 보낸 감옥에서 나중에 총리대신이 되는 기반을 마련한다.

이러한 요섭 이야기는 누구나 잘 알고 있다. 그러나 사실을 알고 있는 것과 하나님의 영광을 보고 체험하는 것은 차원이 다른 문제다. 우리에게도 요섭처럼 이해되지 않는 억울함과 아픔이 있을지 모른다. 우리 앞에는 어떤 형태로든 '요강'과 같은 문제가 있다. 이런 문제에 대한 해결책은 다른 데 있지 않다. 우리가 하나님의 영광에 눈을 떠서 새로운 차원으로 이동해야 비로소 풀리게끔 되어 있다.

예수 그리스도는
어떤 분이신가

어떻게 하면 하나님의 영광을 위해 살아갈 수 있을 것인가? 한마디로 예수님이 어떤 분이신지 제대로 알아야 한다. 특히 요한복음 1장 1절부터 4절 사이에 나타난 예수 그리스도가 어떤 분인지 깨달아야 한다.

첫째, 예수님은 하나님이시다.

1-2절을 보자. "태초에 말씀이 계시니라. 이 말씀이 하나님과 함께 계셨으니 이 말씀은 곧 하나님이시니라. 그가 태초에 하나님과 함께 계셨고." 1절의 '태초'는 창세기 1장 1절에 나오는 천지창조 때의 태초가 아니라 영원 전의 태초를 말한다. 우주 만물을 창조할 무렵과는 비교가 안 되는 영원 전의 세계다. 그 태초에 말씀이 계셨고 이 말씀은 하나님과 '함께' 계셨다. 이 말씀은 성부 하나님과 함께 계시는 성자 예수 그리스도를 가리킨다. 성부 하나님과 함께 계신 그 성자 예수 그리스도께서 말씀으로 오셨다.

"예수 그리스도께서 말씀으로 우리에게 오셨다." 이것은 동굴 속에 들어가 수십 년간 면벽 수도를 하더라도 깨우칠 수 없는 진리이다. 하지만 이것을 깨닫는 순간 하나님의 영광에 눈이 확 열리게 된다. 특히 '말씀'이라는 단어가 중요하다. 헬라어로 이 말씀을 '로고스'(Λόγος)라고 하는데, 로고스는 하나님의 심정을 우리에게 펼쳐놓은 것, 하나님의 마음이 표현된 것을 말한다.

하나님은 목자의 심정으로 우리를 영원토록 인도하기 원하시는데 그러한 하나님의 심정과 생각을 우리가 어떻게 알 수 있겠는가? 예수님이 말씀이 되어 우리에게 오셨기 때문에 가능하다. 예수님을 통하여 하나님을 깨달을 수 있는 것이다. 이 사실이 분명해지면 우리는 신앙을 고백할 수 있고 하나님의 영광에도 눈이 열린다. 의심 가운데 있었던 도마가 이를 깨닫고 고백한다. "도마가 대답하여 이르되 나의 주님이시요 나의 하나님이시니이다"(요 20:28).

요한복음 1장 1절을 진리로 깨닫고 믿음으로 받아들이는 순간 나도 모르게 "예수님은 나의 주님이시요 나의 하나님이십니다" 하고 고백하게 된다. 바울은 "그는 근본 하나님의 본체"(빌 2:6)라고 했다. 요한도 이렇게 고백한다. "또 아는 것은 하나님의 아들이 이르러 우리에게 지각을 주사 우리로 참된 자를 알게 하신 것과 또한 우리가 참된 자 곧 그의 아들 예수 그리스도 안에 있는 것이니 그는 참 하나님이시요 영생이시라"(요일 5:20). 예수님은 참 하나님이시요 영생이신 것을 확신하는 순간 우리 영의 눈이 열리고 하나님의 영광을 체험할 수 있다.

둘째, 예수님은 창조주이시다.

"만물이 그로 말미암아 지은 바 되었으니 지은 것이 하나도 그가 없이는 된 것이 없느니라"(3). 여기서 '그'란 예수 그리스도를 가리킨다. 이 말씀은 예수님이 창조주시라는 뜻이다.

창세기 1장을 보면 땅이 혼돈하고 공허하며 흑암은 깊음 위에 있었는데 하나님은 모든 어두움과 혼란과 무질서를 몰아내셨다. 창조의 질서를 잡아주셨다. 마찬가지로 예수님도 우리 삶의 주인이요 창조주이시기 때문에 주님께 삶의 주권을 올려드려야 한다.

주님은 만물을 창조하셨을 뿐 아니라, 그렇게 만드신 만물을 붙잡고 보존하고 유지하신다. 지금 이 시간 주님이 우주를 붙잡지 않으신다면, 지구는 그 즉시 궤도를 벗어난다. 주님이 오늘 태양과 수많은 행성과 위성들을 일정한 거리에서 돌 수 있도록 꼭 잡고 계셔서 만물이 유지되는 것이다.

"만물이 그에게서 창조되되 하늘과 땅에서 보이는 것들과 보이지 않는 것들과 혹은 왕권들이나 주권들이나 통치자들이나 권세들이나 만물이 다 그로 말미암고 그를 위하여 창조되었고 또한 그가 만물보다 먼저 계시고 만물이 그 안에 함께 섰느니라"(골 1:16-17).

골로새서는 예수 그리스도의 기독론을 말하고 있다. 주님은 창조주요, 우리는 피조물이라는 말이다. 창조주가 허락하신 창조의 프레임과 창조의 원리 안에서 살아가야만 우리는 행복을 누릴 수 있다. 창조주 하나님이 정하신 질서에서 벗어나면 그때부터 무질서로 인해 혼돈하고 공허해진다.

예를 들어 물고기는 물 안에서 살아야 행복하다. 나무는 땅에 뿌리를 단단히 내려야만 향기로운 꽃을 피울 수 있다. 물고기가 물이 싫다고 물 밖으로 뛰쳐나오고 나무가 흙이 싫다고 땅에서 분리된다면 말라 죽는다. 창조주 하나님이 그렇게 법칙을 정하셨다.

우리는 하나님의 걸작품이요, 피조물이다. 그러한 인간의 존엄과 위대함도 창조주 하나님과의 관계 속에서 그분의 창조 질서와 섭리로 살아갈 때에만 빛이 난다.

셋째, 예수님은 생명의 주인이시다.

"그 안에 생명이 있었으니 이 생명은 사람들의 빛이라"(4). 예수님 안에 생명이 있다는 말이다. 예수님은 창조주일 뿐 아니라 생명의 주님이시다. 요한복음 20장 31절은 요한복음을 기록한 목적에 대해

"… 또 너희로 믿고 그 이름을 힘입어 생명을 얻게 하려 함이니라"라고 분명히 한다.

여기서의 생명은 육체의 생명을 말하는 것이 아니다. 육신의 생명을 뜻하는 헬라어는 '비오스'(βίος)인데 여기서는 '조에'(ζωή)가 쓰였다. 이 말은 '새로운 생명'을 뜻하는 신약성경의 독특한 표현이다. '조에'는 신약성경에 적어도 135회 나오는데 요한복음에만 36회 등장한다. 그래서 요한복음은 생명의 복음이요, '조에'의 복음이라고 말할 수 있다.

똑같은 육체의 생명이라도 질적인 차이가 있다. 노쇠한 생명과 용솟음치는 생명은 엄연히 다르다. 어떤 사람은 예수님이 말씀하신 '풍성한 생명'을 누리며 살아가고, 어떤 사람은 겨우 연명하는 수준으로 살아간다. 여기서의 생명이 '풍성한 생명'(Abundant Life)임에 주목하자. 요한복음 10장 10절은 이렇게 말씀하신다. "내가 온 것은 양으로 생명을 얻게 하고 더 풍성히 얻게 하려는 것이라." 예수님은 우리에게 이 풍성한 생명을 주러 오셨다.

넷째, 예수님은 그리스도이시다.

예수님께서 이 땅에 그리스도로 오셨다는 말은 "기름부음을 받으셨다, 구원자가 되신다"라는 뜻이다. 이 말은 내 삶의 모든 형편과 처지, 행불행, 아픔, 상처 등의 모든 상황 가운데서 예수님이 우리를 구원해내신다는 말이다. 예수님이 모든 문제의 해결자가 되신다는 뜻이다. 죄에서 구원해주시고, 영원한 멸망에서 구원해주시고, 지옥의 길목에서 구원해주시고, 인생의 슬픔에서 구원해주시고, 무지와 무식에서 구원해주시고, 삶의 수많은 힘든 관계에서 구원해주신다는 말이다.

그러므로 예수님이 그리스도시라는 뜻에는 '주님이 해결하지 못할 일은 없다'라는 의미가 담겨 있다. 이것이 요한복음이 기록된 진정한 목적이었다. 20장 31절을 보라. "오직 이것을 기록함은 너희로 예수께서 하나님의 아들 그리스도이심을 믿게 하려 함이요."

아이작 뉴턴은 평소에 태양을 응시하는 습관이 있었다고 한다. 맨눈으로 태양을 10초만 들여다봐도 눈이 타들어가는 것처럼 아프고 잠시나마 눈이 먼 것처럼 시력을 잃는다. 햇빛의 강렬한 잔상이 오래도록 망막에 남아서 눈을 떠도 눈을 감아도 태양이 보인다.

우리가 지금 살펴본 말씀은 비유하자면 태양을 잠시 바라본 것과 같다. 하나님 영광의 잔상을 우리 영혼에 새겨본 시간이라고 할 수 있다. 이 시간을 통해 우리는 예수님이 말씀으로 오신 참 하나님이요, 우리의 창조주시요, 생명의 주인이시며, 그리스도이심을 영혼의 망막에 새겨보았다.

영광의 주님께
맡기는 인생

하나님은 다른 종교의 신과는 다른 분이다. 힌두교에서 신은 외경의 대상일 뿐이다. 힌두교 신자들은 아침에 힌두 신전을 찾아가서 동물의 피를 바친다. 동남아에서 종교인들은 매일 아침마다 문 밖에 꽃이나 음식이라도 바쳐야 한다. 신이 무섭고 일상이 두렵기 때문이다. '오늘은 무슨 재앙이 일어날까? 무슨 문제가 일어나지는 않을까?' 하는 생각에 벌벌 떤다. 그들에게는 근본적인 평안이 없다.

하지만 우리는 주 예수 그리스도를 섬긴다. 우리 주님은 고귀하며 아름다운 분이다. 주님은 사랑이시다. 이 사실로 인해 우리는 언제나, 어디에서도 평안을 누릴 수 있다.

인생의 대부분을 쫓기듯 살아가는 사람들이 많다. 입시 전쟁에서 쫓기고 직장생활에서도 늘 쫓기듯 일한다. 마음에는 늘 커다란 짐을 짊어지고 있다. 근본적인 평안이 자꾸만 훼손당해왔다.

이제는 그 짐을 주님께 맡기자. 하나님의 영광을 바라보며 그 짐을 주님께 다 맡기자. 20-30대의 젊은이도 마찬가지다. 모든 것이 아직 제자리를 잡지 못해 불안한 인생 때문에 바쁘고 투쟁하듯 살아가는 이 땅의 젊은이들에게도 평안이 필요하다.

그 평안은 주님으로부터 온다. "모든 무거운 것과 얽매이기 쉬운 죄를 벗어 버리고 … 믿음의 주요 또 온전하게 하시는 이인 예수를 바라보자"(히 12:1-2).

짐을 다 벗어버리자. 주님을 바라보자. 주님의 영광을 바라보자. 예수님은 그리스도이시다. 이 진리를 깨닫게 되면 하나님의 영광을 바라볼 수 있다. 주님의 영광을 바라볼 때, 말씀으로 우리 가운데 거하시는 분임을 알게 된다. 이 말씀을 아는 데서 그치지 않고 우리 삶이 움직여서 하나님의 영광을 목격하도록 영안이 열리기를 바란다.

주님의 영광을 보지 못하면 마음에는 점점 상처가 늘어나고, 영적으로 힘들어진다. 반면 주님의 영광을 목도하면 영적인 병이 치유된다. 독수리가 날개 치며 올라가는 것과 같은 새 힘을 얻는다. 그러므로 하나님의 영광을 체험하는 것을 우리 삶의 최우선순위로 삼아야 한다. 삶의 진흙탕에 빠져 허우적거리는 상황이라면 예수 그리스도의 영광을 보며 힘을 얻을 수 있기를 기도한다. 이것은 주님의 백성이 누릴 수 있는 가장 놀라운 특권 중에 하나이기 때문이다. 우리가 다른 어떤 축복보다 하나님의 영광에 눈뜨고 영적으로 새로운 차원으로 비상하게 되기를 구했으면 한다.

하나님 아버지. 인간의 이성과 생각으로는 예수님이 어떤 분이신지 알 수 없지만, 성령의 감동을 통하여 예수님의 영광을 맛보고 깨닫게 해주셔서 감사드립니다. 이 말씀을 성령의 감동으로 믿고 깨닫도록 해주신 주님을 찬양합니다.

우리가 삶의 진흙탕에 빠져 허우적대며 힘들어 하는 것은 우리 눈이 인생의 자잘한 것들에 신경 쓰느라 주님의 영광에 눈뜨지 못했기 때문임을 고백하오니, 오, 주님. 저희의 눈을 열어주셔서 우둔한 인생들에게 주님 영광의 기이한 빛을 비추어주옵소서.

하나님의 영광을 맛본 사람은 이제까지와는 전혀 다르게 살아갑니다. 그릇의 크기나 재질에 따라서가 아니라 우리 안에 담긴 복음의 영광으로 인해 저희가 전혀 다른 차원에서 주님의 영광을 드러내는 인생이 될 줄로 믿습니다.

말씀으로 우리 가운데 오신 예수님이 하나님이신 것을 깨닫고, 삶의 주권을 올려드려야 할 창조주이심을 알게 해주시고, 예수님이 생명의 주인이심을 고백하며 이 역사에 동참함으로써 실제 삶의 현장에서 온몸으로 진리를 체험하도록 도와주소서.

교회가 이 하나님의 영광을 목도하고, 이 영광을 현시하는 시대적 소명을 잘 감당할 수 있도록 새 차원으로 이동하게 해주시옵소서. 예수 그리스도의 이름으로 간절히 기도올립니다.

은혜의 저수지는
결코 마르지 않습니다

 요한복음 1:10-18

옛 어른들은 '은혜 위에 은혜'라는 말을 '은상가은'(恩上加恩)이라고 불렀다. 영어로는 'Grace upon Grace'라고 표현한다. 우리가 이 험난한 세상을 살아가면서 은혜 없이 어떻게 살 수 있겠는가? 은혜 없이는 기쁨도 없고, 평강도 없다.

하나님의 은혜란 무엇인가? 성경 전체를 보면 가치 없는 자에게 가치를 부여하는 것을 하나님의 은혜라고 부른다. 자격 없는 자에게 자격을 베푸시는 하나님의 일방적이고 거룩한 호의가 바로 은혜다. 돌아온 탕자의 경우가 대표적이다. 더 이상 희망이 보이지 않는 탕자에게 하나님께서 아버지의 심정으로 다시 신분을 회복시키고 그를 다시 아들로 삼으신다. 이것이 완전한 호의다.

미국에서 신학교에 다니던 시절, 교수 한 분은 '은혜'(GRACE)를 'God's Riches At Christ's Expense'라고 풀이했다. 머리글자를 따오면

'GRACE'가 된다. 예수님께서 대신 지불하신 하나님의 부요하심이라는 말이다.

그렇다. 은혜는 "우리가 다 그의 충만한 데서"(16) 받는 것이다. 예수 그리스도는 우리와 함께 거하시는 하나님이요, 우리의 창조주요, 생명의 주님이시다. 그분이 우리에게 주시는 충만한 것, 풍성한 것이 곧 하나님의 은혜다.

은혜의 본질은 풍성하고 넘친다는 것이다. 그래서 "은혜 위에 은혜"라고 한다. 우리는 자격도 없고, 수고한 것도 없고, 이런 은혜를 받을 만한 사람도 아닌데 예수님께서 우리를 충만하게 하신 것이 바로 은혜다. 그래서 14절에서는 예수님이 "은혜와 진리가 충만"하신 분이라고 말한다.

최고, 최상의 은혜

12절을 보자. "영접하는 자 곧 그 이름을 믿는 자들에게는 하나님의 자녀가 되는 권세를 주셨으니." 최고의 은혜는 하나님의 자녀가 되는 특권이다. 20세기의 대표적인 복음주의자인 J.I. 패커는 이렇게 말했다. "그리스도인은 누구인가? 예수 믿는 사람이란 누구를 말하는가? 거듭나서 하나님을 아버지로 모신 사람이 바로 그리스도인이다." 나는 이것이 그리스도인과 비기독교인을 가장 확실히 구분해주는 정의라고 생각한다.

우리가 예수 그리스도로부터 받은 최고의 선물은 하나님을 아버지라고 부를 수 있게 된 일이다. 하나님을 '아바 아버지'라고 부르는 이 계시야말로 성경 최고의 계시이다.

하나님의 자녀가 되는 것은 혈통이나 육정, 사람의 뜻으로 되는 것이 아니다. 기독교 가정에서 태어나면 신앙 환경이 더 윤택해지기는 하지만 부모가 신앙인이라고 해서 자녀도 자연스럽게 신앙을 갖게 되는 건 아니다. 반드시 주님과 내가 인격적으로, 개인적으로 만나야 한다. 말씀과 성령을 통하여 예수님을 구세주로 영접할 때 가능한 일이다.

또한 "사람의 뜻으로 나지 않았다"라는 말은 무슨 뜻인가? 이것은 사람의 의로움으로 되지 않는다는 말이다. 사람에게 있는 어떤 자격으로 하나님의 자녀가 되지 못한다는 뜻이다.

우리 주위에는 인격적으로나 삶을 보더라고 훌륭한 분들이 많다. 나와 동년배 중에 세계적인 기업가이자 자선사업가인 빌 게이츠가 있다. 그를 볼 때마다 참 대단하다는 생각이 든다. 하지만 이처럼 세상을 위하여 아름답고 훌륭한 일을 하더라도 예수님을 구세주로 영접하지 않는다면 누구도 하나님의 자녀가 될 수 없다.

우리처럼 허물 많은 사람들이 예수님을 구세주와 주님으로 영접하여 하나님의 자녀가 되었다는 것이 복음이다. 내 능력이나 나의 의로움이 아니라 예수님의 피 덕분에 우리가 의롭게 되었다. 예수님께서 피를 바칠 만큼 귀한 존재라는 사실이 참으로 은혜 위에 은혜다.

우리가 예수님을 영접하고, 예수님을 초청한다는 말은 하나님의 성품을 신뢰하고 그분을 전인격적으로 받아들인다는 뜻이다. 그렇게 해서 우리는 하나님의 자녀가 된다. 하나님의 자녀란 혈통이나 육정, 사람의 뜻으로 난 사람이 아니라 바로 하나님을 영접한 자들을 말한다. 이것은 실로 하나님의 크신 은혜가 아닐 수 없다. 신앙생활 최고의 절정, 최고의 삶이 하나님을 아버지라고 부르는 은혜이기 때문이다.

은혜받은 사람들,
이것이 다르다

은혜받은 사람들에게는 두 가지 내면의 변화가 따른다.

먼저는 주님의 임재를 느낀다. 14절에 보면 "말씀이 육신이 되어 우리 가운데 거하셨다"라는 내용이 나온다. 주님이 우리 가운데 거하시기 때문에 우리가 그분의 임재를 느끼는 것이다. '거한다'는 말은 원어에서 '장막을 친다'라는 뜻이다. 말씀이 육신이 되어 우리 가운데 장막을 치셨다는 뜻이다. 이것이 신약 시대에는 '임마누엘의 은혜'로 나타났다. 예수님이 우리 삶 가운데, 우리 마음 가운데 장막을 치셨다. 예수님이 육신의 몸을 입고 이 땅에 오신 놀라운 일을 깨달을 때마다, 우리는 주님의 임재를 느끼고 감사할 수 있다.

하나님의 임재를 느끼지 못하는 삶이야말로 정말 안타까운 인생이다. 어떤 신학자는 그것은 가장 저주받은 인생이라고까지 말했다. 우리의 부족함, 우리의 아픔, 우리의 상처 그리고 우리의 모든 고통을 주님이 체휼하셨다. 주님은 우리가 삶 속에서 겪는 모든 고통을 아시며, 우리의 연약함도 알고 계신다. 찬양과 말씀과 예배를 통하여, 영적 공동체에 대한 하나님의 놀라운 축복을 통하여 주님은 우리와 함께 계신다.

또한 하나님의 자녀가 되면 하나님의 임재를 확인할 뿐 아니라 율법과 은혜에 대한 관계를 제대로 이해하게 된다. 율법과 은혜의 함수 관계를 이해하는 눈이 열린다. "율법은 모세로 말미암아 주어진 것이요 은혜와 진리는 예수 그리스도로 말미암아 온 것이라"(17). 율법은 요구요 명령이지만 은혜와 진리는 공급이다. 율법이 요청하는 것이라면 은혜와 진리는 채워주시는 것이다. 모세가 받은 율법은 우리를 향한 하나님의 경고였다. 그래서 율법은 우리를 도와주지 못한다. 율법은 우리에게 명령을 내리지만 치료하지는 못한다. 율법은 우리의 연약함을 드러내지만 그 문제를 해결해주지는 못한다. 그러나 은혜는 우리를 사랑으로 품어준다. 은혜는 명령하지 않고 상처를 치유해주면서 우리의 연약함을 긍휼히 여긴다.

사람들은 흔히 은혜와 율법이 서로 모순된다고 오해한다. 하지만 은혜와 율법은 서로 모순되는 것이 아니라 보완하는 관계다. 율법은 요구할 뿐이지만 은혜는 율법의 요구를 완성한다. 율법은 이웃을 내 몸과 같이 사랑하라고 요구하지만 우리가 어떻게 이렇게 사랑할 수 있겠는가? 나하고 도저히 맞지 않는 분들을 어떻게 끝까지 사랑할 수 있는가? 또 마음과 뜻과 정성을 다해 하나님을 사랑하라는 엄중한 요구를 만족시킬 수 있는 사람이 과연 얼마나 되겠는가? 우리 힘으로는 율법의 요구를 따르지 못한다. 하지만 은혜는 그게 가능하다.

구약의 성막은 하나님 은혜의 그림자이다. 성막에서는 양의 피가 쏟아지고 지성소에서는 생명이 쏟아부어진다. 예수 그리스도의 십자가 사역을 통하여 지성소와 성소가 열렸다. 보혈의 피로 율법의 요구가 완성되어 은혜가 무엇인지를 깨닫게 해주셨다. 그 결과 우리가 다 그의 충만한 데서 "은혜 위에 은혜"(16)를 받는다.

이처럼 하나님의 자녀가 되면 내면에 변화가 일어난다. 임재하시는 주님의 임마누엘 은혜를 깨닫고, 율법과 은혜의 관계를 제대로 이해할 수 있다.

그렇다면 어떤 사람이 이러한 '은혜 위에 은혜'를 받을 수 있는가? 어떤 일이 준비되어야 하는가?

유통기한이
지난 은혜

첫째, 날마다 은혜를 받아야 한다.

"말씀이 육신이 되어 우리 가운데 거하시매 우리가 그의 영광을 보니…"(14). 여기서 '본다'라는 단어는 문법적으로 현재진행형이자 현재완료형이다. 한 번 보고 끝이 아니라 계속 보아야 한다는 말이다.

은혜의 사람 바나바는 안디옥 교회를 개척하고, 교회를 위해 헌신했다. 그에게는 하나님의 은혜를 보는 눈이 있었다. "그[바나바]가 이르러 하나님의 은혜를 '보고' 기뻐하여 모든 사람에게 굳건한 마음으로 주와 함께 머물러 있으라 권하니"(행 11:23). 개척교회에서는 여러 문제가 동시다발적으로 생기기 때문에 은혜를 보는 게 쉽지 않다. 그런데 바나바는 거기에서 은혜를 보았다고 말했다.

이 은혜는 한 번 보고 끝나는 게 아니다. 우리가 하나님 앞에서 아무리 잘 살더라도 은혜가 필요 없는 사람은 없다. 우리는 이 은혜에 대해서 늘 굶주린 자들이 되어야 한다. 은혜에 관한 한 우리 가운데 완성된 사람은 없다. 과거에 받은 은혜가 항상 지속되는 게 아니기 때문이다. 예수의 보혈로 받은 구원은 지속되지만 날마다 하나님의 은혜 속에서 사는 것은 또 다른 문제이다. 그렇게 하려면 유통기한이 지난 은혜를 붙들고 있어서는 안 된다. 은혜가 지속되기 위해서는 날마다 '일용할 은혜'가 필요하다. 은혜에 관한 한 언제나 거룩한 부채의식이 있어야 한다.

바울은 나의 나 된 것은 하나님의 은혜 때문이라고 했다(고전 15:10). 이 은혜를 받은 바울은 어떻게 살았는가? "형제들아 내가 그리스도 예수 우리 주 안에서 가진 바 너희에 대한 나의 자랑을 두고 단언하노니 나는 날마다 죽노라"(고전 15:31). 내가 은혜받았다는 증거, 오늘의 흡족한 은혜를 받고 날마다 은혜의 하루살이가 되었다는 증거는 이 말씀처럼 날마다 죽는 것으로 나타난다. 그는 진정 은혜 위의 은혜를 깨달은 사람이었다.

어린아이는 날마다 엄마 얼굴을 봐야 살 수 있다. 내가 일곱 살 때 부친이 교회를 개척하느라 가족들은 서로 떨어져 살아야 했다. 장남이었던 나는 아버지를 따라 교회에 있었고, 어머니는 할머니와 할아버지를 모시느라 시골에 계셨다. 어머니와 그렇게 헤어진 지 1년 정도 지났을 때였다. 갑자기 시름시름 앓기 시작했다. 황달에 걸려서 얼굴이 누렇게 뜨고 걷지를 못했다. 한 달 동안 학교도 못 나갔다. 알고 보니 오랫동안 엄마를 보지 못해 생긴 병이었다.

우리는 하나님의 아들딸이다. 은혜 없이 사흘만 지나면 우리 영혼은 금방 병이 든다. 한 달간 하나님의 은혜를 경험하지 못했다면 큰병이 날 수도 있다. 엄마 없이 살면 아이들이 힘든 것처럼, 은혜 없이 며칠을 보내면 삶이 금세 힘들어진다.

사람이 나이가 들면 노쇠를 피할 수 없다. 팔다리, 허리 등 아픈 곳도 많아진다. 겉 사람은 후패할 수밖에 없다. 그런데 우리의 겉 사람이 아무리 노쇠해지더라도 우리에게는 항상 기대할 것이 있다. 하나님은 오늘도 흡족한 은혜로 우리를 새롭게 하시리라는 것이다.

"그러므로 우리는 긍휼하심을 받고 때를 따라 돕는 은혜를 얻기 위하여 은혜의 보좌 앞에 담대히 나아갈 것이니라"(히 4:16). 은혜의 보좌, 즉 때를 따라 우리의 짐을 감당해주시는 은혜 앞에 나가는 것이 은혜를 지속하는 방법이다. 그래서 우리는 은혜를 날마다 사모해야 한다. 은혜에 관해서는 만나를 먹듯이 해야 한다. 우리에게는 매일 은혜가 필요하다.

은혜는
고갈되지 않는다

둘째, 그 은혜가 메마르지 않음을 깨달아야 한다.

은혜에는 종착역이 없다. 은혜는 날마다 솟는 샘물이다. 은혜의 세계에는 준마를 타고 아무리 달려도 끝이 보이지 않는 광활한 평원이 펼쳐져 있다. 하나님의 은혜는 무한한 생명을 담은 저수지와 같다. 끝이 없고 한이 없다.

우리는 세상적인 평가와 세상적인 잣대를 가지고 하나님의 은혜를 판단할 때가 많다. 세상적인 판단으로는 퍼낼수록 마르고 쓰면 없어진다. 뭔가를 계속 사용하면 언젠가는 바닥을 드러낸다. 이것이 물질 세상의 법칙이다. 그래서 우리는 은혜도 그러한 세상 법칙으로 판단하는 잘못을 범한다. 하지만 하나님의 은혜는 '은혜 위에 은혜'다. 그 은혜는 끊임없이 흘러넘친다. 받은 은혜 위에 또 부어진다.

우리가 은혜 위에 은혜를 날마다 사모하고 체험하게 되면 어떤 일이 벌어지는가? "모든 은혜의 하나님 곧 그리스도 안에서 너희를 부르사 자기의 영원한 영광에 들어가게 하신 이가 잠깐 고난을 당한 너희를 친히 온전하게 하시며 굳건하게 하시며 강하게 하시며 터를 견고하게 하시리라"(벧전 5:10).

'은혜의 하나님.' 이것은 하나님의 별명이기도 하다. 그것도 '모든' 은혜의 하나님이다. 그런데 그 은혜의 하나님이 우리로 하여금 잠깐 고난을 당하게 하셨다. 이 '잠깐 고난을 당하는 것'이 우리에게는 은혜의 통로가 될 수 있다. 그 은혜를 받아들이면 자신도 모르게 더 주님을 닮아가는 온전한 예수님의 제자가 되는 것이다. 신앙이 더 굳건하게 되고 터가 견고하게 되어 흔들림이 사라진다. 은혜받은 사람은 흔들리지 않는다.

하나님은 당신의 은혜를 베푸는 자에게는 자주 마음이 가난해질 수밖에 없는 환경을 허락하신다. 그저 어찌할 바를 몰라서 '아버지! 아버지!' 하고 하나님을 붙들 수밖에 없는 그런 환경에 놓으시는 것이다. 그것이 어떤 면에서는 하나님의 은혜를 체험하는 채널이 된다. 우리에게 일어난 수많은 시련들이 나로 하여금 겸손하게 하고 마음을 가난하게 하여 그 속에서 주님의 임재를 넘치도록 체험할 수 있었다면 그것이 하나님의 은혜가 아닐까?

은혜의 날개 아래로
달음박질하라

적용을 해보자. 우리가 날마다 이 은혜 안에서 살며 은혜의 하루살이가 되기 위해서는 어떻게 해야 할까?

첫째, 날마다 말씀을 통한 깨달음이 있어야 한다. 큐티든, 예배든, 주님과의 교제를 통한 은혜든, 아니면 성경 읽기든, 형제자매끼리 나누는 말씀이든 간에 진리를 밝히는 지식이 공급되어야 하나님의 은혜가 유지된다. 성경에 먼지가 앉을 정도로 평소에 말씀을 읽지 않는 사람이 날마다 넘치는 은혜를 달라고 기도하면 참 곤란해진다.

"내가 여호와를 기다리고 기다렸더니 귀를 기울이사 나의 부르짖음을 들으셨도다. 나를 기가 막힐 웅덩이와 수렁에서 끌어올리시고 내 발을 반석 위에 두사 내 걸음을 견고하게 하셨도다. 새 노래 곧 우리 하나님께 올릴 찬송을 내 입에 두셨으니 많은 사람이 보고 두려워하여 여호와를 의지하리로다"(시 40:1-3). 이것이 진정한 은혜가 아닌가? 말씀을 읽고 묵상하고 듣고 적용하는 가운데 주님은 은혜 위에 은혜를 부어주신다.

둘째, 은혜를 아는 동지들, 좋은 믿음의 동지와 함께한다. 소위 '은혜의 공동체'가 필요하다. 우리에게는 영적 가족, 영가족 공동체가 필요하다. 이것이 아니면 은혜를 유지하기가 쉽지 않다. 우리가 예배를 드릴 수 있는 것도 우리에게 허락하신 영적 공동체가 있기 때문이다.

셋째, 은혜를 나눠야 한다. 일방적으로 공급만 받으면 우리는 균형을 잡을 수 없다. 받은 것은 반드시 나눠야 한다. 이 은혜를 어떻게 나누는가? 말씀으로 영혼을 섬기면서 그렇게 할 수 있다. 순장, 교사, 대학 청년부 리더가 각기 자기 역할을 제대로 하는 것이 은혜를 나누는 일이다. 또한 우리가 받은 축복도 나누어야 한다. 오병이어를 주님께 드렸던 어린아이처럼 나누어야 한다. 예수님은 그것을 받아들고는 감사의 기도를 드리셨다. 주님의 축복으로 오천 명을 먹이는 역사가 일어났고, 어린아이는 이 기적을 체험하면서 은혜를 받았다. 그는 평생 은혜의 아이로 살았을 것이다. 평생 은혜가 무엇인지 아는 사람이 되었을 것이다.

이 세상 살아가는 동안 가장 안전한 장소가 어디인가? '은혜 위에 은혜'라는 곳으로 달려가라. 날마다 주 날개 밑, 은혜의 날개 아래로 피하라. 하나님의 은혜 안이 가장 안전하다.

우리가 이 세상에서 아무리 좋은 환경에서 살아도, 아무리 떵떵거리며 수백억짜리 사업체를 운영하더라도 마음이 불안하고 힘들 때가 있다. 반면 경제적으로 힘들고 인생의 한계상황을 만나 마음과 생각이 복잡하더라도 주님께 나와 은혜 위에 넘치는 은혜를 받으면 넉넉히 승리할 수 있다.

하나님은 우리의 아버지시다. 아버지는 오늘도 우리가 방금 받은 은혜 위에 또 다른 은혜를 준비하고 계신다. 그 은혜를 주시려고 기다리고 계신다. 나처럼 초라한 인생도 하나님께서 받으시고 사용하시면 세상을 축복하는 근원이 되게 하실 것이다. 보리떡처럼 보잘것없는 내 인생도 하나님 손에 잡히면 천하만국에 은총을 전하는 통로가 되게 해주신다. 은혜를 받았다는 증거는 그렇게 나타난다.

하나님 나라 일꾼들이 '은상가은'(恩上加恩)의 은혜를 누리기를 구하는 기도

은혜와 사랑의 하나님 아버지. 지금 이 시간 은혜 위에 은혜를 사모합니다. 과거에 받은 은혜도 귀하지만 그 은혜는 매일매일 더욱 풍성히 넘쳐나고 있음을 믿음의 눈으로 봅니다. 하나님 은혜의 저수지는 한도 없고 끝도 없어서, 그 근원에 제대로 연결되기만 하면 우리에게 끊임없이 흘러들 것을 믿습니다.

우리를 하나님의 귀한 아들딸들로 삼아주셔서 마음껏 이 하나님의 은혜를 구하게 하신 것을 감사합니다. 이렇게 주님의 은혜를 받은 자들에게 두 가지의 변화가 자연스럽게 흘러나올 수 있도록 도와주시옵소서. 주님의 임재를 매 순간 경험하게 도우시고, 율법과 은혜가 어떻게 다른지를 잘 분별하여 오직 은혜만이 율법의 요구를 만족시킨다는 진실을 알아 은혜의 이끄심을 잘 받게 하옵소서.

오, 주님. 저희가 은혜의 하루살이가 되게 하소서. 모든 성도들이 날마다 일마다 때마다 임마누엘 주님의 임재를 느낄 수 있는 복을 허락하여 주시옵소서. 다른 것은 몰라도 은혜에 관한 한 가난한 인생이 되지 않게 하시고, 우리 모두가 오병이어를 드린 어린아이처럼 은혜 위에 은혜가 무엇인지 체험적으로 아는 자들이 되게 해주옵소서.

저희가 그 은혜의 충만한 데서 날마다 넘치는 은혜를 받아 누려 '은상가은'(恩上加恩), 곧 "은혜 위에 은혜"의 진리를 경험적으로 깨달을 수 있도록 해주시옵소서. 예수 그리스도의 이름으로 간절히 기도드립니다.

빈 그물도
은혜입니다

🕊 요한복음 21:1-25

본문은 이렇게 시작한다. "그 후에 예수께서 디베랴 호수에서…"(1). 디베랴 호수는 갈릴리 바다의 별칭이다. 일곱 제자들은 바다에서 잔뼈가 굵은 프로들이었다. 당시 어부들은 낮에 고기 잡는 것이 힘들어서 밤에 횃불을 들고 나가서 그물을 내렸다. 갈릴리 바다에는 어종이 풍부했다. 제롬 같은 학자는 갈릴리 바다에 153종류의 고기가 있다고 했을 정도였다.

　　고기 잡는 어부에서 사람 낚는 어부가 되었던 그들은 소명을 가지고 예수님의 제자로 살아왔는데 주님께서 십자가에서 돌아가시자 자포자기한 나머지 먹고살기 위해 나선 길이었다. 그러나 그날 그들의 그물에는 한 마리의 물고기도 걸리지 않았다. 베드로를 포함하여 일곱 제자들은 밤새도록 고기를 낚았지만 한 마리도 잡지 못했다.

빈 그물의 순간에도
주님은 우리를 보고 계신다

고기 잡으러 갈 때의 베드로의 심정을 잠시 생각해보자. 예수님께서 십자가에 달려 돌아가시니 너무 슬펐다. 앞날이 어떻게 될지 모르니 너무 불안했다. 유대인과 제사장, 바리새인들의 적대감을 감당할 엄두가 나지 않아 두려움에 사로잡히기도 했다. 절망의 먹구름이 드리워졌고, 우울과 절망과 실패로 마음에는 큰 짐이 가득한 상황이었다. 그런 심정으로 떠난 낚싯배에서 물고기 한 마리도 건지지 못했으니 베드로는 의기소침하고 허무한 심정이었다. 이 빈 가슴을 무엇으로 채울 것인가? 베드로는 상상하기 힘들 정도로 어려운 상황에 처해 있었다. 그때 예수님이 나타나셨다.

"날이 새어갈 때에 예수께서 바닷가에 서셨으나 제자들이 예수이신 줄 알지 못하는지라"(21:4). 처음에, 제자들은 예수님을 알아보지 못했다. 그러자 예수님은 넌지시 물으신다.

"예수께서 이르시되 얘들아 너희에게 고기가 있느냐"(5). 제자들이 한 마리도 없다고 대답하자 주님이 말씀하셨다.

"그물을 배 오른편에 던지라. 그리하면 잡으리라 하시니 이에 던졌더니 물고기가 많아 그물을 들 수 없더라"(6).

바로 그 순간이었다. "예수께서 사랑하시는 그 제자가 베드로에게 이르되 주님이시라 하니"(7). 여기서 '그 제자'는 요한복음의 저자 요한이었다. 그는 상황 판단이 빠른 사람이었다. 딱 보니까 주님이심을 깨달았다. 우리를 보고 계신 이가 주님임을 깨닫는 순간 요한은 자기도 모르게 "주님이시라" 하고 고백한다. 하지만 행동은 베드로가 더 빨랐다. 베드로는 예수님이라는 말씀을 듣고 곧바로 바다에 뛰어

들어 헤엄쳐 가서 예수님께 나아갔다.

처음에 베드로는 예수님을 알아보지 못했다. 거기서 우리는 그들의 '빈 그물'을 가만히 지켜보고 계신 주님의 모습을 떠올려본다. 제자들은 밤새도록 갈릴리 바다에 빈 그물을 던지고 있었고, 생명의 주님은 그 광경을 지켜보고 계셨다. 아마도 주님은 밤새도록 제자들이 고기 잡는 모습을 보면서 서 계셨을 것이다. 실패의 바다 속에서 제자들이 헤매고 있을 때 주님은 아무 말 없이 그들을 주시하셨을 것이다. 밤새도록 그물을 던지지만 한 마리도 건지지 못한 나머지, 허탈한 마음으로 그물을 던지고 또 던지는 그 시간, 무기력과 좌절과 무능력을 처절하게 경험하면서 고통에 젖어 있는 그 시간, 예수님은 가만히 서서 그들을 보고 계셨다.

여기서 우리는 빈 그물의 의미를 생각해볼 수 있다. 빈 그물이 그냥 빈 그물로만 끝난다면 우리의 신앙생활은 정말 아무것도 아닐 것이다. 하지만 본문의 말씀은 빈 그물이 은혜의 그물이 될 수 있음을 우리에게 보여준다. 이 빈 그물의 실패는 역설적으로 주님의 채우심을 받을 수 있는 기회로 바뀐다.

인생의 빈 그물로 고통받을 때 우리는 주님의 음성에 더 민감해진다. 갈증의 한가운데에 있을 때 큰 바위가 갈라지면서 생수가 솟아난 은혜의 체험들이 성경 곳곳에 담겨 있다. 하루 종일 먹을 것이 없었기 때문에 오병이어의 역사가 일어날 수 있었다. 홍해가 앞을 가로막는 위기가 있었기 때문에 바다가 갈라지는 역사가 일어났다. 인간이 노력하고 애씀에도 불구하고 손에 잡히는 것이 없을 때가 있다. 기도 응답이 들리지 않을 때가 있다. 갖은 노력을 해보지만 빈 그물만 끌어올릴 때가 있다. 하지만 그러한 빈 그물의 순간에도 주님은 우리를 보고 계신다는 사실을 이제는 안다.

오랫동안 수고했지만 얻은 것이 없는가? 삶의 그물이 텅비어 있는가? 이럴 때 중요한 것은 우리 인생의 바닷가에 서 계시는 예수님을 만나는 것이다. 그 주님을 만나야만 빈 그물이 은혜의 그물이 된다. 주님이 뭐라고 하시는지 음성을 들어야만 한다. 마음을 열면 주님께서 우리에게 말씀하신다. 고통의 터널을 지나갈 때에, 인생의 빈 그물을 앞에 두고 고통을 겪을 때에 주님이 들려주시는 세미한 음성을 들어야 한다.

먼저 치유하시고
공급하신다

주님은 빈 그물을 보신 후 어떻게 하셨는가?

"예수께서 이르시되 와서 조반을 먹으라 하시니 제자들이 주님이신 줄 아는 고로 당신이 누구냐 감히 묻는 자가 없더라. 예수께서 가셔서 떡을 가져다가 그들에게 주시고 생선도 그와 같이 하시니라"(12-13).

먼저, 육신의 필요를 채워주셨다. 배고픔을 채워주신 것이다. 이 아침 밥상은 집 나간 자식이 돌아왔을 때 어머니가 차려주는 따뜻한 한 끼 밥상과 같다. 이 밥상은 치유와 회복의 밥상이었다. 주님께서는 사명을 주시기 전에, 조반부터 들게 하셨다.

신구약 말씀은 실패자들이 주님의 밥상에 초대받고 치유받은 기록이라고도 할 수 있다. 바울은 크나큰 실패자였다. 그는 스데반을 죽인 살인자였다. 모세도 살인자였고 실패자였다. 야곱 역시 험악한 세월을 보냈다. 자식들은 다 그를 배신하고 집안은 풍비박산이 났다. 다윗의 실패에 대해서는 너무나 익숙하다. 능력의 선지자 엘리야도 스스로 죽기를 원했다. 이처럼 성경의 주요 인물들은 거의 다 실패자였다. 그런데 그런 실패자가 하나님께 치유의 밥상을 받고 회복된다. 이것이 '은혜 위에 은혜'이다.

주님은 밥상을 주신 뒤 이제 베드로를 치유하신다. 15-17절을 보자. "그들이 조반 먹은 후에 예수께서 시몬 베드로에게 이르시되 요한의 아들 시몬아 네가 이 사람들보다 나를 더 사랑하느냐 하시니 이르되 주님 그러하나이다. 내가 주님을 사랑하는 줄 주님께서 아시나이다. 이르시되 내 어린 양을 먹이라 하시고 또 두 번째 이르시되 요한의 아들 시몬아 네가 나를 사랑하느냐 하시니 이르되 주님 그러하나이다. 내가 주님을 사랑하는 줄 주님께서 아시나이다. 이르시되 내 양을 치라 하시고 세 번째 이르시되 요한의 아들 시몬아 네가 나를 사랑하느냐 하시니 주께서 세 번째 네가 나를 사랑하느냐 하시므로 베드로가 근심하여 이르되 주님 모든 것을 아시오매 내가 주님을 사랑하는 줄을 주님께서 아시나이다. 예수께서 이르시되 내 양을 먹이라."

이 상황은 베드로가 대제사장의 뜰에서 예수님을 세 번 부인했던 때를 생각나게 한다. 그때도 화롯불이 있었다. 대제사장의 뜰에도 불이 타오르고 있었고, 갈릴리 바닷가에도 모닥불이 타고 있다. 그때에도 예수님은 베드로를 시몬이라 부르셨고, 지금도 세상에서 불리던 시몬이라는 이름을 친근하게 부르신다. 또한 그때 베드로가 세 번을 부인했듯이 여기서는 세 번이나 주님과의 관계를 물으신다.

상황이 이렇게 유사한 이유는, 이것이 치유의 과정이었기 때문이다. 베드로가 예수님을 세 번 부인했기 때문에 예수님께서 회개를 촉구하는 의미로 세 번 물으셨다고 해석하는 사람도 있지만 나는 예수님이 그렇게 모진 분이라고 생각하지 않는다. 이것은 회개의 촉구가 아니라 치유의 과정이었다.

과거에 베드로는 이렇게 말한 적이 있었다. "예수님, 제가 다른 사람보다도 주님을 더 사랑합니다. … 모든 사람이 다 예수님을 배신하더라도 저는 결코 예수님을 배신하지 않겠습니다."

베드로의 대답은 늘 다른 사람과 자신을 비교하는 가운데 나왔다. 그래서 이번에는 "네가 나를 사랑하느냐"라고 물으신 것이다. 그러자 베드로가 고백한다. "내가 주님을 사랑하는 줄 주님이 아십니다." 불과 얼마 전까지 "이 모든 사람들보다 주님을 더 사랑합니다"라고 고백했던 베드로의 대답은 그사이 바뀌어 있었다.

예수님의 질문과 베드로의 달라진 답변에는 두 가지 뜻이 담겨 있다. 이제는 다른 사람과 비교하지 말라는 뜻이기도 하고, 자기 식대로 예수님을 사랑하지 말라는 뜻도 담겨 있다. 베드로는 지금껏 자기가 생각하는 방식대로 주님을 사랑했다. '예수님의 원수는 나의 원수'라고 생각해서 말고의 귀를 칼로 내리쳤던 사건은 이런 그의 자기 식 사랑을 잘 보여준다. 그는 예수님을 함부로 대하는 사람들을 적대시하고 복수했다. 하지만 주님은 복수를 통한 사랑이 아니라 주님 자체를 진실로 사랑하는 사람이 되기를 원하셨다.

사역의 서론은 주님을 사랑하는 것이다. 사역의 본론으로 들어가기 전에 우리는 사역의 전주곡인 이 사랑을 충분히 연주해야 한다. 우리에게는 많은 사역이 있고 가정에서도 직장에서도 해야 할 일이 많다. 하지만 지금 우리에게 더욱 필요한 것은 주님을 더욱 순전하게 사랑하는 일이다.

과거에 우리는 자신의 실력과 재능으로 주님을 더 잘 섬길 수 있다고 자신만만해했다. 그러나 이제는 그런 게 아무 의미가 없다는 것을 잘 안다. 우리에게 정말 중요한 것은 주님을 사랑하는 것이다. "우리가 주님을 사랑하는 줄을 주님이 알고 계십니다. 온 마음과 정성을 다해 예수님의 신실한 제자가 되기 원합니다. 그것이면 족합니다."
이것이 주님을 향한 베드로의 신앙고백이었다.

우리 삶에서 주님을 향한 사랑이 최우선이 되면 마치 야곱이 라헬을 사랑하여 7년의 시간을 수일처럼 여기며 일한 것처럼 기쁘게 감당할 수 있다. 사랑하면 섬기는 것도 신난다. 이 사랑의 마음을 통하여 주님은 베드로를 치유하신다.

우리 모두가 머리끝에서 발끝까지 주님을 향한 사랑 고백으로 가득 채워진다면 얼마나 좋을까. 주님을 향한 사랑이 우리 인생의 최우선임을 기억해야 한다. 그럴 때 우리의 삶에도 치유의 역사가 일어난다. 주님은 육신의 필요도 채워주신다. 아침을 챙겨주시고, 떡도 주신다. 더 중요하게는 주님을 사랑하는 마음을 회복시키신다. 그러한 주님의 은혜와 사랑을 찬양한다.

착한 양, 착한 목자

주님은 우리에게 치유만 주시는 것이 아니라 사명도 주신다. 15절 뒷부분에서는 "내 어린 양을 먹이라"라고 말씀하신다. 어린 양을 먹이라는 사명을 주신다. 16절 뒤에는 "내 양을 치라"라는 말씀이 나온다. 양을 치라는 사명이다. 17절 뒤에는 "내 양을 먹이라"라고 말씀하신다. 양을 먹이라는 사명이다. 신학자마다 이 구절에 대한 해석이 조금씩 다르지만 그들의 의견을 종합적으로 해석해보면 다음과 같다.

"내 어린 양을 먹이라." 이 말은 영적으로 어리고, 많이 자라지 못하고, 힘들어 하는 사람들을 영적으로 살찌우라는 뜻이다. 동시에 아이들을 어릴 적부터 잘 양육하여 이들이 주님의 제자로 살아가도록 키우라는 뜻도 포함되어 있다. 영적으로 어린 자, 나이가 어린 자들을 주님의 사람으로 키울 수 있도록 착한 목자의 역할을 감당하라는 뜻이다. "내 양을 치라." 신구약 전체를 보면 이 말은 양을 '보호한다'라는 뜻으로 주로 썼다. 요즘 말로 하면 이단, 오염된 것, 잘못된 것, 더러운 것, 왜곡으로부터 양들을 보호하라는 말이다. "내 양을 먹이라." 이 말은 풍성한 말씀의 꼴을 가지고 양을 먹이라는 뜻이다.

목자와 양이 따로 있는 것은 아니다. 설교를 듣는 사람이 양이고, 목회자만 목자라는 말이 아니다. 우리 모두 다 착한 양이요, 동시에 다 착한 목자가 되어야 한다. 우리는 양이면서도 또한 목자가 되어야 한다.

양은 누구인가? 가정에서는 자녀들을 양으로 볼 수 있다. 사회에서는 독거노인이나 외롭게 사는 분, 예컨대 고아와 과부, 소년소녀 가장, 다문화 가정에서 힘겹게 살아가는 사람들을 주목해야 한다. 사회적 약자나 곤경에 처한 이웃은 모두 우리의 양이 될 수 있다. 교회 편에서 보면 누가 양인가? 말씀을 통해 양육받고 성장해야 할 사람이라면 모두 양이다.

교회에 모인 젊은이들도 양이면서 동시에 목자가 될 수 있다. 가령 부모님이 청년들의 양이 될 수도 있다. 대학생 자녀가 마음을 다하여 사랑하는 엄마와 아빠에게 편지를 쓰고 부모에게 감사한 마음을 올려드린다면, 그 자녀가 부모에게는 목자의 역할을 감당하고 있는 것이다. 선교사들은 현지에서 목자로 살아가지만 또한 우리의 양이 될 수도 있다. 추운 겨울에 중앙아시아에서 고생하는 선교사에게 따뜻한 털옷 하나를 선물로 보내면 그 순간 우리는 목자 역할을 한 것이고, 선교사는 양이 된 것이다. 이처럼 양과 목자의 관계는 따로 정해져 있는 게 아니라 항상 넘나들고 바뀔 수 있다.

주님을 사랑하고, 주님으로부터 치유를 받았는가? 그렇다면 착한 목자, 착한 양의 사명을 감당해야 한다. 목회자만이 목자가 아니다. 성도들 모두 목자의 역할을 감당할 수 있다.

빈 그물 인생을
면하는 길

마태복음 28장의 "모든 민족을 제자로 삼아라" 말씀이 대지상명령(The Great Commission)이라면, 요한복음 21장의 "내 양을 먹이라" 말씀은 주님의 대위임명령이다.

예수님이 베드로를 부르시며 주신 사명은 무엇이었는가? "너는 이제 갈릴리 바다에서 더 이상 고기 잡는 어부로만 살지 말고, 이제는 사람 낚는 어부로 살아라"라는 것이었다.

갈릴리 바다는 비유하자면 인생의 바다, 삶의 현장을 뜻한다. 젊은이에게는 학교가 갈릴리 바다이다. 직장인에게는 일터가 갈릴리 바다이다. 사업하는 사람에게는 비즈니스 현장이 갈릴리 바다가 될 수 있다. 그 바다에서 고기 잡는 것으로만 만족하지 말고, 그 바다에서 사람 낚는 어부가 되라는 말씀이다. 그게 우리에게 위임된 주님의 명령이었다. 우리는 "내 양을 먹이라"라는 말씀에 담긴 예수 그리스도의 대위임명령을 실천해야 한다.

인생의 바다에서 남들보다 고기를 잘 잡아 경제적으로 부유한 사람들이 있다. 학식이 높거나, 남을 잘 가르치는 사람도 있다. 그런데 그런 고기잡이가 전부인 인생은 너무나 허무하다. 학업도 마찬가지다. 좋은 대학 가려고 죽을힘을 다해 공부하는 사람이 많다. 열심히 공부하는 것은 귀한 일이다. 그러나 좋은 대학이라는 고기만 잡으면 모든 게 잘 풀려갈 것이라고 생각한다면 나중에 배신감에 치를 떨게 된다. 미국 교포 중에는 자녀를 하버드 대학교에 보내는 것을 삶의 목표로 삼은 분들이 있다. 그런데 그렇게 힘들게 하버드라는 고기를 잡은 아이들 중에 절반 이상이 삶에서 큰 실패를 경험한다. 사람 낚는 어부에 대한 사명을 놓쳤기 때문이다.

사람 낚는 사명에 대해 눈을 뜨지 못하면 우리가 잡은 고기는 다 허무하게 느껴지는 법이다. 공부나 직업, 비즈니스가 인생의 전부가 되는 순간, 삶은 너무나 허무해진다.

밤새도록 빈 그물로 고통했더라도 눈을 들어 주님이 내 옆에 서 계신 것을 발견하는 사람들은 절대로 빈 그물 인생으로 끝나지 않는다. 지금도 우리 옆에 계시는 그 주님을 요한처럼 밝은 눈으로 발견하고 주님이 주시는 조반을 먹고 나서 기력을 회복한 후에 하나님의 귀한 사명을 감당하는 우리가 되기를 기도한다.

살아계신 하나님 아버지. 우리 가운데 인생의 빈 그물로 고통받는 이들의 눈을 열어주십시오. 주님이 처음부터 그 곁에서 눈여겨보고 계셨음을 알게 하셔서, 그 빈 그물이 주님을 다시 만나는 은혜의 그물이 될 수 있게 하옵소서. 주님을 만나면 우리도 결코 빈 그물 인생으로 끝나지 않고, 오히려 하나님이 쓰시는 기회가 되어 일평생 겸손하고 부지런히 주님을 섬기게 될 줄로 믿습니다.

주님, 저희 모두가 다 주님을 뜨겁게 사랑하는 제자가 되게 해주옵시고, 무엇보다도 주님의 사랑 안에 머물면서 주님의 사랑을 실천하는 착한 목자, 착한 양이 되게 해주시옵소서. 교회는 이 착한 목자, 착한 양을 키워내는 모판으로 쓰임받게 해주시기를 원합니다.

우리가 요한복음 전체를 통하여 주님의 세미한 음성을 듣기 원합니다. 오른편에 그물을 내리라는 음성을 듣게 해주옵소서. 나의 영혼이 잠잠히 하나님만 바라며 하나님의 음성을 듣는 가운데에 주님을 신뢰하도록 눈을 열어주시기를 간절히 바랍니다. 하나님 나라는 말이 아니라 능력을 통하여 우리를 새롭게 하시는 우리 주 예수 그리스도께 있음을 고백합니다. 우리를 은혜와 사랑으로 새롭게 하시고, 그 은혜받은 사람들을 사용하셔서 큰 영광을 받으시는 우리 주 예수 그리스도의 이름으로 기도드립니다.

국제제자훈련원은 건강한 교회를 꿈꾸는 목회의 동반자로서 제자 삼는 사역을 중심으로
성경적 목회 모델을 제시함으로 세계 교회를 섬기는 전문 사역 기관입니다.

내 삶을 빚으시는

하나님의 다스림

초판 1쇄 인쇄 2016년 2월 12일
초판 1쇄 발행 2016년 2월 19일

지은이 오정현

펴낸이 박주성
펴낸곳 국제제자훈련원
등록번호 제2013-000170호(2013년 9월 25일)
주소 서울시 서초구 효령로68길 98(서초동)
전화 02)3489-4300 **팩스** 02)3489-4329
이메일 dmipress@sarang.org

표지·내지 이미지 © Getty images

ISBN 978-89-5731-702-0 03230